예수는 테너일까, 베이스일까

Worship & Preaching Academy

예수는 테너일까, 베이스일까

지 은 이 김성대
펴 낸 이 김현애
찍 은 날 2024년 12월 16일
펴 낸 날 2024년 12월 23일
펴 낸 곳 예배와설교아카데미
주   소 서울시 광진구 아차산로73길 25
전   화 02) 457-9756
팩   스 02) 457-1957
홈-페이지 wpa.imweb.me
등 록 번 호 제18-90호(1982. 12. 3)
I S B N 979-11-93719-07-7

총 판 처 비전북
전 화 번 호 031) 907-3927
팩 스 번 호 031) 905-3927
가   격 29,500원

예수는
테너일까 베이스일까

김 성 대 지음

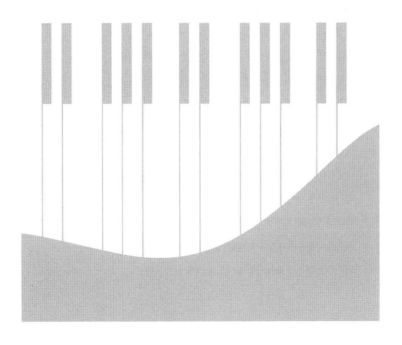

목차

Part 1 성경의 음악

A. 구약의 음악

Part 4 교회 건축

Part 5 구약의 제사와 기독교 예배

Part 6 찬송가와 시편 표제

A. 찬송가

단 한 사람을 위해 노래를 불렀던 사람처럼

김 운 용(장로회신학대학교 총장/ 예배·설교학)

일제강점기, 나라 잃은 민족의 서러움을 아름다운 노래로 어루만진 소리꾼 임방울 선생은 화려한 무대보다는 시골 장터와 강변에서 노래하기 좋아했고, 노래를 만들어 부르기도 했던 음유시인이었습니다. 유성기 음반인 '쑥대머리'는 1백만 장 이상 팔릴 정도로 당시 대중의 사랑을 받은 노래꾼이었고, 전통 판소리 시대의 마지막 거장으로 평가받는 분입니다. 자신의 소리를 완성하기 위하여 지리산에 들어가 토굴을 파고 발성 훈련을 하기도 했다지요. 서편제, 동편제를 사사받아 독창적 개성을 덧입히면서 자신만의 기품을 불어넣었던 가객이었습니다.

송찬호 시인은 "임방울"이라는 제목의 시에서 저 여울을 건너오는 "소리 한가락으로 비단옷을 입은" 분으로 그를 묘사하면서 "삶이 어찌 이다지 휘몰아치며 도도히 흘러갈 수 있단 말인가"라고 노래합니다. 김용택 시인 역시 그의 생애를 노래하면서 "언젠가, 그 언젠가 한 번은 꽃이 피고 싶은 내 인생이여!"라고 적습니다. 그렇게 맘껏 노래하며 인생의 꽃을 피웠던 선인(先人)을 떠올리며 자신도 그렇게 불태우다 가고 싶다는 소망을 담은 것이겠지요.

임방울 선생의 일대기를 가장 한국적 예술로 그린 것으로 평가받는 소설, 『사랑아 피를 토하라』에서 작가 한승원 선생이 전하는 그의 이야기가 깊은 여운으로 남아있습니다. "백성도 살아있고 소리도 살아있다. 온 나라 사람들이 내 소리에 환호한다. 사람들의 가슴에 들어 있는 한스러움과 내 속에 들어 있는 한스러움이 서로 맞닥뜨려 환희의 불꽃이 일어나기 때문이다. … 그 환호가 옛날 임금이 내려주었다는 금팔찌보다 더욱 값진 것이다." 그를 그런 명창으로 만든 것은 '그 소리를 들을 줄 아는 사람(귀명창)'이 있었기 때문이라는 이야기입니다. 이 소설은 한 귀명창이 임방울에게 전하는 말도 써 내려갑니다. "나는 시를 쓸 때 수천수만의 사람들이 읽어주기를 바라고 쓰는 것이 아니라우. 오직 한 사람, 내 시만이 가지고 있는 진짜로 아름답고 슬픈 맛과 아릿한 향기를 알아주는 그 한 사람을 위해 쓰는 것이라우. … 선비가 책을 써서 전하는 것은 오직 알아주는 단 한 사람을 얻기 위해서라우."

피를 토하는 진지함이 있을 때 감동이 있고, 그렇게 만든 음악은 치유와 회복이 있습니다. 사랑하는 이를 위해 부르는 노래를 피 토하듯 부를 수 있다면 오늘 우리가 부르는 노래도, 예배도 더 아름답고 멋진 것이 될 것입니다. 성경의 첫 장에는 천지를 창조하신 성삼위 하나님의 노래가 나옵니다. '토브(טוב, 보시기에 좋았다)!' 여섯째 날 인간을 창조하신 다음에는 '토브 메오드(בוט דאמ, 심히 좋았더라)'고 외칩니다. "하나님이 지으신 모든 것을 보시니 보기시에 심히 좋았더라"(창 1:31). 토브 메오드!

본서의 저자는 대학을 졸업한 후 대기업에서 직장생활을 하다 가 음악을 공부하고 싶어 모교의 음대에 학사 편입하였고, 음악 을 더 공부하기 위해 미국으로 유학을 떠나 명문학교에서 음악 으로 석사학위를 받은 후, 예배학을 공부하고 싶어 박사과정에 진학합니다. 하나님께 더 좋은 예배를 올려드리려는 열망에서 시작한 여정이었습니다. 학위를 마치고 귀국한 후 저자는 그동안 의 연구를 신학과 연결하기 위해 장로회신학대학교에서 신대원 에 진학하여 늦은 나이에 신학도의 길을 걷습니다. 그 긴 여정에 서 발견한 그 장엄한 찬양과 예배를 가르치기 위해 교수의 길을 걸었고, 그리고 성도들과 예배자로 살아내기 위해 부산의 한 교 회에서 담임목회를 시작합니다.

이렇게 더 좋은 예배와 찬양을 올려드리기 원했던 저자는 담임 목회직을 은퇴하면서 예배자로 살고자 하는 염원을 가지고, 성 경의 예배자들이 드린 찬양과 절기를 일목요연하게 정리하는 작 업을 시작합니다. 본서는 그 여정에서 나온 작품입니다. 저자는 본서에서 구약의 풍부한 찬양과 예배음악의 유산과 교회 역사 가운데 사용되었던 예배음악을 연구하고, 끊임없이 '토브 메오 드'를 외치시며 하늘의 찬송과 예배의 열정을 심어주신 성 삼위 하나님의 현존 앞에서 감격하며 올려드린 영광의 찬송으로 가득

예수는 테너일까, 베이스일까

한 예배의 세계를 선명하게 보여줍니다. 본서를 접할 때 미처 알지 못했던 찬양과 예배의 지평을 넓혀주는 지혜로 가득 차 있음을 발견하면서 기쁩니다.

사랑을 위하여 피 토하듯이 노래하였던 선인처럼 본서의 저자도 평생 피 토하듯이 주님을 찬양하고 예배했던 예배자로 살았던 분입니다. 그의 역작을 읽으면서 단 한 번뿐인 인생길에서 마지막 숨까지 모아 찬양하고 예배할 성 삼위 하나님을 향해 부르는 그 노래.... 하늘 사랑에 감격하여 일어선 예배자들의 가슴에 더 깊고 뜨겁게 이어지는 지혜를 얻게 되길 빕니다. 평생 갚아도 갚을 수 없는 은혜 아래 사는 사람들의 예배가 더 깊어지기를, 우리 찬양과 예배를 받으시는 성 삼위 하나님께서 오늘의 예배자를 향해서도 그렇게 외쳐 주시면 더 바람이 없을 것 같습니다.

"토브 메오드!"

추천하고 싶은 세 가지 이유

김 세 광(서울장신대 명예교수/ 예배·설교학)

이 책의 출판을 기쁘게 생각하며 추천하고 싶은 세 가지 이유가 있습니다. 첫째는 현대교회 예배와 교회음악의 핵심적인 주제를 일목요연하게 정리하고 있다는 점입니다. 특별히 다양한 장르의 교회음악의 출현으로 복잡해진 교회음악의 이슈들을 명쾌하게 정리하고 있습니다. 둘째는 예배 현장의 뜨거운 이슈들을 재미있게 엮어가고 있다는 점입니다. 이미 출판된 예배와 교회음악 서적보다 본서는 예배자들의 호기심을 이끌 과감한 질문으로 시작하여 답을 찾아가는 점이 신선합니다. 셋째는 민감한 현대문화적 이슈들에 대해 정면으로 대응하면서 필자의 전공인 예배학과 교회음악적 원리를 중심으로 해석하고 대안을 제시하고 있다는 점입니다. 게다가 이론과 신학에 매몰되지 않고 오랜 현장 목회적 경험으로 예배자들이 공감할 수 있는 세밀한 논의들이 담겨있습니다.

따라서, 이 책은 교회 현장에서 예배교육과 교회음악교육의 교재로, 나아가 신학생들을 위한 예배학개론서로서, 그리고 예배

갱신을 위해 기도하고 있는 목회자들에게 피부에 와닿는 안내서로 추천합니다. 이 책은 예배의 기초적 이해와 교회음악과 찬양 사역자들의 신학적 갈증을 해결해 줄 뿐만 아니라, 신학적 훈련의 필요성을 갖게 하고, 교회음악에 대해 편견을 가진 목회자와 성도들에게 예배와 교회음악에 대한 새로운 이해를 갖게 해줄 것입니다.

프롤로그

"예수는 테너일까, 베이스일까?"

이 질문을 받을 때 어떻게 보면 엉뚱한 질문일 수도 있고, 성자 하나님에 대한 무례한 질문이 아니냐고 비난할 수도 있다. 하지만 성자 하나님이신 예수님은 하나님이신 동시에 인간을 구원하시기 위해 백 퍼센트 인간의 모습으로 이 땅에 오셨다. 그래서 우리가 고백하는 예수님은 1인 2성으로 오신 분이다. 이를 부인한다면 인간의 구원은 결코 이루어질 수 없다.

예수님은 이 땅에 오셔서 인간과 똑같이 생활하셨다. 성령님으로 잉태하신 것이 인간들과는 다르지만, 모든 인간이 그러했듯이 어머니 마리아의 뱃속에서 열 달을 지냈고, 세상 아기들이 그랬듯이 출생의 고통을 겪으면서 태어나셨다. 하나님이라고 해서 태어나자마자 다 큰 어른이 되신 것이 아니라, 소년 예수님도 키가 자라고 지혜도 자랐음을 성경은 말씀하고 있다.

"예수는 지혜와 키가 자라가며 하나님과 사람에게 더욱 사랑스러워 가시더라"(눅 2:52).

그리고 우리와 똑같은 생리현상을 보이셨다. 예수님도 피곤하면 배 밑창에서 코를 골며(?) 주무셨고, 목이 마를 때는 마실 물을 찾았으며, 배가 고프면 음식을 구하기도 하셨다.

복음서에는 예수님께서 음식을 취하시는 장면이 위인들의 위인전보다 더 많이 기록되어 있다. 심지어 부활하신 후에도 제자들을 만날 때마다 음식을 먹는 장면이 나온다. 엠마오로 가는 두 제자와 함께 식사하셨고, 다락방에 숨어 있던 제자들에게 나타나셔서 먹을 것이 있는지 물어보셨으며, 갈릴리호수로 고기를 잡으러 간 제자들을 만났을 때도 직접 조찬을 준비하셨다. 예수님의 이름으로 모인 '조찬기도회의 효시'라고 생각해 보는 것도 재미있을 것 같다.

예수님은 십자가에 못박혀 죽으시기 전날 저녁에 제자들과 마지막 식사를 하시면서 그 자리에서 유월절 식사 전통에 따라 제자들과 함께 시편찬송을 부르셨다. 어떤 시편을 부르셨을까?

인간으로 이 땅에 오신 예수님은 우리와 똑같이 자신의 음색과 음역을 가졌을 것인데, 그렇다면 예수님은 테너였을까, 아니면 베이스였을까? 그 중간인 바리톤? 예수님의 노래 실력은 어느 정도였을까? 음치 아니면 파바로티 수준의 명 테너였을까?

해답은 이 책을 읽으면 자연히 알게 될 것이지만 지금 독자 여러분의 성경 지식과 음악 지식, 그리고 상상력을 총동원해서 인간 예수님의 음역을 추리해 보기 바란다.

힌트를 주자면 성자 예수님의 아버지, 성부 하나님의 음악적 능력과 육신의 어머니 마리아의 노래 실력을 참고해 보는 것도 도움이 될 것이다. 어머니 마리아는 천사 가브리엘로부터 성령님으로 예수님을 잉태할 것이라는 수태고지를 받고는 곧바로 친척인 엘리사벳을 찾아갔다. 그때 그곳에서 노래를 불렀다.

"마리아가 이르되 내 영혼이 주를 찬양하며"(눅 1:46).

당시 유대 풍습에 따르면 여자가 만 13세 이상이 되면 집안끼리 정혼을 하는 전통이 있었다고 한다. 그렇다면 당시 마리아 나이가 아무리 많아도 십대 중반, 지금의 중 3, 고 1 정도의 나이였다는 사실을 추정하면 엘리사벳을 만나 노래를 불렀을 즈음 어린 소녀의 목소리는 당연히 소프라노였을 것이다.

그렇다면 노래 부르기를 좋아하는 어머니 마리아로부터 전수

된 예수님의 노래 실력과 음역은 어떠했을까? 복음서에 나타난 예수님의 행동이나 수천 명 앞에서 복음을 선포할 때 어떤 음성으로 말씀하셨는지 생각해 보는 것도 도움이 될 것이다. 낮은 음역의 베이스 목소리로 "마음이 가난한 자는 복이 있나니 천국이 그들의 것임이요"라고 말씀하셨는지, 아니면 높은 음역의 테너 목소리로 "회개하라! 천국이 가까이 왔느니라"고 말씀하셨는지를 상상해 보는 것도 흥미가 있을 것이다.

어쨌든 예수님의 재능은 육신의 어머니 마리아로부터 전수되었을 뿐만 아니라 하늘나라 아버지, 성부 하나님의 영성을 그대로 물려받았다는 점에서 노래 실력이 보통은 아니었을 것으로 추정된다.

실제로 예수님은 공생애 동안 복음을 전하면서 구약성경의 이사야와 시편을 자주 인용하셨는데, 시편이 이스라엘 백성의 곡조 있는 찬송이라는 점에서 시편을 인용하셨다는 것은 곧 시편 곡조를 읊조리기도 하셨다는 뜻이다. 심지어 예수님께서는 십자가에 못박힌 상태에서도 시편 노래를 부르셨다.

"엘리 엘리 라마 사박다니, 나의 하나님, 나의 하나님, 어찌

하여 나를 버리셨나이까?"(마 27:46) - 시편 22편 1절

"아버지 내 영혼을 아버지 손에 부탁하나이다"(눅 23:46). -
시편 31편 5절

십자가의 고통으로 시편 찬송을 정확한 음으로 부르기가 어려
우셨겠지만, 할 수 있는 대로 구전된 시편 곡조를 최선을 다해 읊
조리셨을 것이다. 마치 구원받은 성도가 운명 직전에 "내 주를 가
까이하려 함은" 찬송을 읊조리듯이 말이다.

이제 이러한 사실들을 바탕으로 예수님의 음역이 테너인지 베
이스인지 아니면 바리톤인지에 대한 해답을 찾기 위해 본서는 제
일 먼저 성경의 음악, 곧 구약의 음악과 신약의 음악을 소개하고
해석한다. 다음으로 쉽게 혼동할 수 있는 예배음악과 교회음악
의 차이를 정의하고, 기독교 교회력과 교회 건축이 교회음악과
어떤 연관성을 가지는지에 대해 설명한다. 마지막으로 구약 제사
와 기독교 예배를 소개하며 찬송가와 시편 표제에 대해 다루면
서 이 책을 마무리하려 한다.

독자들의 양해를 구할 것은 책 내용 중의 어떤 부분은 필자의

생각인지 어떤 자료에서 직간접적으로 인용한 것인지 불분명한 부분이 있을지 모른다. 혹시라도 인용한 부분을 누락한 것이 있다면 언제든지 지적해 주기를 부탁드린다.

끝으로 원고를 교정한 '본 헤럴드'의 박신아 권사님에게 감사를 드리고, 미국 유학시절부터 항상 격려와 사랑을 베풀어주신 사랑하고 존경하는 하재은, 임이희 선생님께 감사드리며, 무엇보다 일평생 부족한 사람을 묵묵히 뒷바라지해 온 사랑하는 아내 윤경애 사모의 두 손에 제일 먼저 이 책을 건네주고 싶다.

2023년 가을
김 성 대

Part 1

...

성경의 음악

Music of the Bible

성경에는 하나님을 찬양하는 노래가 많이 포함되어 있다. 하지만 성경을 읽고 해석할 때, 찬양이라는 생각보다는 가사에만 집중하다 보니 정작 하나님을 찬양하고자 하는 원래의 목적과 의미를 간과하는 경우가 많다.

예를 들면, 시편이 이스라엘 백성의 찬송 모음집임에도 불구하고 시편 찬송의 음악적인 내용은 무시하고 시편 가사의 내용과 해석에만 매달린다. 또한, 아가서 제목이 '노래 중의 노래Song of songs'인 것처럼, 아가서를 하나의 뮤지컬 대본으로 보아야 한다. 그리고 요한계시록에는 종말에 일어날 예언들이 기록되어 있지만 자세히 보면 수많은 찬양곡이 포함되어 있음을 알 수 있다. 시편을 제외하고는 요한계시록만큼 많은 찬양곡을 포함하고 있는 성경이 없다는 점에서, 요한계시록을 음악적인 관점에서 재조명해야 한다.

하나님께서 인간을 창조하신 목적이 찬양 받으시기 위해서라는 말씀만 보더라도 하나님은 찬양을 좋아하셨다.

> "이 백성은 내가 나를 위하여 지었나니 나를 찬송하게 하려 함이니라"(사 43:21).

이 땅에서뿐만 아니라 천국에서 영원토록 살아갈 때 제일 필요하고 중요한 것이 하나님 찬양이기 때문에, 이 땅을 살면서 해야 할 제일 중요한 일은 찬양을 연습하는 일이라고 생각한다.

그러므로 성경에 수록된 노래 가사를 분석하고 신학적으로 강해하기 전에, 먼저 음악적인 부분을 아는 대로 언급하는 것이 음악을 좋아하시는 하나님의 마음에 조금 더 가까이 다가갈 수 있고, 하나님을 찬양했던 사람들의 음악적인 소양과 재능을 이해함으로 그들에 대한 최소한의 예의를 갖추는 것이라고 생각한다.

이런 관점에서 성경에 기록된 음악과 관련된 내용을 알아보기로 한다. 먼저 성경의 순서대로 구약, 신약 순으로 살펴보겠다.

예수는 테너일까, 베이스일까

A. 구약의 음악

소리는
언제부터 시작되었을까?

그림은 지면을 필요로 하듯이 음악은 소리를 필요로 한다. 그림은 지면 위에 여러 가지 도구를 사용하여 자신의 생각과 느낌을 그려놓는다. 음악은 다양한 소리, 예를 들어 높은 소리, 낮은 소리, 빠른 소리, 늦은 소리, 센 소리, 약한 소리 등으로 자신의 생각을 표현한다. 소리가 없이는 음악을 표현할 수 없다.

어떤 연주자는 피아노 음 하나 때리고 몇십 분을 가만히 앉아 있다가 연주가 끝났다고 들어간다고 하는데, 그건 음악이라고 하기보다는 해프닝이라고 해야 맞을 것이다.

미국 현대음악 작곡가인 존 케이지가 작곡한 〈4분 33초〉라는 곡이 있다. 피아노곡인데, 연주자가 피아노 앞에 앉아서 아무것도 하지 않고 4분 33초 동안 가만히 있기만 하면 된다. 이 곡은 모두 세 개의 악장으로 구성되어 있는데, 1악장은 33초, 2악장은 2분 40초, 3악장은 1분 20초, 합해서 4분 33초가 소요된다.

제목을 4분 33초로 정한 것에도 의미가 있다. 절대영도가 섭씨 273도인데, 이것을 시간단위로 바꾸면 4분 33초가 되기 때문에 제목을 그렇게 정했다고 한다. 그러니까 절대영도를 시간으로 환산한 4분 33초 동안에는 절대영도가 되면 모든 것이 멈추어버리듯이, 음악가의 활동도 정지한다는 의미가 담겨 있다. 하지만 음악가가 연주를 하지 않는다고 해서 연주회장에 아무 소리가 나지 않는 것은 아니다.

제일 먼저는 피아노 음표는 없지만 정해진 시간이 지나면 악장마다 악보(?)를 넘기는 소리가 난다. 그리고 청중의 기침 소리, 부스럭거리는 소리, 의자 삐걱거리는 소리 등, 4분 33초 동안 들리는 모든 소리들이 작곡가의 빈 악보에 담기게 된다. 비록 비어 있는 악보지만 매번 연주할 때마다 다른 소리가 담기게 된다.

그런데 분명한 것은 피아노곡 〈4분 33초〉가 하나의 실험은 될 수 있을지 몰라도, 음악이라고 하기에는 무리가 따른다. 음악은 사람들이 가지고 있는 다양한 감정, 사랑, 기쁨, 분노, 광란 등을 표현하는데, 아무 연주도 안하고 긴장감만 불러일으킨다면 청중에게 스트레스만 안겨주게 된다. 음악에는 반드시 소리가 있어야 한다. 소리가 없는 것은 음악이 아니다.

그렇다면 음악을 만드는 소리는 언제부터 존재했을까?

그 힌트가 창세기 1장에 있다. 태초에 하나님께서 "빛이 있으라"고 말씀하실 때 우주가 만들어졌다. 과학자들은 우주가 만들어질 때 빅뱅이 있었다고 주장한다. 빅뱅이란 엄청난 밀도를 지닌 작은 덩어리가 순간 폭발 팽창하는 것을 말한다. 결과적으로 하나님께서 "빛이 있으라"고 말씀하실 때 빅뱅이 일어났고 강렬

예수는 테너일까, 베이스일까

한 빛과 폭발로 우주는 시작되었다고 본다면, 빅뱅의 순간 빛과 함께 엄청난 소리가 났을 것이다. 왜냐하면 소리는 질량과 속도가 있는 모든 물체에서 발생하기 때문이다. 이렇게 음악의 근원이자 본질인 소리는 태초에 빛과 함께, 빅뱅과 함께 시작되었다.

또한, 지금 우리가 살고 있는 지구는 자전과 공전의 움직임이 있다. 지구 자전의 속도는 시속 1,674km, 공전의 속도는 초속 30km라고 한다. 이렇게 엄청난 속도로 움직이고 있는데 그 속에서 살고 있는 우리는 전혀 느끼지 못하고 있다. 자동차를 타고 시속 100km를 달려도 속도감과 소음을 느낄 수 있다. 그러기에 지구 스스로 움직이면서 생기는 자전의 소리도 있고, 태양 주위를 돌면서 생기는 공전의 소리도 있을 것이다. 그런데 만약 지구와 같이 큰 물체가 빠른 속도로 자전하고 공전하는 속도감을 사람들이 그대로 느끼고 움직이는 소리를 듣게 된다면 사람들은 귀 고막이 터져서 죽고 말 것이다. 그래서 지구 자전과 공전의 소리는 들리지 않고 인간이 감당할 만한 소리만 들을 수 있는 것도 하나님의 은혜이다.

바로 이 자연의 소리를 이용하여 인간은 의사를 소통하였고, 더욱 쉽게 소통하기 위해서 인간의 목소리와 신체기구들을 사용하였다. 더 나아가 도구를 사용하게 됨으로 소리의 질과 양이 다양하게 되었고, 결국에는 소리가 의사소통의 수준을 넘어 감정을 표현하는 음악으로까지 발전하게 되었다.

인간은 하나님이 창조하신 새들의 아름다운 소리를 흉내 내기 위하여 자신의 목소리를 훈련시켜 노래를 부르게 되었고, 인간의 신체인 손바닥과 손바닥, 손바닥과 무릎을 부딪쳐서 리듬을 만들었다. 그리고 자연의 천둥소리, 막대기 부딪히는 소리 등에서 힌트를 얻어 타악기를 만들었고, 바람이 나무를 가르는 소리, 풀피리, 바닷가의 소리, 동물의 뿔 등의 소리로부터 관악기를, 전쟁에서 사용한 활과 같은 줄에서 현악기를 만들어 사용하기 시작하였다.

소리는 태초에 하나님께서 천지를 창조하실 때부터 존재하였다.

> ## 포르테(f), 메조포르테(mf)를 하나님께서 가르쳐주셨다.

'음악의 아버지'라 불리는 바흐(J. S. Bach) 이전에, 음악의 진짜 원조는 창조주 하나님이시다.

출애굽한 이스라엘이 성막을 짓고 군사와 레위인의 숫자까지 모두 계수한 뒤, 이제 가나안을 향해 출발할 모든 준비를 갖추었다. 이때 하나님께서 모세에게 나팔 두 개를 만들도록 하셨고, 나팔 부는 방법을 가르쳐주셨다. 요즘에야 무전이나 전화로 연락할 수 있지만 당시에 연락수단은 소리밖에 없었기 때문에 60

만 군대에게 연락할 방법으로 유일한 수단은 나팔이었다.

민수기 10장에 하나님께서 모세에게 은을 두들겨 나팔 두 개를 만들도록 하셨다. 그리고 나팔 부는 법을 가르쳐주셨다. 소집, 행진, 전투 등 상황에 따라 신호가 달라야 했는데, 이를 하나님께서 음악적인 다이내믹을 이용해서 나팔소리로 구분하도록 직접 가르쳐주셨다.

> "은나팔 둘을 만들되 두들겨 만들어서 그것으로 회중을 소집하며 진영을 출발하게 할 것이라"(민 10:2).

하나님께서는 모세에게 은나팔 둘을 만들도록 하신 뒤, 나팔 부는 법을 가르쳐주셨다. 백성의 지도자인 모세에게 나팔 부는 방법을 고안하도록 맡겨도 될 텐데, 천지를 창조하신 창조주 하나님께서 굳이 직접 나팔 부는 방법을 가르쳐주신 것을 보면 여호와 하나님은 음악을 너무 사랑하시는 음악의 원조 아버지임이 틀림없다.

하나님께서는 모세에게 모두 다섯 가지 나팔 부는 법을 가르쳐주셨다. 제일 먼저, 회중을 소집할 때는 두 개의 나팔을 동시에 불도록 하셨다. 바로 듀엣(Duet) 기법이다.

> "나팔 두 개를 불 때에는 온 회중이 회막 문 앞에 모여서 네게로 나아올 것이요"(민 10:3).

두 번째, 천부장, 곧 군장성 모임에는 나팔 하나만 길게(legato) 부는 것으로 레가토(legato)와 메조포르테(mf) 기법을 사용하였다.

"그러나 하나만 길게 불면, 지휘관들, 곧 이스라엘의 천부장들만이 너에게로 나올 것이다"(민 10:4, 새번역).

세 번째, 스타카토와 포르테 기법을 가르쳐주셨다.

"그러나 나팔을 짧게 급히 불면, 동쪽에 진을 친 부대들이 진을 뜬다"(민 10:5, 새번역).

'짧게 급히'가 음악적인 기법이다. 동쪽 부대들이 행진을 시작하도록 명령을 내릴 때는 '짧게'는 스타카토(staccato), '급히'는 포르테(f)로 나팔을 불었다. 참고로, 이스라엘 백성이 행진을 시작할 때는 언제나 동쪽 진영이 먼저 출발하였고, 그 다음으로 남쪽, 서쪽, 북쪽 진영 순이었다.

민수기 10장 6절에서 "두 번째로 크게 불 때"라는 표현이 바로 남쪽이 두 번째 순서라는 뜻이다. 민수기 말씀을 참고하여 살펴보자.

"두 번째로 크게 불 때에는 남쪽 진영들이 행진할 것이라 떠나려 할 때에는 나팔 소리를 크게 불 것이며"(민 10:6).

그리고 서쪽, 북쪽 진영이 포르테 나팔 소리를 듣고 순서대로 출발하였다. 당연한 순서이기 때문에 성경에는 따로 표시하지 않았다. 남쪽과 서쪽 사이, 즉 백성의 중심에는 모세를 비롯한 지도자와 레위지파와 함께 성막기구들이 따라 움직였다.

네 번째, 이스라엘 모든 백성의 총회를 소집할 때에는 크지 않게 레가토로 길게 불도록 하였다.

> "또 회중을 모을 때에도 나팔을 불 것이나 소리를 크게 내지 말며"(민 10:7).

4절에서 천부장을 소집할 때와 같은 다이내믹을 사용하고 있지만, 차이는 4절에서는 나팔 하나로 레가토 메조포르테로 불었고, 7절에서 총회를 소집할 때의 '나팔'은 복수를 사용하고 있다는 점에서 두 개의 나팔로 길게 레가토로 불었다는 것을 알 수 있다.

그런데 3절에서 회중을 소집할 때에도 7절과 마찬가지로 똑같이 두 개의 나팔을 사용하였다. 차이점은 3절과 7절의 모임의 성격이 다르다는 점이다. 3절에서는 회막 문 앞에 모였다. 즉, 제사를 위한 목적으로 불러모았고, 7절에서는 예배와 제사가 아닌 이스라엘 총회를 소집하였다는 것이 다르다. 그런데 나팔을 부는 방법은 똑같이 크지 않게 불었다.

하지만 7절에서 총회를 소집할 경우에는 특별히 소리를 크게 내지 말도록 주의를 주고 있다는 점에서 3절의 회막 문 앞 모임과 7절의 총회 소집을 위한 나팔 소리는 부는 기법에서 차이가 있었을 것이다.

다섯 번째, 전쟁에 출전하는 비상시에는 '짧게' 스타카토(staccato)와 '급히' 포르티시모(ff) 기법으로 나팔을 불도록 해서 군사들의 긴장감을 고조시켰다.

> "너희의 땅에서 너희를 공격해 온 침략자들에 대항하여 전쟁에 나설 때에는, 나팔을 짧게 급히 불어라. 그러면 주 너희의 하나님이 너희를 기억하고, 너희 원수들에게서 너희를 구해 줄 것이다"(민 10:9, 새번역).

5절에서 백성들이 행진을 시작할 때도 똑같이 스타카토 포르티시모로 불었지만, 전쟁할 때와의 차이는 7절과 마찬가지로 나팔 두 개를 동시에 불었다는 점이다. 참고로 '은나팔', 즉 '하쪼쩨라'는 반드시 제사장만 불 수 있었다.

> "그 나팔은 아론의 자손인 제사장들이 불지니 이는 너희 대대에 영원한 율례니라"(민 10:8).

솔로몬 성전 봉헌 때, 나팔 부는 제사장 백이십 명이 동원되었다. 이때의 나팔은 당연히 은나팔인 '하쪼쩨라'이다.

예수는 테너일까, 베이스일까

"노래하는 레위 사람 아삽과 헤만과 여두둔과 그의 아들들과 형제들이 다 세마포를 입고 제단 동쪽에 서서 제금과 비파와 수금을 잡고 또 나팔 부는 제사장 백이십 명이 함께 서 있다가"(대하 5:12).

그렇다고 제사장은 은나팔만을 불어야 하는 것은 아니었다. 양의 뿔로 만든 양각나팔인 '쇼파르'를 불 때도 있었다. 츨애굽한 이스라엘이 가나안의 여리고성을 점령할 때 제사장이 나팔을 불었는데, 이 나팔은 양각나팔인 '쇼파르'였다.

"이에 백성은 외치고 제사장들은 나팔을 불매 백성이 나팔 소리를 들을 때에 크게 소리 질러 외치니 성벽이 무너져 내린지라 백성이 각기 앞으로 나아가 그 성에 들어가서 그 성을 점령하고"(수 6:20).

그리고 사사 기드온이 삼백 용사와 함께 미디안군대를 상대로 싸울 때에 용사들이 양각나팔인 쇼파르를 불며 적을 혼란시켜 전쟁을 승리로 이끌었다.

"세 대가 나팔을 불며 항아리를 부수고 왼손에 횃불을 들고 오른손에 나팔을 들어 불며 외쳐 이르되 여호와와 기드온의 칼이다 하고"(삿 7:20).

이외에 왕을 세울 때에도 나팔을 불었다. 이때의 나팔도 양각 나팔인 쇼파르다.

"이에 압살롬이 정탐을 이스라엘 모든 지파 가운데에 두루 보내 이르기를 너희는 나팔 소리를 듣거든 곧 말하기를 압 살롬이 헤브론에서 왕이 되었다 하라 하니라"(삼하 15:10).

솔로몬이 왕으로 세움 받을 때에는 아예 뿔나팔로 번역하고 있다.

"제사장 사독이 성막 가운데에서 기름 담은 뿔을 가져다가 솔로몬에게 기름을 부으니 이에 뿔나팔을 불고 모든 백성이 솔로몬 왕은 만세수를 하옵소서 하니라"(왕상 1:39).

사실 '나팔'이라는 단어만 보면 은나팔인지 뿔나팔인지 구분하기 어렵다. 그래서 은나팔인지 양각나팔인지를 정확하게 알고 싶을 때는 원문을 참고해야 한다. 성경 본문 중에 은나팔과 뿔나팔을 분명하게 구분한 구절이 있다.

"나팔과 호각 소리로 왕이신 여호와 앞에 즐겁게 소리칠지 어다"(시 98:6).

앞의 나팔은 은나팔인 '하쪼쩨라'이고, 뒤의 '호각'은 뿔나팔인

예수는 테너일까, 베이스일까

'쇼파르'이다. 공동번역에서는 이를 정확하게 구분하여 번역하였다.

"우리의 임금님, 야훼 앞에서 은나팔 뿔나팔 불어대며 환호
하여라"(시 98:6, 공동번역).

이상과 같이 섬세하신 하나님께서 음악적 기법들을 친히 가르
쳐주셨다는 사실을 알 수 있다. 이러한 점에서, 성경은 우리가 하
나님을 찬양할 때 음악적인 기법들을 무시하고 아무렇게 연주하
면 안 된다는 것을 깨우쳐주고 있다. 따라서 찬양할 때 그 음악
적 기법에 맞추어 연주할 수 있어야 한다.

**최초의 성악가 라멕의 DNA는
기악의 조상, 유발이 이어받았다.**

"아다는 야발을 낳았으니 그는 장막에 거주하며 가축을 치
는 자의 조상이 되었고 그의 아우의 이름은 유발이니 그
는 수금(kinnor)과 퉁소(ugab)를 잡는 모든 자의 조상이 되
었으며 씰라는 두발가인을 낳았으니 그는 구리와 쇠로 여
러 가지 기구를 만드는 자요 두발가인의 누이는 나아마였더
라"(창 4:20-22).

이 구절은 창세기 당시에 일상생활에서 중요하게 생각하였던 기술자들의 조상, 목축업자 야발, 음악가 유발, 대장장이 두발가 인을 나열하고 있다. 본문은 당시의 사회생활에서 꼭 필요한 직업을 언급하였음이 분명한데, 그 직업 가운데 음악가를 포함시킨 것은 특이히다고 생각된다. 목축업자는 그들의 일상 식생활과 신께 바치는 희생제물을 준비함에 있어서 중요한 직업이었고, 가축은 교통수단으로도 유용하게 이용되었고, 가죽은 의복으로 입기도 하였다. 대장장이도 성전의 도구와 가정의 가재도구뿐만 아니라 부족의 영토를 확장하며 지키는 전쟁에 사용되는 무기를 만드는 직업이므로 마땅히 언급되어야 한다.

그러나 음악가는 오늘날의 사회 문화적 특성에 비추어볼 때, 의식주에 관계되는 필수불가결한 직업이 아님에도 불구하고 창세기 당시의 직업 중 하나로 당당히 포함되었음은 눈여겨볼 만하다. 어쩌면, 당시로는 그것이 당연한 일이었는지 모른다. 음악가는 희생 제사를 드릴 때 처음부터 끝날 때까지 계속해서 악기를 연주하였을 뿐만 아니라, 망대의 파수꾼이 적의 침입을 사전에 파악하여 이를 알릴 때도 특정한 악기와 선율을 사용했으므로 음악의 재능이 있는 자들이 이를 담당했으리라는 것은 쉽게 짐작이 가는 일이다.

유발은 성경에 기록된 최초의 음악가이다. 그것도 현악기 수금과 관악기 퉁소를 연주한 기악가의 조상이다. 유발의 이런 음악적인 재능이 아버지 라멕에게서 유전되었다는 사실을 유추해 볼

예수는 테너일까, 베이스일까

수 있는 내용이 성경에 기록되어 있다. 가인의 후손, 라멕이 자기 아내들에게 이렇게 말한다.

"라멕이 아내들에게 이르되
아다와 씰라여 (A)
내 목소리를 들으라 (B)
라멕의 아내들이여 (A´)
내 말을 들으라 (B´)

나의 상처로 말미암아 (C)
내가 사람을 죽였고 (D)
나의 상함으로 말미암아 (C´)
소년을 죽였도다 (D´)

가인을 위하여는 벌이 (E)
칠 배일진대 (F)
라멕을 위하여는 벌이 (E´)
칠십칠 배이리로다 (F´)
하였더라"(창 4:23-24).

내용을 보면 라멕이 사람을 죽였던 것 같다. 라멕이 아내들에게 자기가 사람을 죽였지만, 그 죄로 사람들이 자기를 죽이면 그

벌이 가인보다 열 배가 넘는 칠십칠 배가 될 것이라고 노래한다. 그런데 라멕이 아내들에게 말한 내용이 원문에는 시어체로 2:2 운율에 맞추어 기록되었다는 점에서 노래 가사였던 것으로 추정할 수 있다.

23절에 "리멕이 아내들에게 이르되"는 "라멕이 아내들에게 노래하기를"로 해석할 수 있다는 점에서 라멕은 성경에 기록된 최초의 성악 가수, 요즘으로 치면 뮤지컬 가수라고 볼 수 있다. 이런 관점에서 인류 최초의 기악가 유발은 아버지 라멕으로부터 그 음악적 DNA를 물려받은 것으로 보아도 크게 무리가 없을 것 같다.

성경에는
노동요가 나오고 결혼식 축가도 있다.

구약에 기록된 음악이 모두 하나님을 찬양하는 음악은 아니다. 사람들이 일상생활에서 부르거나 연주된 음악의 형태도 많이 기록되어 있다.

어느 민족에게나 일을 할 때 부르는 노동요가 있듯이, 이스라엘 백성도 힘들고 단조로운 작업을 할 때, 작업능률을 향상시키기 위해서 우리나라의 민요와 마찬가지의 기능을 가진 노동요를

예수는 테너일까, 베이스일까

불렀다.

　이스라엘과 근동 지방에는 지하수에 석회가 섞여 있기 때문에 그냥 마실 수가 없어서 음료수 대용으로 포도주를 만들어 마셨다. 그러기에 이스라엘과 근동 지방에서 포도주는 우리 나라에서처럼 술의 개념이 아니라 그들의 일상생활에 꼭 필요한 음료수였다. 또한, 유럽과 중동 지방에도 석회석이 많기 때문에 지하수에 석회가 섞여 있는 경우가 많아서 지하수를 그냥 마시면 맹장염에 걸릴 수가 있다.

　필자가 미국 유학 시절에 수냉식 에어컨을 구입하여 수돗물을 부어 에어컨을 사용한 적이 있었다. 그런데 여름 동안 사용한 뒤에 그 다음해에 물을 부어 다시 틀었는데 전혀 작동이 되지 않았다. 에어컨 내부를 뜯어보니, 내부 파이프 곳곳에 석회가 잔뜩 붙은 채로 굳어 있어서 작동이 되지 않았던 것이다. 결국 에어컨을 폐기처분하고 말았다.

　또 겨울에 가습기를 틀면 집안 곳곳에 석회가루가 붙어 있어서 가족들 건강을 위하여 냄비에 물을 끓여서 수증기로 가습을 한 적이 있었다. 그런데 결국 냄비에도 석회가 잔뜩 붙어 굳어버려서 냄비도 못 쓰고 버린 적이 있었다. 이처럼 미국, 유럽, 근동 지방에서는 지하수를 그냥 마실 수가 없어서 포도주나 맥주를 제조하여 음료수 대신 식용할 수밖에 없다. 그런 측면에서 지하수를 약간의 정수과정을 거치기만 하면 그냥 마실 수 있는 우리나라는 복 받은 나라임에 틀림없다.

1) 이스라엘 백성은 포도주의 원료인 포도를 밟으면서 노래하였다.

> "기쁨과 환희가 옥토와 모압 땅에서 빼앗겼도다 내가 포도주 틀에 포도주가 끊어지게 하리니 외치며 밟는 자가 없을 것이리 그 외침은 즐거운 외침이 되지 못하리로다"(렘 48:33).

선지자 예레미야가 모압의 멸망을 예언하는 내용 중에, 포도를 밟는 것이 더이상 즐거운 환호가 되지 못할 것을 말하고 있다. 이를 바꾸어 말하면, 이스라엘 사람들이 그들의 음료수인 포도주를 만들 때 즐겁게 노래를 불렀음을 의미하고 있다. 이런 사실을 예레미야 25장 30절에서 확인할 수 있다.

> "그러므로 너는 그들에게 이 모든 말로 예언하여 이르기를 여호와께서 높은 데서 포효하시고 그의 거룩한 처소에서 소리를 내시며 그의 초장을 향하여 크게 부르시고 세상 모든 주민에 대하여 포도 밟는 자 같이 흥겹게 노래하시리라."

우리나라에도 농사 풍년과 바다에서 만선을 기원하는 민요가 있는 것처럼, 이스라엘 사람들에게 있어서 주식인 빵과 함께 마시는 음료수였던 포도주를 생산하는 일은 가장 기쁘고 즐거운 일이었으므로 그 과정에서 흥겹게 노래했던 것은 당연한 일이었을 것이다.

2) 우물을 파면서 노래하였다.

포도주를 만드는 일만큼 중요한 일은 이스라엘 민족의 목축과 일상생활에 필수적인 지하수를 퍼 올리는 일, 즉 우물을 파는 일이었다. 어쩌면 우물 파는 일은 포도즙을 짜기 위해 포도를 밟는 것보다 더 힘들고 어려운 작업일 것이다. 그러니 흥겨운 노래로 일의 분위기를 고조시키는 것은 당연한 일이다.

"그때에 이스라엘이 노래하여 이르되
우물물아 솟아나라
너희는 그것을 노래하라
이 우물은 지휘관들이 팠고
백성의 귀인들이 규와 지팡이로 판 것이로다
하였더라"(민 21:17-18a).

"우물물아"부터 "판 것이로다"까지 운율 형태로 기록된 노래 가사이다. 이스라엘 백성은 지하수 우물을 팔 때마다 전통적으로 이 노래를 불렀을 것이다. 음료수는 포도주를 마시면 되지만 가축이 마시는 물과 사람이 씻는 것에는 많은 물이 필요하기 때문에 지하수를 퍼 올리기 위해서는 우물을 파야만 했다.

옛날에는 우리나라에도 대부분의 집에 우물이 있었다. 땅을 파기만 하면 어렵지 않게 지하수가 나왔고, 우물물을 두레박으로 퍼 올려서 마시기도 하고, 목욕도 하였다. 여름철에는 과일을 매달아 물에 빠트려놓으면 냉장고 대용으로 사용할 수도 있었다. 그런 면에서 우리나라는 복 받은 나라임에 틀림없다.

그런데 이스라엘에서는 땅을 판다고 무조건 물이 나오지는 않았다. 지하수가 터질 만한 장소를 찾아내는 기술이 있어야 하는데, 그런 면에 있어서 이삭은 우물의 달인이었다. 창세기 22장에 보면, 이삭이 하나님께서 복을 주셔서 그 땅의 거부가 되니까 블레셋 사람들이 시기하여 이삭의 아버지 아브라함의 우물들을 흙으로 완전히 메워서 못 쓰게 만들어버렸다. 하지만 이삭은 나중에 블레셋 사람들이 메운 아브라함의 우물들을 다시 팠고, 이후에 계속해서 우물들을 팠지만 주변 족속들에게 빼앗기기를 반복하였다. 그럼에도 불구하고 계속해서 우물을 팠던 일을 기록하고 있다. 이렇게 우물에 집착한 이유는 이스라엘 근동 지방에는 비가 거의 내리지 않고 건조한 환경 속에 우물만이 사람과 가축들에게 생명수 역할을 하였기 때문이다.

요한복음 4장에는 예수님께서 사마리아 수가 동네에 도착하는데 그곳에 '야곱의 우물'이 있었음을 언급한다.

"거기 또 야곱의 우물이 있더라 예수께서 길 가시다가 피곤하여 우물 곁에 그대로 앉으시니 때가 여섯 시쯤 되었더라"(요 4:6).

이렇게 성경에 아브라함, 이삭, 야곱과 관련된 우물을 언급한 것을 보면, 우물은 일상생활에 있어서 필수적인 요소였음을 말해주고 있다.

3) 결혼식 때 노래를 불렀다.

성경에는 결혼식 때 불렀던 노래 가사가 직접 언급되어 있지는 않지만, 혼인 잔치에서 노래를 부르는 것은 당연한 일이었다.

> "만군의 여호와 이스라엘의 하나님께서 이와 같이 말씀하시니라 보라 기뻐하는 소리와 즐거워하는 소리와 신랑의 소리와 신부의 소리를 내가 네 목전, 네 시대에 이곳에서 끊어지게 하리라"(렘 16:9).

신랑 신부의 소리는 곧 신랑 신부가 부르는 노래 소리를 말한다. 하지만 이스라엘 백성의 죄악으로 더이상 혼인잔치가 열리지도 못하고 신랑 신부의 노래 소리도 들리지 않도록 심판하시겠다는 하나님의 말씀이다.

> "그들의 청년은 불에 살라지고 그들의 처녀들은 혼인 노래를 들을 수 없었으며"(시 78:63).

이외에도 구약에는 술 취한 자가 부르는 노래도 있고, 사악한 자의 춤과 노래도 기록되어 있다는 사실이다.

"성문에 앉은 자가 나를 비난하며 독주에 취한 무리가 나를 두고 노래하나이다"(시 69:12).

"그들은 소고와 수금으로 노래하고 피리 불어 즐기며 그들의 날을 행복하게 지내다가 잠깐 사이에 스올에 내려가느니라"(욥 21:12-13).

전쟁 때도 노래를 불렀다.

1) 출애굽한 이스라엘 백성은 홍해를 건넌 뒤 찬양하였다.

애굽에서 탈출한 이스라엘 백성을 애굽의 바로 왕이 군사를 보내 추격할 때, 이스라엘 앞에는 홍해가 가로막혀 있었다. 모세가 하나님이 시키신 대로 지팡이를 든 손을 바다를 향해 뻗자 홍해가 갈라졌고, 백성은 홍해를 걸어서 건너가기 시작하였다. 바로의 군사들도 홍해에 들어섰지만 하나님께서 불과 구름기둥으로 막으셨고, 이스라엘 백성 모두 바다를 건넌 후 모세가 다시 한 번 바다를 향해 손을 뻗었을 때 홍해가 원래대로 회복되었다. 바로의 군사들은 홍해에 수장되고 말았다.

놀라운 기적을 경험한 모세와 백성들은 여호와 하나님을 찬양하였고, 미리암과 여인들은 다음과 같이 화답하였다.

예수는 테너일까, 베이스일까

홍해의 찬가 Song of the Sea(출 15:1-18)

"이때에 모세와 이스라엘 자손이 이 노래로 여호와께 노래하니 일렀으되 **내가 여호와를 찬송하리니 그는 높고 영화로우심이요 말과 그 탄 자를 바다에 던지셨음이로다** 여호와는 나의 힘이요 노래시며 나의 구원이시로다 그는 나의 하나님이시니 내가 그를 찬송할 것이요 내 아버지의 하나님이시니 내가 그를 높이리로다."

미리암의 노래(출 15:20-21)

"아론의 누이 선지자 미리암이 손에 소고를 잡으매 모든 여인도 그를 따라 나오며 소고를 잡고 춤추니 미리암이 그들에게 화답하여 이르되 **너희는 여호와를 찬송하라 그는 높고 영화로우심이요 말과 그 탄 자를 바다에 던지셨음이로다** 하였더라."

미리암의 노래와 모세가 부른 "홍해의 찬가" 첫 부분이 동일한 가사로 시작하고 있다. 이에 대해, 원래 미리암과 여인들이 먼저 노래하였고, 나중에 모세가 미리암이 부른 노래에 화답하면서 내용을 더 첨가하여 노래한 것으로 보는 학자들이 있다.

필자도 이 주장에 동의하는 바이다. 왜냐하면 일반적으로 여자들이 남자에 비해 감성적이기 때문에 일어난 상황에 반응하는 속도가 빠르고 음악적 재능도 뛰어나다는 점에서, 홍해 바다를 걸어서 건넌 일에 감동을 받은 미리암과 여인들이 남자들보다 먼저 노래하고 춤추는 것은 지극히 자연스러운 일이었다고 생각하기 때문이다.

하지만 구약시대는 엄격한 가부장적 제도 하에 있었던 시절이었고, 남성 위주의 사회였기 때문에 여자보다 남자를 앞세웠다. 특히 모세가 백성의 지도자였기 때문에 지도자의 권위를 세워주기 위해서 여자보다 먼저 찬양한 것으로 기록한 것이 아닌가 생각한다.

2) 전쟁 승리를 노래하였다.

사사 드보라와 바락 장군이 가나안 왕 야빈 군대를 물리친 후, 승리를 노래하였다(삿 5:2-31).

> "이 날에 드보라와 아비노암의 아들 바락이 노래하여 이르되 이스라엘의 영솔자들이 영솔하였고 백성이 즐거이 헌신하였으니 여호와를 찬송하라 너희 왕들아 들으라 통치자들아 귀를 기울이라 나 곧 내가 여호와를 노래할 것이요 이스라엘의 하나님 여호와를 찬송하리로다"(삿 5:1-3).

그리고 사사 입다가 암몬과의 전쟁에서 승리하고 돌아올 때, 그의 딸이 소고에 맞춰 춤을 추며 아버지를 환영하였다. 사삿기의 말씀이다.

예수는 테너일까, 베이스일까

"입다가 미스바에 있는 자기 집에 이를 때에 보라 그의 딸이 소고를 잡고 춤추며 나와서 영접하니 이는 그의 무남독녀 라"(삿 11:34).

블레셋을 물리치고 돌아오는 사울 왕과 다윗 장군을 환영하면서 여인들이 춤추며 노래를 불렀다.

"무리가 돌아올 때 곧 다윗이 블레셋 사람을 죽이고 돌아올 때에 여인들이 이스라엘 모든 성읍에서 나와서 노래하며 춤추며 소고와 경쇠를 가지고 왕 사울을 환영하는데 여인들이 뛰놀며 노래하여 이르되 사울이 죽인 자는 천천이요 다윗은 만만이로다 한지라"(삼상 18:6-7).

어쩌면 이들 여인들은 성경에 등장하는 최초의 아이돌 팬클럽 오빠부대라고 할 수도 있겠다.

3) 최전방에 군사를 세우는 대신에 성가대를 세워 하나님을 찬양할 때, 하늘 군대가 적군들을 전멸시켰다.

유다 여호사밧 왕 때 모압 임몬 연합군이 이스라엘을 공격하였다. 당시 이스라엘은 모압 암몬의 상대가 되지 않았다. 이때 여호사밧이 하나님께 간구할 때 도와주실 것을 약속하셨고, 여호사밧은 성전의 '노래하는 자(성가대원)'들을 선봉에 세워 하나님을 찬양하였다. 참으로 놀라운 것은 이때 하늘의 천군천사가 나타나 적군을 치셨고, 결국에는 이스라엘이 승리를 거두게 되었다는 점이다.

> "백성과 더불어 의논하고 노래하는 자들을 택하여 거룩한 예복을 입히고 군대 앞에서 행진하며 여호와를 찬송하여 이르기를 여호와께 감사하세 그의 인자하심이 영원하도다 하게 하였더니 그 노래와 찬송이 시작될 때에 여호와께서 복병을 두어 유다를 치러 온 암몬 자손과 모압과 세일 산 주민들을 치게 하시므로 그들이 패하였으니"(대하 20:21-22).

**이스라엘 여인들은
임신과 출산 때 하나님을 찬양하였다.**

사무엘상에 보면, 엘가나라는 사람에게 두 아내, 한나와 브닌나가 있었는데, 브닌나는 자식을 얻었고, 한나는 오랫동안 아이를 갖지 못하였다. 유대 사회에서 여자가 아이를 낳지 못한다는 것은 하늘의 저주를 받은 것으로 인식하였다. 이러한 문화적 배경과 인식 속에서 아이를 낳지 못한 일로 괴로워하던 한나가 성막이 있는 실로에 올라가 하나님께 간절히 기도하였다. 그녀는 아들을 주시면 그 아이를 나실인으로 바치기로 서원기도를 하였다. 그후 그녀는 기도의 응답을 받아 아들을 낳았고 그 이름을 사무엘이라고 하였다. 한나는 아이 사무엘이 젖떼기를 기다렸다가 하나님과 맺은 약속을 지키기 위해서 그를 성막으로 보냈다. 그러면서 그녀는 하나님을 경배하며 기쁨으로 노래를 불렀다.

> "한나가 기도하여 이르되
>
> 내 마음이 여호와로 말미암아 즐거워하며 내 뿔이 여호와로 말미암아 높아졌으며 내 입이 내 원수들을 향하여 크게 열렸으니 이는 내가 주의 구원으로 말미암아 기뻐함이니이다 … 여호와를 대적하는 자는 산산이 깨어질 것이라 하늘에서 우레로 그들을 치시리로다 여호와께서 땅끝까지 심판을 내리시고 자기 왕에게 힘을 주시며 자기의 기름 부음을 받은 자의 뿔을 높이시리로다
>
> 하니라"(삼상 2:1, 10).

아이를 드린 후 기쁨과 감사로 불렀던 "한나의 노래"는 유대 여인들이 아이를 잉태하거나 아이를 출산하였을 때 축복과 감사의 노래를 부르는 전승 모델이 되었다. 특히 이 노래는 내용과 형식에 있어서 신약의 "마리아의 노래"(눅 1:46-55)의 모범이 되었다. 이렇게 임신과 출산은 이스라엘 여인들에게 있어서 하나님을 경배하고 찬양하는 중요한 사건이었다.

찬양할 때
하나님의 영이 임하고 악령은 떠나간다.

1) 찬양할 때 하나님의 영이 임한다.

사울이 왕이 되기 전에 선지자 사무엘의 지시에 따라 '하나님의 산', 곧 기브온 산당에 도착하였다. 산당에서 내려오는 선지자의 무리가 악기 연주를 하며 찬양할 때에, 사울이 그 찬양을 듣고 하나님의 영이 임하였고, 예언을 하고 새사람으로 변하였다.

참고로, 사울이 새사람이 된다는 것은 신약에서 말하는 새로운 피조물, 곧 중생한다는 뜻이 아니라, 이야기의 전후맥락으로 볼 때 장차 이스라엘을 구출할 지도자, 하나님께서 세우신 이스라엘의 지도자로서의 자각을 하게 된 것이라는 뜻으로 이해할 수 있다.

> "그 후에 네가 하나님의 산에 이르리니 그곳에는 블레셋 사람들의 영문이 있느니라 네가 그리로 가서 그 성읍으로 들어갈 때에 선지자의 무리가 산당에서부터 비파와 소고와 저와 수금을 앞세우고 예언하며 내려오는 것을 만날 것이요 네게는 여호와의 영이 크게 임하리니 너도 그들과 함께 예언을 하고 변하여 새사람이 되리라"(삼상 10:5-6).

2) 찬양할 때 악령이 떠나간다.

사울이 하나님께 순종할 때는 하나님의 영이 임하였지만, 하나님의 명령에 불순종할 때 하나님의 영이 사울에게서 떠나고 대신 악령이 사울에게 들어왔다. 신하들이 수금 타는 자의 연주를 들으면 귀신이 떠나가고 쾌유하게 될 것이라는 조언을 하였고, 그때 수금 연주자로 다윗이 왕궁으로 불려왔다. 음악 연주자가 왕궁에 불려올 정도라면 다윗은 당대 최고의 수금 연주자로 알려져 있었음에 틀림없다. 다윗이 수금을 연주할 때, 사울에게 들렸던 악신이 떠나갔다.

> "여호와의 영이 사울에게서 떠나고 여호와께서 부리시는 악령이 그를 번뇌하게 한지라, 하나님께서 부리시는 악령이 사울에게 이를 때에 다윗이 수금을 들고 와서 손으로 탄 즉 사울이 상쾌하여 낫고 악령이 그에게서 떠나더라"(삼상 16:14, 23).

3) 찬양을 들을 때 예언하는 능력이 주어진다.

유다 왕 여호사밧과 북이스라엘 왕 여호람이 연합하여 모압과 전쟁을 할 때 그들이 엘리사를 찾아가 여호와의 구원을 요청하였다. 그때 엘리사는 예언하기 위하여 수금을 연주하는 자를 불러오게 하였고, 그들이 연주하는 동안 엘리사가 수금 연주를 들으며 예언하였다.

"이제 내게로 거문고 탈 자를 불러오소서 하니라 거문고 타는 자가 거문고를 탈 때에 여호와의 손이 엘리사 위에 있더니"(왕하 3:15).

실제로 엘리사가 악기 연주를 들을 때 하나님의 영이 그에게 임하여 하나님이 주시는 예언의 말씀을 전하게 되었다. 그런데 열왕기하 3장 15절의 '거문고'는 수금으로 번역하는 것이 좋을 것 같다. 아마도 번역한 사람의 생각은 원문에는 수금(כִנּוֹר, 킨노르)이라는 단어가 나오지 않고 '연주하다'라는 동사인 나간(נִגֵּן)만 나와서, 수금으로 번역하지는 못하고 수금과 같은 우리나라 현악기인 거문고로 번역한 것 같다.

거문고는 약 4세기경에 우리나라 삼국시대 고구려 재상 왕산악이 만든 악기로 알려져 있다. 그런데 열왕기하 3장의 사건은 역사적 시기로 보면 기원전 9세기경인 남유다 여호사밧 왕 때에 일어난 사건이기 때문에 천 년도 훨씬 뒤에 만들어진 우리나라의 악기인 거문고로 번역한 것은 무리라고 생각한다. 사실 여기서는 수금을 연주하는 것으로 번역해도 전혀 문제 될 것이 없다.

"그 이튿날 하나님께서 부리시는 악령이 사울에게 힘 있게 내리매 그가 집 안에서 정신없이 떠들어대므로 다윗이 평일과 같이 손으로 수금을 타는데 그때에 사울의 손에 창이 있는지라"(삼상 18:10).

예수는 테너일까, 베이스일까

"다윗이 손으로 수금을 타는데"라고 번역하였는데, 원문에는 수금(ינר, 킨노르)이라는 명사는 없고 동사 나간(נגן)만 있다. 그런데도 수금이라는 명사를 포함하여 '수금을 탄다'라고 번역하고 있다.

실제로 히브리 성경에서 '연주하다'라는 뜻의 동사 '나간'을 사용하면 굳이 수금이라는 악기를 언급하지 않아도, 몇 군데를 제외하고는 수금을 연주하는 것으로 이해한다. 수금이 당시 이스라엘의 보편적이고 일상적인 현악기이기 때문이다.

그래서 열왕기하 3장 15절도 수금이라는 히브리 명사가 없지만, '거문고 탈 자' 대신 '수금 탈 자'로, '거문고 타는 자' 대신 '수금 타는 자'로, '거문고를 탈 때에' 대신 '수금을 탈 때에'라고 번역하는 것이 독자의 이해에 도움이 된다고 생각한다.

**성전 지성소의 법궤를
옮길 때 하나님을 찬양하였다.**

다윗이 아비나답의 집과 오벧에돔의 집에서 언약궤를 옮길 때 노래를 부르고 악기를 연주하였다.

"그들이 산에 있는 아비나답의 집에서 하나님의 궤를 싣고

나올 때에 아효는 궤 앞에서 가고 다윗과 이스라엘 온 족속
은 잣나무로 만든 여러 가지 악기와 수금과 비파와 소고와
양금과 제금으로 여호와 앞에서 연주하더라"(삼하 6:4-5).

아비나답의 집에 있던 법궤를 옮길 때는 규례를 잘 몰라 법궤
를 수레에 실어서 옮기다가 사람이 죽는 사고를 당하였다. 다윗
이 깜짝 놀라서 하나님의 궤를 오벧에돔의 집에 잠시 옮겨두었다.

법궤를 옮길 때 사람이 죽는 것을 본 성전음악가들이 음악을
연주할 때 그들의 마음은 어땠을까? 정말 두려운 마음으로 오직
하나님만 생각하면서 정성스럽게 최선을 다해 열심히 노래하고
악기를 연주했을 것이다. 우리도 법궤를 옮기듯이, 두렵고 떨리
는 마음으로 하나님을 찬양해야 할 것이다.

하나님의 궤가 오벧에돔의 집에 있는 동안, 오벧에돔의 집이 큰
복을 받았다. 이를 보고 다윗은 다시 한 번 궤를 다윗성으로 옮
기기로 한다. 이때는 정해진 규례에 따라 하나님의 궤를 레위인
이 어깨에 메어 옮김으로 무사히 다윗성으로 옮길 수 있었다.

"다윗과 및 궤를 멘 레위 사람과 노래하는 자와 그의 우두
머리 그나냐와 모든 노래하는 자도 다 세마포 겉옷을 입었으
며 다윗은 또 베 에봇을 입었고 이스라엘 무리는 크게 부르
며 뿔나팔과 나팔을 불며 제금을 치며 비파와 수금을 힘있
게 타며 여호와의 언약궤를 메어 올렸더라"(대상 15:27-28).

　　　　　예수는 테너일까, 베이스일까

사실 출애굽 당시부터 하나님의 궤를 옮길 때는 음악이 사용되었다.

> "궤가 떠날 때에는 모세가 말하되
> **여호와여 일어나사 주의 대적들을 흩으시고 주를 미워하는 자**
> **가 주 앞에서 도망하게 하소서**
> 하였고 궤가 쉴 때에는 말하되
> **여호와여 이스라엘 종족들에게로 돌아오소서**
> 하였더라"(민 10:35-36).

이와 같은 모세의 고백은 모세가 단지 말로 한 것이 아니라, 노래로 불렀다는 점이다. 이를 증명할 수 있는 내용이 시편 68편에 나온다.

> **"하나님이 일어나시니 원수들은 흩어지며 주를 미워하는 자들**
> **은 주 앞에서 도망하리이다"**(시 68:1).

시편은 이스라엘 백성의 찬송이라는 점에서 모세가 말한 가사 내용을 시편에 옮길 때는 곡조가 붙었다는 것을 말해준다. 시편 68편의 곡조가 모세가 부른 곡조 그대로인지, 아니면 다른 곡조인지는 알 수 없지만, 어쨌든 이를 통해서 하나님의 궤를 옮길 때 모세가 불렀던 일명, "언약궤의 노래"는 이스라엘의 전통이 되었다. 이런 사실을 확인할 수 있는 내용이 솔로몬의 기도에서도 찾아볼 수 있다.

> **"여호와 하나님이여 일어나 들어가사 주의 능력의 궤와 함께 주의 평안한 처소에 계시옵소서 여호와 하나님이여 원하옵건대 주의 제사장들에게 구원을 입게 하시고 또 주의 성도들에게 은 혜를 기뻐하게 하옵소서 여호와 하나님이여 주의 기름 부음 받은 자에게서 얼굴을 돌리지 마시옵고 주의 종 다윗에게 베푸신 은총을 기억하옵소서"**(대하 6:41-42).

"언약궤의 노래"로 시작하는 솔로몬의 기도는 이 가사 그대로 시편 132편에 수록되어 있다.

> **"여호와여 일어나사 주의 권능의 궤와 함께 평안한 곳으로 들 어가소서 주의 제사장들은 의를 옷 입고 주의 성도들은 즐거이 외칠지어다 주의 종 다윗을 위하여 주의 기름 부음 받은 자의 얼굴을 외면하지 마옵소서"**(시 132:8-10).

다윗은 직접
성전 찬양대의 지휘자와 찬양대원을 임명하였다.

예수는 테너일까, 베이스일까

참으로 흥미로운 점은 다윗은 아들 솔로몬이 성전을 착공하기도 전에 미리 성전의 음악가들을 임명하였다는 점이다. 역대상을 살펴보면 다윗이 성전음악가를 임명할 때, 처음에는 민수기 4장의 규정에 따라 레위 자손 중 삼십 세 이상 이상인 남성들에게 임무를 맡겼다.[2]

"레위 사람은 삼십 세 이상으로 계수하니 모든 남자의 수가 삼만 팔천 명인데 그 중의 이만 사천 명은 여호와의 성전의 일을 보살피는 자요 육천 명은 관원과 재판관이요 사천 명은 문지기요 사천 명은 그가 여호와께 찬송을 드리기 위하여 만든 악기로 찬송하는 자들이라"(대상 23:3-5).

삼십 세 이상의 레위 사람 3만 8천 명 중에서 4천 명을 성전음악가로 임명하였다. 이들 4천 명을 음악감독, 노래하는 자, 지휘자, 기악가, 나팔 부는 자 등으로 구분하였다.

1) 음악감독

음악감독이라는 명칭이 성경에 나오지는 않지만, 이들이 하는 일을 판단해 보면 성전음악을 총괄 지휘하는 음악감독 역할을 수행하였음을 알 수 있다. 앞에서 언급한 하나님의 궤를 옮길 때에도 음악감독들이 음악을 총괄하였다. 역대상의 말씀을 참고해 보자.

"또 레위 사람을 세워 여호와의 궤 앞에서 섬기며 이스라엘 하나님 여호와를 칭송하고 감사하며 찬양하게 하였으니 아삽은 우두머리요 그 다음은 스가랴와 여이엘과 스미라못과 여히엘과 맛디디아와 엘리압과 브나야와 오벤에돔과 여이엘이라 비파와 수금을 타고 아삽은 제금을 힘있게 치고"(대상 16:4-5).

아삽을 우두머리라고 번역한 것이, 곧 성전음악을 총괄하는 감독이라는 뜻이고, 아삽이 제금(심벌즈)을 힘 있게 치는 것을 신호로 성전음악이 시작되었다. 놋제금은 음악감독만이 칠 수 있었다. 따라서 음악감독이 놋제금을 치게 되면 성전음악이 시작된다.

아삽, 헤만, 여두둔 세 사람은 왕의 직속이었고, 이들의 지휘 아래 아삽, 헤만, 여두둔의 자손들이 연주를 배워 성전에서 봉사하였던 것으로 보아 이들 세 사람이 음악감독의 직분을 수행하였음을 알 수 있다. 다음에 나오는 말씀을 살펴보면 그 단서를 찾을 수 있다.

"아삽의 아들들이 아삽의 지휘 아래 … 그의 아버지 여두둔의 지휘 아래 … 이는 다 헤만의 아들들이니 … 이들이 다 그들의 아버지의 지휘 아래 제금과 비파와 수금을 잡아 여호와의 전에서 노래하여 하나님의 전을 섬겼으며 아삽과 여두둔과 헤만은 왕의 지휘 아래 있었으니"(대상 25:2-3, 5-6).

예수는 테너일까, 베이스일까

아삽, 헤만, 여두둔 세 사람은 시편 찬송의 작곡에도 참여하였다. 아삽은 시편 50편, 그리고 73편에서 83편까지 모두 12개의 시편을 작곡하였고, 헤만은 88편을, 여두둔은 89편의 작곡에 참여하였다. 시편 89편의 제목에는 "에단의 시"라고 되어 있지만 에단과 여두둔은 동일인물이다.[3]

2) 노래하는 자(찬송하는 자[4])

> "또 찬송하는 자가 있으니 곧 레위 우두머리라 그들은 골방에 거주하면서 주야로 자기 직분에 전념하므로 다른 일은 하지 아니하였더라"(대상 9:33).[5]

가장 보편적인 성전의 음악 직책이 '노래하는 자' 혹은 '찬송하는 자'이다. '노래하는 자'라고 해서 지금 현재 노래 부르고 있는 singing person을 표현하고 있는 것이 아니라, '노래하는 자'라는 자체가 하나의 직책이름이다. 히브리어로 '하므쇼르림'이다. 오늘날로 치면 찬양대원이라는 뜻이다. 이런 사실을 어떻게 알 수 있는가 하면, '노래하는 자(찬송하는 자)'의 히브리어 '하므쇼르림'이 복수명사이기 때문이다. 영어성경도 'singers'로 번역하고 있다. 즉, 노래하는 자는 적어도 항상 두 명 이상이 같이 노래했다는 뜻이다. 찬양대의 구성인원이 한 명일 수 없고, 적어도 두 명 이상이듯이 성전의 '노래하는 자'도 언제나 두 명 이상을 지칭하였다. 이런 관점에서 '노래하는 자'는 오늘날의 찬양대원이라고 할 수 있다. 그래서 찬양대원은 찬양대원의 조상인 '노래하는 자', 즉 '하므쇼르림' 정도는 기억하고 있어야 할 것이다.

'노래하는 자'는 성전음악가 전체를 통칭할 때도 사용된다. 역대상 15장 19절에 등장하는 헤만, 아삽, 에단(여두둔)은 그 직책이 음악감독이지만 그들도 성전음악가라는 점에서 '노래하는 자'로 통칭하고 있다. 하지만 놋제금을 친다는 것에서 이들이 음악감독임을 말해주고 있다.

> "노래하는 자 헤만과 아삽과 에단은 놋제금을 크게 치는 자요"(대상 15:19).

3) 지휘자(인도자)

지휘자를 다윗이 직접 임명한 내용은 성경에 나오지 않지만, 역대상 15장에는 '노래하는 자'를 음악적으로 훈련시키는 음악선생이 있었음을 알 수 있다. 다음 말씀을 보면 그 단서를 찾을 수 있다.

> "레위 사람의 지도자 그나냐는 노래에 익숙하므로 노래를 인도하는 자요, 다윗과 및 궤를 멘 레위 사람과 노래하는 자와 그의 우두머리 그나냐와 모든 노래하는 자도 다 세마포 겉옷을 입었으며 다윗은 또 베 에봇을 입었고"(대상 15:22, 27).

예수는 테너일까, 베이스일까

'노래하는 자', 곧 찬양대원들의 우두머리인 그나냐라는 사람을 소개하고 있다. 그나냐는 말 그대로 모든 노래하는 자들의 음악 지도 선생이었다. 노래하는 기술, 발성법, 가사 및 곡조 암기법, 그리고 성전의 법도를 가르쳤을 뿐만 아니라, 노래할 때 지휘도 했을 것이다. 그런 관점에서 '노래하는 자'의 우두머리, 그나냐는 오늘날의 성악교수 혹은 성악지도자이자 지휘자의 역할을 담당하였던 것 같다.

시편의 제목에 보면 바로 이 역할을 담당하였던 직책을 언급하고 있다. 시편 4편, 5편, 6편에는 "다윗의 시, 인도자를 따라 … 맞춘 노래"라는 제목이 붙어 있다. 인도자는 히브리어로 '나짜흐(natsach, נצח)'이다. 이전 개역성경에는 이를 '영장'으로 번역하였다.

국어사전에도 없는 출처불명의 단어인 지휘자를 의미하는 '영장'으로 번역하였는데, 아마도 중국어 성경에 있는 그대로 음운을 붙여서 번역한 것 같다. 새로 번역한 개역성경에는 '인도자'로 번역하였고, 공동번역과 새번역성경에는 모두 '지휘자'로 번역하고 있다. '인도자(지휘자)'는 시편 표제에 모두 55번 등장하고 있으며, 시편 이외에 유일하게 하박국 3장 19절에도 나타난다.

이렇게 시편에 "지휘자를 따라"라는 제목이 붙어 있다는 사실만 하더라도 시편은 지휘자의 지휘에 따라 이스라엘 백성이 함께 불렀던 찬송이었음을 확실하게 증언하고 있다.

결론적으로 역대상 15장의 그나냐는 성경에서 언급된 유일한 성악지도자 겸 지휘자이다. 오늘날 유대 회당의 칸토르(cantor)가 이와 비슷한 직분이라고 할 수 있다.

4) 기악가와 나팔 부는 자[6]

목소리로 찬양하는 직분인 '노래하는 자'와 마찬가지로, 악기를 가지고 찬양하는 성전음악가도 다윗이 임명하였다. 역대상 15장 19절의 음악감독 헤만, 아삽, 에단(여두둔)은 제금을 치고, 20절의 음악가는 비파를 연주하고, 21절의 음악가는 수금을 연주하면서 지휘를 하였다.

> "노래하는 자 헤만과 아삽과 에단은 놋제금을 크게 치는 자요 스가랴와 아시엘과 스미라못과 여히엘과 운니와 엘리압과 마아세야와 브나야는 비파를 타서 알라못에 맞추는 자요 맛디디야와 엘리블레후와 믹네야와 오벧에돔과 여이엘과 아사시야는 수금을 타서 여덟째 음에 맞추어 인도하는 자요"(대상 15:19-21).

비파 연주자와 수금 연주자 외에 '나팔 부는 자'가 있었다. 그런데 악기 연주는 기본적으로 성전음악가가 담당하였지만 나팔 부는 것은 제사장만이 할 수 있었다.

> "그 **나팔**은 아론의 자손인 **제사장들**이 불지니 이는 너희 대

대에 영원한 율례니라"(민 10:8).

"**제사장** 스바냐와 요사밧과 느다넬과 아미새와 스가랴와 브나야와 엘리에셀은 하나님의 궤 앞에서 **나팔을 부는 자** 요"(대상 15:24a).

"노래하는 레위 사람 아삽과 헤만과 여두둔과 그의 아들들과 형제들이 다 세마포를 입고 제단 동쪽에 서서 제금과 비파와 수금을 잡고 또 **나팔 부는 제사장** 백이십 명이 함께 서 있다가"(대하 5:12).

다음 예문을 보면, 음악감독 아삽이 제금을 치면 스가랴를 비롯한 기악가들은 수금과 비파를 연주하였고, 나팔 부는 제사장 브나야와 야하시엘은 나팔을 불었다. 즉, 악기 연주를 담당하는 직책의 구분이 있었다는 것을 알 수 있다.

"아삽은 우두머리요 그 다음은 스가랴와 여이엘과 스미라못과 여히엘과 맛디디아와 엘리압과 브나야와 오벧에돔과 여이엘이라 비파와 수금을 타고 아삽은 제금을 힘있게 치고 제사장 브나야와 야하시엘은 항상 하나님의 언약궤 앞에서 나팔을 부니라"(대상 16:5-6).[7]

이상으로 앞에서 언급한 음악감독, 노래하는 자, 지휘자, 수금과 비파 연주자, 나팔 부는 자는 모두 남성들만이 이 직책을 담당할 수 있었다.

　그런데 '노래하는 (남)자' 이외에 '노래하는 여인들'도 있었다. 성전의 모든 일은 남성에 제한되었던 당시의 제도가 있었다 할지라도, 음악의 재능은 여성이 남성보다 선천적으로 나으므로 어떠한 방법으로도 여성이 노래하는 일에 참여하였다는 것은 어렵지 않게 추정할 수 있다. 그래서 성막이나 성전제사 때, 성전 뜰에는 들어갈 수 없었을지라도 바깥에서 노래를 하였을 것으로 추정한다. 실제로 성경에는 전문음악인인 '노래하는 남녀'가 나온다.

> "그 외에 노비가 칠천삼백삼십칠 명이요 그들에게 **노래하는 남녀**가 이백사십오 명이 있었고"(느 7:67).

　'노래하는 남녀'에서 남자는 샤림(שָׁרִים), 여성은 샤롯(שָׁרוֹת)으로 구분하고 있다. 그런데 노래하는 남녀와 성전의 '노래하는 자'는 완전히 구별해야 한다. '노래하는 자'는 성전음악가인 반면에, 노래하는 남녀는 세속합창단이다. '노래하는 자'는 오직 성전 안에서만 노래할 수 있다.

　하지만 일상생활에서 노래가 필요할 때는 성전의 노래하는 자 대신에 노래하는 전문남녀합창단이 필요했다. 바벨론에서 고국으로 돌아오는 포로귀환 명단에 '노래하는 남녀'를 별도로 표기하였다는 것은, 결혼식과 같은 축하 자리에서 이들이 자주 노래하였음을 말해주고 있다.

"내 나이가 이제 팔십 세라 어떻게 좋고 흉한 것을 분간할 수 있사오며 음식의 맛을 알 수 있사오리이까 이 종이 어떻게 다시 **노래하는 남자나 여인**의 소리를 알아들을 수 있사오리이까 어찌하여 종이 내 주 왕께 아직도 누를 끼치리이까"(삼하 19:35).

"은 금과 왕들이 소유한 보배와 여러 지방의 보배를 나를 위하여 쌓고 또 **노래하는 남녀들**과 인생들이 기뻐하는 처첩들을 많이 두었노라"(전 2:8).

"예레미야는 그를 위하여 애가를 지었으며 모든 **노래하는 남자들과 여자들**은 요시야를 슬피 노래하니 이스라엘에 규례가 되어 오늘까지 이르렀으며 그 가사는 애가 중에 기록되었더라"(대하 35:25).

이렇게 성경에 노래하는 남녀가 자주 언급되고 있는 것을 보면, 지금의 전문합창단과 같은 혼성합창단이 많이 있었던 것으로 추정된다.

또한, 성전의 '노래하는 자(성가대원)'가 아닌 일반 남성합창단과 악기 연주자들, 그리고 소고 치는 처녀들이 함께 어울려 하나님을 찬양하였다. 시편 68편 25-26절의 말씀이 그 단서를 제공하고 있다.

"소고 치는 처녀들 중에서 노래 부르는 자들은 앞서고 악기를 연주하는 자들은 뒤따르나이다 이스라엘의 근원에서 나온 너희여 대회 중에 하나님 곧 주를 송축할지어다"(시 68:25-26).

소고 치는 처녀들 중에서 '노래 부르는 자들'이라고 해서 노래 부르는 자들이 여자들인 것으로 생각할 수 있는데, '노래 부르는 자들'은 성전음악가 '노래하는 자'는 아니지만, 일반 남성들(샤림)이다. 이러한 사실에 대해서 표준새번역을 보게 되면 더욱 이해가 쉽게 된다.

"앞에서는 합창대가, 뒤에서는 현악대가, 한가운데서는 소녀들이, 소구 치며 찬양하기를 '회중 한가운데서 하나님을 찬양하여라. 이스라엘 자손아, 주님을 찬양하여라' 합니다"(시 68:25-26, 표준새번역)

여기서 '악기를 연주하는 자들'에는 수금을 연주하다는 뜻의 동사 '나간(נגן)'을 사용하고 있다. 성경을 보면 여호와 하나님을 찬양하는 무리에서 제일 먼저 남성합창단이 위치하고, 끝에는 현악기 남성앙상블이, 그 그 무리 가운데에 처녀들이 위치하면서 소고 치며 하나님의 성소로 올라가는 장면을 묘사하고 있다. 이러한 말씀을 근거로 보면 성전에서 연주하는 전문음악인과 성전 바깥에서 연주하는 음악인이 구분되어 있음을 알 수 있다. 이러한 사실을 분명하게 인식할 필요가 있다.

> **노래하는 자는**
> **아침저녁으로 맡은 직무를 성실히 감당하였다.**

　다윗이 성전음악가를 임명하고 그들에게 구체적인 임무를 맡겼는데, 아삽, 헤만, 여두둔의 자손 288명을 12명씩 나누어 성전에서 24순번제로 찬양을 드리도록 임무를 부여하였다.

> "다윗이 군대 지휘관들과 더불어 아삽과 헤만과 여두둔의
> 자손 중에서 구별하여 섬기게 하되 수금과 비파와 제금을
> 잡아 신령한 노래를 하게 하였으니 그 직무대로 일하는 자
> 의 수효는 이러하니라, 그들과 모든 형제 곧 여호와 찬송하
> 기를 배워 익숙한 자의 수효가 이백팔십팔 명이라, 스물넷
> 째는 로맘디에셀이니 그의 아들들과 형제들과 십이 명이었
> 더라"(대상 25:1, 7, 31).

　앞에서도 언급하였듯이 아삽, 헤만, 여두둔은 음악감독이고, 그들의 후손들이 순번을 나누어 성전음악을 담당하였는데, 24순번제로 하였다는 것은 곧 2주 동안 성전음악을 담당하였다는 말이다. 2주 동안은 성전의 골방에 거주하면서 전임사역을 감당하였고, 여기에 대한 사례를 받았다. 수금과 비파와 제금, 곧 심

벌즈로 신령한 노래를 부르도록 하였다. 여기서 '신령한 노래'는 하나님의 영으로 감동 받은 노래를 말한다. 사도 바울이 말한 영으로 찬송한다는 것이 같은 경우이다.

> "그러면 어떻게 할까 내가 영으로 기도하고 또 마음으로 기도하며 내가 영으로 찬송하고 또 마음으로 찬송하리라"(고전 14:15).

하지만 에베소서 5장 19절과 골로새서 3장 16절에서 바울이 언급한 '신령한 노래'와는 다른 의미이다. 이에 대해서는 뒤에서 자세히 다루도록 하겠다.

성전음악가들은 순번에 따라 자신의 직무에 충실하였다.

> "또 찬송하는 자가 있으니 곧 레위 우두머리라 그들은 골방에 거주하면서 주야로 자기 직분에 전념하므로 다른 일은 하지 아니하였더라"(대상 9:33).

여기서 골방은 솔로몬 성전 설계도에 보면 성전 위에 다락과 골방이 있었음을 알 수 있다. 이러한 근거는 역대상 28장 11절에 잘 나타나 있다.

> "다윗이 성전의 복도와 그 집들과 그 곳간과 다락과 골방과 속죄소의 설계도를 그의 아들 솔로몬에게 주고."

예수는 테너일까, 베이스일까

노래하는 자들이 자기 순번이 되면 바로 이 골방에 들어가 주야로 자기 직분에 전념하기 위해서 노래 연습을 하였을 것이다. 그리고 직무를 수행하는 날에는 지정된 자리에서 찬양하였다.

> "노래하는 사람들, 곧 아삽의 자손은, 다윗과 아삽과 헤만과 왕의 선견자 여두둔의 지시를 따라 각자 지정된 자리에 서 있었고, 문지기들은 각자가 책임 맡은 문을 지키고 있었다"(대하 35:15a, 표준새번역).

유다 왕 요시야가 유월절 제사를 드릴 때의 모습을 기록하고 있는데, 제사 드릴 때 노래하는 자들은 정해진 자리에 서서 찬양하였던 것 같다.

> "또 레위 사람을 세워 여호와의 궤 앞에서 섬기며 이스라엘 하나님 여호와를 칭송하고 감사하며 찬양하게 하였으니"(대상 16:4).

여호와의 궤 앞이라고 해서 언약궤가 있는 지성소 안에서 찬양하였다는 것은 아닐 것이다. 지성소에는 대제사장만이 일 년에 한 번 대속죄일에만 들어갈 수 있기 때문이다. '여호와의 궤 앞'이라는 것은 궤를 모셔둔 성막을 포괄적으로 상징한다고 보아야 한다. 노래하는 자들은 제사가 드려지는 성소 앞 번제단이 있는 성전 뜰에서 찬양하였을 것이다. 그리고 번제는 아침과 저녁으로 드려야 했기에 노래하는 자들도 상번제를 드리는 아침과 저녁마다 지정된 위치에서 하나님을 찬양하였다.

"아침과 저녁마다 서서 여호와께 감사하고 찬송하며"(대상 23:30).

노래하는 자들이 이렇게 성전에서의 2주 동안 사역을 마친 뒤에 일정한 사례를 받고는 레위 지파에게 배정된 땅에 있는 자기 집으로 돌아가서 농사나 가축을 기르는 일을 통해서 생계를 유지했을 것이다.

> **솔로몬이 성전을 봉헌할 때
> 성전음악가들이 총동원되었다.**

솔로몬이 성전을 봉헌할 때, 나팔 부는 제사장 백이십 명과 노래하는 자가 동시에 연주하였다. 다윗이 성전의 직무종사자를 임명하기 위해서 30세 이상의 레위인 3만 8천 명을 뽑았을 때, 그중에 성전음악가는 4천 명이라고 하였다. 또한 솔로몬 성전 봉헌예식 때, 이들 성전음악가 4천 명이 전부 총동원되었을 것으로 보인다. 이들이 하나님께 찬양할 때, 여호와의 영광이 성전에 가득하였다.

"노래하는 레위 사람 아삽과 헤만과 여두둔과 그의 아들들과 형제들이 다 세마포를 입고 제단 동쪽에 서서 제금과 비파와 수금을 잡고 또 나팔 부는 제사장 백이십 명이 함께 서 있다가 나팔 부는 자와 노래하는 자들이 일제히 소리를 내어 여호와를 찬송하며 감사하는데 나팔 불고 제금 치고 모든 악기를 울리며 소리를 높여 여호와를 찬송하여 이르되 선하시도다 그의 자비하심이 영원히 있도다 하매 그때에 여호와의 전에 구름이 가득한지라 제사장들이 그 구름으로 말미암아 능히 서서 섬기지 못하였으니 이는 여호와의 영광이 하나님의 전에 가득함이었더라"(대하 5:12-14).

여기서 "일제히 소리를 내어"를 공동번역성경과 영어성경으로 읽어보면 놀라운 사실을 알 수 있다.

"이들은 다 같이 나팔을 불고 노래를 불렀다. 야훼를 찬양하고 감사를 드리는 그 소리가 **한 소리처럼** 들렸다. 나팔과 바라와 그 밖의 악기에 맞추어, '야훼 어지셔라, 그 사랑 영원하여라' 소리 높여 찬양하는데, 야훼의 성전에는 구름이 가득 찼다"(대하 5:13, 공동번역).
"The trumpeters and singers joined **in unison, as with one voice**, to give praise and thanks to the LORD. Accompanied by trumpets, cymbals and other instruments, they raised their voices in

praise to the LORD and sang: 'He is good; his love endures forever.'
Then the temple of the LORD was filled with a cloud"(Chronicle 5:13,
NIV 2).

　4천 명의 성진음악가들이 악기를 연주하고 나팔을 불고 노래
를 부르는데, "in unison, as with one voice, 마치 한 사람이 부르
는 것처럼, 한 목소리로" 들렸다는 것이다. 몇십 명의 찬양대원들
의 소리를 맞추기 위해서도 많은 시간과 노력을 기울여야 하는
데, 사천 명이 찬양하는데 한 사람의 음 이탈도 없고 음정이 불
안하지도 않고 먼저 시작하거나 길게 끄는 사람 한 사람도 없이
마치 한 사람이 연주하듯이 그렇게 찬양하였다는 말이다. 사천
명의 성전음악가들이 얼마나 연습을 많이 했으면 이렇게 될 수
있을지 참으로 놀라운 일이 아닐 수 없다. 이런 것을 보면 우리가
하나님을 찬양할 때, 정말 많이 노력하고 땀 흘려 최선의 음악으
로 하나님께 영광돌려야 할 것이다.

　이러한 사실에 대해서 성경에서는 실제로 정교하게 기술적으로
찬양할 것을 명령하고 있다. 시편의 말씀을 보면 그 사실을 찾아
볼 수 있다.

　　"새 노래로 그를 노래하며 즐거운 소리로 아름답게 연주할
　　지어다"(시 33:3).
　　"Sing unto him a new song; play skilfully with a loud noise"(Psalm

33:3, KJV).

'아름답게 연주하라'는 것을 영어성경에서 'play skillfully', 즉 기교를 다해서 찬양할 것을 명령하고 있다. 아름다운 하모니와 함께 다이내믹하게 연주하라는 뜻이다. 이것을 보면 찬양대원과 찬양사역자들이 영으로도 찬양해야 하지만 음악적으로도 최선을 다해야 함을 알 수 있다.

제사음악은
제사 시작부터 마칠 때까지 계속 이어졌다.

제사에 대해서 가장 자세하게 설명해 주는 성경이 레위기이기는 하지만 레위기에는 음악적인 내용이 전혀 언급되지 않고 있다. 그런데 다행히 역대기에서 제사드릴 때에 사용되는 음악에 관한 내용이 기록되어 있다.

"히스기야가 명령하여 번제를 제단에 드릴새 **번제 드리기를 시작하는 동시에** 여호와의 시로 노래하고 나팔을 불며 이스라엘 왕 다윗의 악기를 울리고 온 회중이 경배하며 노래하는 자들은 노래하고 나팔 부는 자들은 나팔을 불어 **번제를**

마치기까지 이르니라 제사 드리기를 마치매 왕과 그와 함께 있는 자들이 다 엎드려 경배하니라 히스기야 왕이 귀인들과 더불어 레위 사람을 명령하여 다윗과 선견자 아삽의 시로 여호와를 찬송하게 하매 그들이 즐거움으로 찬송하고 몸을 굽혀 예배하니라"(대하 29:27-30).

남유다 히스기야 왕 때 번제를 드렸는데, 번제를 드릴 때 음악이 어떻게 사용되는지를 자세하게 알려주고 있다. "여호와의 시"는 시편을 말한다. 그리고 "다윗의 악기"는 보통명사가 아니라, 고유명사이다. 그레고리우스 교황의 이름을 딴 "그레고리안 찬트"가 단선성가를 의미하는 고유명사가 되었듯이, "다윗의 악기"도 다윗이 만든 악기 전부를 말하는 것이 아니라, 그렇게 불리는 고유한 악기가 있었다는 말이다. 이 악기는 "여호와의 악기"로 불리기도 했다.

"그때에 제사장들은 직분대로 모셔 서고 레위 사람도 **여호와의 악기**를 가지고 섰으니 이 악기는 전에 다윗 왕이 레위 사람들에게 여호와께 감사하게 하려고 만들어서 여호와의 인자하심이 영원함을 찬송하게 하던 것이라 제사장들은 무리 앞에서 나팔을 불고 온 이스라엘은 서 있더라"(대하 7:6).

나중에 바벨론 포로에서 고국으로 귀환한 백성들이 성벽을 재건할 때 하나님을 찬양하였는데, 이때 "다윗의 악기"를 연주하였다.

"그의 형제들인 스마야와 아사렐과 밀랄래와 길랄래와 마애와 느다넬과 유다와 하나니라 다 하나님의 사람 **다윗의 악기**를 잡았고 학사 에스라가 앞서서"(느 12:36).

이렇게 히스기야가 드린 번제에 "다윗의 악기"를 사용하였다고 기록되어 있다. 여기서 정말 중요한 내용은 이것이다. 다음 말씀을 참고하자.

"번제 드리기를 시작하는 동시에…"(대하 29:27).
"번제를 마치기까지 이르니라"(대하 29:28).

제사를 드리기를 시작할 때부터 음악이 연주되기 시작하여 제사를 마칠 때까지 연주되었다는 말이다. 바꾸어 말하면, 음악이 없이는 하나님께 올려드리는 제사가 열납되지 않았다는 뜻이다. 구약의 제사가 오늘날의 예배라면 하나님께 예배드릴 때 시작부터 마지막까지 음악이 포함되어야 하고, 오르간의 전주(Prelude)부터 후주(Post-lude)까지 예배음악으로 드려져야 한다. 왜냐하면 하나님은 음악을 너무 좋아하시는 분이기 때문이다. 하나님께서 인간을 창조하신 목적이 찬양 받기를 원하셨기 때문이라고 하나님께서 직접 말씀하고 계신다.

"이 백성은 내가 나를 위하여 지었나니 나를 찬송하게 하려 함이니라"(사 43:21).

무너진 성전과 성벽을 재건할 때도 찬양하였다.

이스라엘 백성이 약 70년의 바벨론 포로생활 끝에 스룹바벨의 인도로 본국으로 귀환하였는데, 이때 이들이 제일 먼저 한 일이 무너진 솔로몬 성전을 재건하는 일이었다. 그리고 건축자가 성전의 기초를 놓을 때, 모든 백성이 놀라운 감격 속에 다윗의 규례대로 기쁨과 즐거움 그리고 감사함으로 하나님을 찬양하고 경배하였다.

"건축자가 여호와의 성전의 기초를 놓을 때에 제사장들은 예복을 입고 나팔을 들고 아삽 자손 레위 사람들은 제금을 들고 서서 이스라엘 왕 다윗의 규례대로 여호와를 찬송하되 찬양으로 화답하며 여호와께 감사하여 이르되 주는 지극히 선하시므로 그의 인자하심이 이스라엘에게 영원하시도다 하니 모든 백성이 여호와의 성전 기초가 놓임을 보고 여호와를 찬송하며 큰 소리로 즐거이 부르며"(스 3:10-11).

그리고 몇 해가 지난 뒤, 느헤미야가 무너진 성벽을 재건하여 봉헌식을 가질 때 노래하는 자들이 하나님을 찬양하였다.

"예루살렘 성벽이 완성되어서, 봉헌식을 하게 되었다. 사람들은 곳곳에서 레위 사람을 찾아내어, 예루살렘으로 데려왔다. 감사의 찬송을 부르며, 심벌즈를 치며, 거문고와 수금을 타며, 즐겁게 봉헌식을 하려는 것이었다. 이에 노래하는 사람들이 예루살렘 주변 여러 마을 곧 느도바 사람들이 사는 마을과 벳길갈과 게바와 아스마웻 들판에서 모여들었다. 이 노래하는 사람들은 예루살렘 주변에 마을을 이루고 살았다"(느 12:27-29, 새번역).

지휘자와 반주자에게 사례(謝禮)를 해야 하는가?

남유다 히스기야 왕이 종교개혁을 단행하면서, 제사장을 비롯하여 성전의 직임을 맡은 레위 사람들에게 자신의 직무에만 전념할 수 있도록 그들의 생활비를 제공하였다.

"히스기야는 레위 사람들과 제사장들을 갈래를 따라 다시 조직하여, 각자에게 특수한 임무를 맡겼다. 제사장들과 레위 사람들은 각자 맡은 임무에 따라, 번제를 드리는 일, 화목제를 드리는 일, 성전 예배에 참석하는 일, 주님의 성전 여러 곳에서 찬양과 감사의 노래를 부르는 일을 하였다., 그는, 제사장들과 레위 사람들이 주의 율법을 지키는 일에만 전념할 수 있게 하려고, 예루살렘에 사는 백성에게 명령을 내려서, 제사장들과 레위 사람들의 몫을 가져오게 하였다"(대하 31:2, 4, 새번역).

남유다 요시야 왕도 성전음악가들이 자신의 직무에 전념할 수 있도록 레위 지파 친족들에게 그들의 생활비를 지급하게 하였음을 알 수 있다.

"노래하는 사람들이나 문을 지키는 사람들이 그들의 근무 장소에서 떠나지 않아도 되었던 것은, 그들의 친족 레위 사람들이 그들의 몫을 준비하여 주었기 때문이다"(대하 35:15b, 새번역).

심지어 포로에서 귀환한 뒤, 어려운 경제 여건 속에서도 레위인 성전음악가들에게 날마다 쓸 몫을 나누어주었다.

"스룹바벨과 느헤미야 때에도, 온 이스라엘이 노래하는 이

예수는 테너일까, 베이스일까

들과 성전 문지기들에게 날마다 쓸 몫을 주었다. 백성은 레위 사람들에게 돌아갈 거룩한 몫을 떼어 놓았고, 레위 사람들은 다시 거기에서 아론의 자손에게 돌아갈 몫을 구별하여 놓았다"(느 12:47, 새번역).

그런데 백성들의 경제사정이 너무 어려워 노래하는 자들이 자신들의 생활비를 못 받게 되자, 가족들의 생계를 위해 각각 자기 밭으로 돌아가 버렸다. 나중에 이런 사실을 알게 된 느헤미야가 관리들을 꾸짖고 노래하는 자들을 다시 불러 하나님의 전에 세워 노래하는 직분을 행하게 하고 그들의 몫을 나누어주었다. 느헤미야를 통해 주시는 말씀이다.

"내가 또 알아보니, 레위 사람들은 그 동안에 받을 몫을 받지 못하고 있었다. 그래서 레위 사람들과 노래하는 사람들은 맡은 일을 버리고, 저마다 밭이 있는 곳으로 떠났다. 그래서 나는, 어쩌자고 하나님의 성전을 이렇게 내버려 두었느냐고 관리들을 꾸짖고, 곧 레위 사람들을 불러모아서 다시 일을 맡아 보게 하였다. 그랬더니, 온 유다 사람들이 곡식과 새 포도주와 기름의 십일조를 가지고 와서, 창고에 들여다 놓았다"(느 13:10-12, 새번역).

지휘자, 반주자 등 교회음악인에게 지급하는 사례문제에 대해 고민하는 교회들이 많다. 앞에서 살펴본 말씀대로, 성경은 교회음악인에게 사례를 지급해야 할 충분한 이유를 제공해 주고 있다.

혹자는 구약의 성전음악가는 전임사역자이기 때문에 사례를 주었다고 말한다. 그러나 앞에서 보았듯이 음악감독 아삽, 헤만, 여두둔 정도를 제외하면 성전에서 전임사역을 한 레위인은 거의 없다. 제사장을 포함한 레위인들은 자기 순번 때에만 성전에 들어와서 직무에 전념하였고, 당번을 마친 뒤에는 2주 동안의 사례비를 받고는 자기 집으로 돌아갔다. 한마디로 파트타임 사역자였다.

누가복음에 보면, 세례 요한의 아버지인 제사장 사가랴가 파트타임 당번을 수행하기 위해 성전에 들어갔다가 가브리엘 천사를 만났고, 직무를 다한 후에 집에 돌아갔음을 말씀한다.

"마침 사가랴가 그 반열의 차례대로 하나님 앞에서 제사장의 직무를 행할새, 그 직무의 날이 다 되매 집으로 돌아가니라"(눅 1:8, 23).

오늘날 교회음악가들 대부분은 파트타임 사역자이다. 그래서 이들에게도 성전음악가처럼 교회 사정에 따라 파트타임 사례비를 지급하면 된다. 그런데 일부 교회음악인들 중에는 사례를 사양하는 사람도 있다. 이런 사람을 교회는 자랑스럽게 여긴다. 물론 존경받을 만하다. 하지만 이들은 적은 사례금으로 생활에 도움을 받고 있는 다른 교회음악인들을 생각해야 한다. 본인은 사례를 받지 않고 헌신할 만한 믿음이 있고 또 경제적인 여유가 있다고 할지라도 그렇지 못한 다른 교회음악인을 위해서라도 사례를 받아야 한다. 만약 진정으로 무급 봉사할 마음이 있으면 받은 사례의 십일조를 드리고 나머지 전부를 감사헌금으로 드리면 된다. 본인 때문에 누구는 사례를 받지 않더라는 이야기가 나오지 않도록 하는 것이 형편이 어려운 교회음악인을 돕는 일이라고 생각한다.

이스라엘 백성은 포로생활 중에도 노래를 불렀을까?

북이스라엘은 주전 722년에 앗시리아에 포로로 잡혀가 앗시리아의 문화에 흡수 동화되어 버렸으며, 남유다 또한 바벨론의 계속되는 침공으로 주전 605년, 597년, 587년 삼차에 걸쳐 바벨론에 포로로 끌려갔다. 그래서 포로생활하는 이스라엘 백성이 자신들의 처지를 한탄하는 노래를 부르고 있다.

"우리가 바벨론의 여러 강변 거기에 앉아서 시온을 기억하며 울었도다 그 중의 버드나무에 우리가 우리의 수금을 걸었나니 이는 우리를 사로잡은 자가 거기서 우리에게 노래를 청하며 우리를 황폐하게 한 자가 기쁨을 청하고 자기들을 위하여 시온의 노래 중 하나를 노래하라 함이로다 우리가 이방 땅에서 어찌 여호와의 노래를 부를까 예루살렘아 내가 너를 잊을진대 내 오른손이 그의 재주를 잊을지로다"(시 137:1-5).

여호와 하나님의 뜻을 어기고 우상숭배 하였던 이스라엘이 하나님의 징계를 받아 이방 땅에 포로로 잡혀왔는데, 대적 바벨론 군인들이 노래 한 곡 불러보아라, 악기 연주하라고 말한다. 시편 기자는 우리의 죄악으로 끌려온 주제에 어찌 하나님을 찬양하는 노래를 부르겠으며, 악기를 연주할 수 있겠는가? 차라리 악기 연주하는 손가락이 그 재주를 잊어버렸으면 좋겠다고 한탄하고 있다.

원래, 구약의 음악은 노래와 함께 항상 악기와 춤이 병행되었으나, 바벨론 포로시대 이후부터 악기와 춤의 형태가 점점 사라지게 되었으며, 유대교 회당예배에서 악기 사용은 없어지고 목소리로만 예배를 드리게 되었다. 이러한 전통에 대한 근거를 시편 137편에서 제공해 주고 있다. 참고로, 유대인 회당은 바벨론 포로시대에 생긴 것으로 추정하고 있다.

유대교 회당예배로부터 영향을 받은 초대교회 예배에서도 악기를 사용하지 않고 노래로만 찬양하였다. 그래서 교회는 악기를 사용하지 않고 목소리로만 노래하는 곳이라는 뜻으로 '아카펠라, a capella'라는 음악용어가 생기게 되었다.

라틴어 a capella(아카펠라)는 a(at)와 capella(chapel, church)의 합성어이다. 직역하면 '교회에서'라는 뜻이다. 교회에서 부르는 노래는 당연히 무반주 노래였기 때문에 무반주 성악, 곧 아카펠라라는 음악용어가 자연스럽게 생겨났다.

기독교 예배에서 악기를 사용하지 않는 전통은 기악의 발달을 가져온 바로크시대 이전 14세기 르네상스시대까지 계속되었다.

B. 신약의 음악

> **예수님은**
> **테너일까, 베이스일까?**

포로시대 이후 유대교 회당예배에서 악기는 사라지고, 주로 성악 위주의 시편송, 찬송과 합창만 존재했다. 또한, 그리스, 로마의 콜로세움 경기장에서 기독교인들이 사자의 먹이로 순교하기 전에 항상 울렸던 나팔 소리에 대해서 기독교는 강한 혐오감을 가지게 되었고, 이것이 더욱 예배에서 악기 사용을 억제하는 결과를 가져왔다. 그런데 예수님께서 피리를 언급하신 적이 있다.

"비유하건대 아이들이 장터에 앉아 서로 불러 이르되 우리

가 너희를 향하여 피리를 불어도 너희가 춤추지 않고 우리
가 곡하여도 너희가 울지 아니하였다 함과 같도다"(눅 7:32;
마 11:17).

이것은 즐겁게 피리를 불어도 춤을 추지 않을 정도로 감정이
메마른 세태를 질책하신 말씀이다. 비록 회당에서는 악기 사용
이 금지되어 있으나, 일반 가정에서는 악기를 사용하였던 것을
알 수 있다.

그렇다면 실제 예수님의 음악적 취향은 어땠을까? 성부 하나님
은 인간을 창조하신 목적이 찬송을 부르게 하기 위함이라고 말씀
하실 정도로 음악을 좋아하시는데, 하나님의 아들, 인간 예수님
의 음악적 취향은 어땠을까? 복음서를 보면, 예수님의 음악적 취
향을 유추해 볼 수 있는 내용들이 기록되어 있다. 예수님께서 십
자가에 죽으시기 전날 저녁 제자들과 함께 마지막 유월절 만찬
을 하시면서 찬송을 불렀다.

"이에 그들이 찬미하고 감람산으로 나아가니라"(마 26:30; 막
14:26).

"그들이 찬미하고"에서 그들은 예수님을 포함한 제자들을 지칭
한다. 이때 가룟 유다는 자리를 빠져나가고 없는 상태였다. 그러
니까 가룟 유다를 제외한 열한 명의 제자들과 예수님이 찬송을

함께 불렀다는 말이다. 여기서 '그들이 찬미하였다'는 것은 유월절 식사 자리에서 부르는 시편찬송을 말한다. 유대인들은 전통적으로 유월절 식사를 할 때는 시편 113편에서 118편 중에서 불렀는데, 식사 전에는 시편 113편에서 114편, 식사 후에는 115편에서 118편 중에서 선곡하여 불렀다. 이 전통은 오늘날까지 이어지고 있다.

그렇다면 예수님은 시편찬송을 부르실 때 테너 음역으로 불렀을까? 아니면 베이스 파트로 불렀을까? 이 질문이 책의 제목이고 서두에 던진 화두였다. 답은 무엇일까?

답을 말하면 질문 자체가 시대에 맞지 않다. 오늘날 우리가 알고 있는 테너, 베이스, 소프라노, 알토라는 음악성부는 예수님 당시에는 존재하지 않았기 때문이다. 당시 모든 노래는 같은 파트로 제창하였다. 그러니까 예수님은 테너나 베이스 파트로 노래한 것이 아니라 그때는 모두가 멜로디를 유니슨으로 불렀다. 따라서 성자 하나님이신 예수님께서는 이 땅에 완전한 인간으로 오셨기 때문에 우리처럼 개인적인 음역과 톤 칼라를 가지고 계신 것은 분명하다. 우리가 잘 알고 있듯이 지금처럼 파트 합창으로 노래한 것은 르네상스 음악시대 이후에 나타났다. 놀라운 점은 그것도 교회의 공식 집회나 예배에서는 여성은 노래에 참여할 수 없었다는 점이다.

그럼에도 불구하고 이런 상황 속에서 필자는 한 가지 질문을 던져 본다. 예수님이 지금 이 시대에 계셨다면 테너 파트를 부르셨을까? 아니면 베이스 파트를 부르셨을까? 혹은 말씀을 전하실 때 중저음 베이스의 묵직한 목소리였을까? 카랑카랑한 테너의 목소리로 산상수훈의 말씀을 전하셨을까? 어디에서도 정확한 답을 찾을 수 없지만 개인적으로 흥미로운 것같아서 상상의 나래를 펴며 질문을 던져 본다. 여러분은 이 질문에 대해서 어떻게 생각하는가?

예수님은 십자가에 달리신 채로 시편찬송을 부르셨다?

예수님께서 십자가 위에서 하신 일곱 마디 말씀, 일명 '가상 칠언'이 있다. 이 중에 두 마디 말씀을 시편에서 인용하셨다.

"제구시쯤에 예수께서 크게 소리 질러 이르시되 엘리 엘리 라마 사박다니 하시니 이는 곧 나의 하나님, 나의 하나님, 어찌하여 나를 버리셨나이까 하는 뜻이라"(마 27:46).

이 말씀은 시편 22편 1절에서 인용하셨다.

"내 하나님이여 내 하나님이여 어찌 나를 버리셨나이까 어찌 나를 멀리 하여 돕지 아니하시오며 내 신음 소리를 듣지 아니하시나이까"(시 22:1).

시편은 이스라엘 백성의 찬송이므로 대부분 곡조가 있다. 시편 22편의 제목이 "다윗의 시, 인도자를 따라 아앨렛 샤할에 맞춘 노래"이다. '아앨렛 샤할'은 '(이른) 아침의 사슴'이라는 뜻이고, 당시에 유행했던 곡조의 이름을 말한다. 그러니까 시편 22편은 다윗이 지은 시에다, '아앨렛 샤할'이라는 전통 유행곡조에 맞추어 지휘자의 지휘에 따라 부른 노래이다. 예수님께서 바로 이 시편찬송을 십자가 위에서 부르셨다. 그것도 조용히 읊조리신 것이 아니라, 크게 소리 내어 부르셨다. 그 이유는 십자가 형벌의 육체적인 고통이 너무 아프고, 더불어 하나님 아버지로부터 버림받는 영혼의 고통이 극심한 데서 터져 나온 절규에 가까운 노래였을 것이다. 그리고 십자가 상의 칠언 중 마지막 말씀도 시편에서 인용하셨다.

"아버지 내 영혼을 아버지 손에 부탁하나이다"(눅 23:46b).

이 말씀은 시편 31편에서 인용하셨다.

"내가 나의 영을 주의 손에 부탁하나이다 진리의 하나님 여호와여 나를 속량하셨나이다"(시 31:5).

시편 31편의 제목에도 "다윗의 시, 인도자를 따라 부르는 노래"라는 제목이 붙어 있다. 다윗의 시에 곡조를 붙여 지휘자의 지휘에 따라 노래를 불렀다는 뜻이다. 십자가에 못박혀 달린 상태로는 말하는 것조차 힘드셨을 텐데도 그런 조건 속에서 마지막 순간까지 시편찬송을 읊조리셨다는 것은 그만큼 찬양하기를 좋아하셨다는 사실을 증명해 주고 있다.

사도 바울은 음치였다?

바울은 한밤중에 빌립보의 감옥에서 실라와 함께 기도하고 찬송을 불렀다.

> "한밤중에 바울과 실라가 기도하고 하나님을 찬송하매 죄수들이 듣더라"(행 16:25).

사도 바울이 빌립보에서 전도하던 중에 점을 치는 여종에게서 귀신을 쫓아내니, 수입이 끊긴 여종의 주인이 바울을 고소하여 옥에 갇히게 되었다. 바울은 한밤중에 실라와 함께 기도하고 찬송을 불렀는데, 옥에 있던 죄수들이 들을 정도로 찬송을 불렀

예수는 테너일까, 베이스일까

다. 그러자 옥문이 열리고 차꼬가 풀리는 기적이 일어났다.

이렇게 사도 바울은 감옥에서도 찬송을 불렀다고 하는데, 바울의 음악 실력이나 지식은 어느 정도이며, 얼마나 음악을 좋아했을까?

단언컨대 만약 바울이 구약의 다윗 정도로 악기를 연주하거나 작곡하는 등 음악에 대한 조예가 깊었다면 신약의 분량이 지금보다 배나 더 늘어났을 것이라고 생각한다. 왜냐하면 교회들에게 서신을 보낼 때마다 지금 서신서 내용에다 자신의 음악지식을 덧붙여서 언급했을 것이기 때문이다. 만약 바울이 다윗처럼 음악에 뛰어난 재능을 가지고 있었다면 어쩌면 구약의 시편과 같은 또 하나의 찬양성경을 기록했을지도 모르고, 신약성경의 분량이 조금 더 늘어났을 것이다. 그래서 바울이 뛰어난 음악인이 아닌 것이 성경의 독자들에게 불행인지 다행인지 모르겠다.

바울이 음악에 조예가 깊지 않다는 사실은 다음에서 드러난다. 고린도교회 안에 방언의 은사로 인한 문제가 일어났다. 사도 바울은 고린도전서 12장부터 은사에 대해 설명하면서 은사(카리스마)는 하나님의 선물로서 자랑할 것이 없이 모두가 동일하지만, 굳이 최고의 은사를 꼽으라면 사랑(아가페)임을 13장에서 제시한다. 그리고 14장에 넘어와서는 문제가 되었던 방언의 은사에 대해서 악기 소리를 예로 들어서 조금 더 자세히 설명하고 있다.

"혹 피리나 거문고와 같이 생명 없는 것이 소리를 낼 때에 그 음의 분별을 나타내지 아니하면 피리 부는 것인지 거문고 타는 것인지 어찌 알게 되리요 만일 나팔이 분명하지 못한 소리를 내면 누가 전투를 준비하리요"(고전 14:7-8).

방언 기도는 분명한 내용을 알아들을 수 없기 때문에, 마치 피리가 피리 소리를, 거문고가 거문고 소리를 내지 않으면 어떻게 그 악기가 피리인지 거문고인지 알겠느냐면서, 방언에 대한 문제점을 지적하고 있다.

앞에서도 이야기했듯이 거문고는 우리나라 고구려 재상 왕산악이 중국 칠현금을 모델로 하여 만들어진 악기로 알려져 있다. 여기서 거문고로 번역한 헬라어 원어는 '키타라'이다. 키타라는 초대교회 당시의 헬라 악기로서 무릎 위에 올려서 손가락으로 뜯어 연주하는 작은 하프 모양의 악기이다. 물론 현악기라는 공통점은 있지만, 거문고는 키타라와는 전혀 다른 모양의 악기이고, 신약성경이 기록되고 3, 4백 년 뒤에 만들어진 고구려 악기이다. 그래서 거문고로 번역하기보다는 소형(미니, 핸디) 하프로 번역하는 것이 좋을 것 같다.

어쨌든 바울은 고린도교회의 방언 문제를 지적하면서 악기 소리를 예로 들었다. 그런데 악기에 대한 바울의 생각에 문제가 있다. 바울은 "피리나 거문고와 같이 생명 없는 것"이라고 말했다. 바울의 의도는 방언에 대해서 자세히 설명하기 위해서 악기 소리를 예로 들면서 악기가 생명 없는 물건임을 언급하였다. 물론 피

예수는 테너일까, 베이스일까

리와 거문고가 생명 없는 것이 맞기는 하다. 하지만 입술이 터지도록 피리를 불어보았더라면, 손가락에 물집이 생겨서 굳은살이 박이도록 줄을 뜯어보았더라면 악기를 생명 없는 것이라고 쉽게 말하지 못했을 것이다.

악기 연주자는 한 번의 연주를 위해서 혼신의 힘을 다해서 연습하고, 악기에 자기의 혼을 불어넣어서 마치 연주자와 악기가 하나가 되어서 연주를 하게 된다. 이때 악기는 생명 없는 것이 아니라, 연주자와 함께 살아있는 악기가 된다. 바울은 이런 경험을 해보지 못했기에 음악에 대한 이해가 조금 부족했던 것 같다. 그럼에도 불구하고 바울은 초대교회의 교회음악신학을 우리에게 제시해 주고 있다.

시, 찬미, 신령한 노래 중에서 가장 거룩한 노래는 무엇일까?

바울은 에베소 교인들에게 보낸 편지 에베소서 5장에서 빛의 자녀가 될 것을 권면하면서 빛의 자녀, 곧 그리스도인은 어떤 노래를 불러야 하는지를 권면하고 있다.

"시(詩)와 찬송(讚頌)과 신령한 노래들로 서로 화답하며 너희의 마음으로 주께 노래하며 찬송하며"(엡 5:19).

골로새 교인들에게도 동일한 내용을 권면하였다.

"그리스도의 말씀이 너희 속에 풍성히 거하여 모든 지혜로
피차 가르치며 권면하고 **시와 찬송과 신령한 노래**를 부르며
마음에 감사하는 마음으로 하나님을 찬양하고"(골 3:16).

우리는 2천여 년 전 초대교회 교인들은 과연 어떤 찬송을 불
렀을지 궁금해한다. 그런데 바울이 에베소교회와 골로새교회에
시, 찬송, 신령한 노래로 서로 화답할 것을 권면하고 있다. 바울
이 화답하라고 말한 것은 바울의 독창적인 권면이 아니라, 화답
형식은 이스라엘 백성이 시편찬송을 부를 때 서로 주고받으며 노
래하였던 이스라엘의 전통 창법이었다.

그렇다면 바울이 언급한 시, 찬송, 신령한 노래는 구체적으로
어떤 노래일까? 이를 알기 위해서 많은 예배학자와 교회음악인
들이 연구를 하였다. 그 중에서도 초대교회 음악의 대가인 에곤
웰레츠(Egon Wellesz)의 연구를 중심으로 시, 찬송, 신령한 노래
에 대한 의미를 살펴보고자 한다.[8]

사도 바울은 에베소와 골로새 교인들에게 찬송하기를 권면했
을 때, 그들이 익히 잘 알고 즐겨 부르는 노래들을 언급하였음이
틀림없다.

예를 들면, 오늘날 교인들에게 "여러분들이 모일 때, 회중찬송이나 복음성가 혹은 CCM을 부르도록 하세요"라고 말하면 우리는 아무런 어려움 없이 무슨 뜻인지 이해하고 찬송이나 복음송, CCM을 부를 수 있다.

마찬가지로 바울이 에베소, 골로새 교인들에게 시, 찬송, 신령한 노래들로 서로 화답하며 찬양하라고 했을 때, 오늘의 우리에게는 초대교회의 시와 찬송과 신령한 노래가 무엇인지에 대한 설명이 필요하지만 초대교회 교인들은 익히 알고 있는 노래였기 때문에 따로 설명할 필요가 없었을 것이다. 즉, 바울이 언급한 시, 찬송, 신령한 노래는 초대교회 교인들이 익히 알고 있고 이미 부르고 있었던 노래들이었다는 것을 알 수 있다.

그렇다면 초대교회 교인들이 불렀던 시, 찬송, 신령한 노래는 어떤 노래였을까?

1) 시(φαλμος, 프살모스, psalmos)

먼저, '시'의 원어 '프살모스(φαλμος, psalmos)'는 학자들 간에 별다른 이견 없이 구약의 시편(psalm)으로 이해하는 데 큰 무리가 없다.

시편은 이스라엘 백성의 찬송이었고, 두루마리로 기록되어 있었다. 하지만 노래와 가사는 구전으로 전승되어 왔기 때문에 초기 초대교회 구성원의 중심을 이루고 있었던 유대인 그리스도인들이 회당에서 불렀던 시편찬송을 초대교회 공동체에서 부르는 것에는 전혀 무리가 없었을 것이다.

2) 찬송(ὕμνος, 힘노스, hymnos)

이전 개역성경에서 '찬미'로 번역한 '찬송'의 헬라어 원어 '힘노스(ὕμνος, hymnos)'는 예수님을 구세주로 고백한 초대교회 교인들의 신앙고백의 시에 곡조를 붙여 불렀던 찬송으로서 오늘날의 찬송과 크게 차이가 없다. 지금의 찬송(hymn)의 어원이 바로 힘노스(hymnos)이다.

'찬송(힘노스)'은 오늘날의 찬송처럼 음절형태(syllabic type)로 만들어진 일명, '찬미전승(Pre-Pauline Hymns)'으로 일컬어지는 노래들을 지칭한다. 찬미전승의 영어 'Pre-Pauline Hymns'에서 보듯이 '찬송(힘노스)'은 사도 바울이 활동하기 이전에 초대교회 공동체 안에서 이미 부르고 있었던 노래였다. 그래서 바울이 교회에 편지를 쓸 때, 필요한 경우 이 찬송시들을 가끔 인용하기도 하였다.

바울 서신을 살펴보면, 모두 다섯 개의 찬송시를 발견할 수 있다. 인용한 찬송시들은 원문에 기록된 대로 필자가 행을 나누어 적었다.

(1) 에베소서 5:14

"그러므로 이르시기를,

'잠자는 자여 깨어서 죽은 자들 가운데서 일어나라 그리스

도께서 너에게 비추이시리라'

하셨느니라."

'잠자는 자여, 깨어라'는 가사로 시작하고 있는 이 찬송의 구절은 초대교회 당시 세례(침례)를 베풀 때 불렀던 찬송 가사인 것으로 추정한다. 이 노래는 수세자가 침례조에 몸이 잠기면 순간 죽은 사람이 되고, 그에게 그리스도의 빛이 비칠 때 다시 살아날 것을 노래하고 있다.

(2) 디모데전서 3:16

"크도다 경건의 비밀이여, 그렇지 않다 하는 이 없도다.

'그는 육신으로 나타난 바 되시고

영으로 의롭다 하심을 받으시고

천사들에게 보이시고

만국에서 전파되시고

세상에서 믿은 바 되시고

영광 가운데서 올려지셨느니라.'"

바울이 믿음의 아들 디모데에게 보낸 편지에서 초대교회 공동체의 신앙고백으로 널리 불리던, 예수 그리스도에 대한 '경건의 비밀'을 노래하는 찬송을 소개하고 있다. 이 찬송은 모두 6행으로 이루어져 있다.

(3) 빌립보서 2:6-11

"6 그는 근본 하나님의 본체시나

하나님과 동등됨을

취할 것으로 여기지 아니하시고

7 오히려 자기를 비워

종의 형체를 가지사

사람들과 같이 되셨고

8 사람의 모양으로 나타나사

자기를 낮추시고

죽기까지 복종하셨으니 곧 십자가에 죽으심이라.

9 이러므로 하나님이 그를 지극히 높여

모든 이름 위에

뛰어난 이름을 주사

10 하늘에 있는 자들과 땅에 있는 자들과 땅 아래에 있는

자들로

예수의 이름에

(모든 무릎을) 꿇게 하시고

11 '예수 그리스도를 주라'

모든 입으로 시인하여

하나님 아버지께 영광을 돌리게 하셨느니라."

사도 바울이 쓴 것으로 알고 있는 이 본문 역시 1세기 초대교

회 신앙공동체 교인들의 예수 그리스도에 관한 신앙고백의 찬미이다. 일명 "그리스도 찬가"로 불리던 찬미전승 중의 하나인데, 바울이 이를 인용한 것으로 보는 학설이 우세하다. 원문에 모두 18행으로 되어 있다.

(4) 디모데후서 2:11-13

"11 미쁘다 이 말이여,

우리가 주와 함께 죽었으면, 또한 함께 살 것이요,

12 참으면 또한 함께 왕 노릇할 것이요,

우리가 주를 부인하면 주도 우리를 부인하실 것이라.

13 우리는 미쁨이 없을지라도 주는 항상 미쁘시니,

자기를 부인하실 수 없으시리라."

이 가사도 초대교회 예배에서 불렀던 찬송으로서 모두 5행으로 되어 있다.

(5) 골로새서 1:15-20

"15 그는 보이지 아니하는 하나님의 형상이시요,

모든 피조물보다 먼저 나신 이시니

16 만물이 그에게 창조되되

하늘과 땅에서

보이는 것들과 보이지 않는 것들과

혹은 왕권들이나 주권자들이나

통치자들이나 권세들이나

만물이 다 그로 말미암고 그를 위하여 창조되었고

17 또한 그가 만물보다 먼저 계시고

만물이 그 안에 함께 섰느니라.

18 그는 몸인 교회의 머리라.

그가 근본이요,

죽은 자들 가운데서 먼저 나신 이시니

이는 친히 만물의 으뜸이 되려 하심이요,

19 아버지께서는 모든 충만으로 예수 안에 거하게 하시고

20 그의 십자가의 피로 화평을 이루사

만물 곧 땅에 있는 것들이나

하늘에 있는 것들이

그로 말미암아 자기와 화목케 되기를 기뻐하심이라."

이 본문 역시 '그리스도의 인격과 사역'을 노래한 초기 기독교인들의 찬미전승의 노래를 바울이 인용하였던 것으로 모두 19행으로 되어 있다.

이상과 같은 초대교회 공동체의 신앙고백의 찬송, 일명 '찬미전승'의 노래들을 바울이 에베소교회와 골로새교회에 노래하도록 권면했던 찬송(힘노스)의 모습으로 이해하면 된다.

예수는 테너일까, 베이스일까

3) 신령한 노래(ωδαις πνευματικαις, 오다이스 프뉴마티카이스, spiritual songs)

'신령한 노래'는 영어성경에 Spiritual song(영적인 노래)으로 번역하고 있다. 헬라어 '오다이스(노래)'의 원형인 'ωδη, 오데'는 초대교회 당시 로마제국 안에서 유행하던 헬라어 서사시, 헬라노래를 말한다. 지금으로 치면 일반 가곡이나 대중가요라고 할 수 있다. 그래서 일반 대중이 많이 좋아하고 즐겨 부르던 음악장르였다. 세속노래라고 할 수 있다.

여기에는 초대교회 교인들도 예외가 아니었다. 마치 오늘날의 교인들이 찬송가보다는 트로트, 발라드, 댄스음악, 힙합 같은 대중음악을 더 즐겨 부르듯이, 초대교회 교인들도 시편가나 찬송(힘노스)보다는 헬라 오데(ode)를 더 많이 불렀던 것 같다.

이런 사정을 잘 알고 있던 바울은 교인들이 헬라 오데, 곧 세속노래를 부르고 싶더라도 교회공동체에서는 영적인 노래, 신령한 노래를 부르도록 권면하였다. 무슨 뜻인가 하면, 헬라 오데를 부르지 못하도록 막을 수는 없고(오늘날도 교인들에게 대중가요를 못 부르게 할 수 없는 것처럼), 오데를 부르더라도 그 가사를 영적인 가사, 곧 성경적이고 기독교적인 가사로 바꾸어 부르도록 권면한 것이다. 예를 들면, 태진아씨가 부른 "사랑은 아무나 하나"라는 대중가요 곡조에 기독교적인 가사를 붙여서 "예수는 아무나 믿나"로 바꾸어서 부르라는 말이다.

이를 음악 전문용어로 콘트라팍툼(Contrafactum)이라고 한다. 콘트라팍툼은 기존곡조에 가사만 바꾸어 부르는 성악곡을 말한다. 우리가 부르는 찬송가에도 이러한 콘트라팍툼 찬송들이 들어있다. 몇 개만 예를 들면, 스코틀랜드 민요인 "올드 랭 샤인(Auld Lang Syne)" 곡조에 붙여서 부르는 "천부여 의지 없어서"(280장), 베토벤 교향곡 제9번 "합창"의 "환희의 송가" 곡조에 붙인 "오늘 모여 찬송함은"(605장) 등이 있다. 이외에도 다수의 콘트라팍타(Contrafacta) 찬송들이 있다.

사실 종교개혁자 마틴 루터가 콘트라팍툼 찬송을 부르도록 적극적으로 권장하였다. 그런데 루터보다 더 먼저 이를 적용하고 사용하도록 권장했던 콘트라팍툼의 원조는 사도 바울임을 알 수 있다.

필자가 강의나 설교할 때, 바울이 말한 시, 찬송, 신령한 노래에 대해서 설명하기 전에 '어느 것이 제일 거룩한 찬송일 것 같은지'에 대해서 물어보면 대다수 학생들이 '신령한 노래'에 손을 드는 것을 발견하게 된다. 그 이유는 '신령한'이라는 수식어 때문이라고 생각한다. 하지만 바울이 말한 시와 찬미와 신령한 노래를 평가할 때는 수식어를 빼고 시, 찬미, 노래만 가지고 평가해야 한다. 시는 시편가, 찬미는 찬미전승의 찬송, 그리고 노래는 세속음악이다.

결론적으로 바울이 에베소와 골로새 교인들에게 찬양하기를 권고한 교회음악 장르는 첫째로 성경(당시의 구약)에 수록된 시편 찬송과 두 번째로 성경에 기록되어 있지는 않으나 초대교회 공동체에서 새롭게 창작한 예수 그리스도에 대한 신앙고백의 찬송, 그리고 세 번째로 당시 세속음악이었던 헬라 서사시의 음악, 오데(ode)를 교회에서 부를 때 영적인 가사를 사용해서 부르게 한 '신령한 노래'이다.

> **시편 이외에도
> 성경에 수록된 노래, 송가(칸티클)가 있다.**

바울이 말한 '시'는 구약의 시편찬송을 의미한다. 그런데 바울이 시편찬송을 초대교회 공동체의 찬송으로 추천한 이유는 시편이 이스라엘 백성의 찬송이기도 하지만, 또 하나는 성경에 있는 노래이기 때문이다. 그런데 성경에는 시편 이외의 노래들도 많이 있는데, 홍해를 건넌 뒤에 부른 '홍해의 찬가', 그리고 바울이 서신서를 기록할 당시에는 신약성경이 인정되기 전이라 공식적으로 알려지지 않았지만, 신약성경 복음서에 나오는 아기 예수님의 탄생과 관련한 노래, 예를 들면 마리아의 노래, 천사들이 부른 영광송 등이 있다.

이렇게 시편 이외에 신구약성경에 있는 노래들을 교회음악용어로 '송가(Canticle, 칸티클)'라 부른다. 칸티클(Canticle)은 라틴어 '노래하다'라는 뜻의 깐따레(Cantare)와 '짧은 성구'라는 뜻의 버

시클(Versicle, 단구)의 합성어로 칸트-이클(Cant-icle), 곧 칸티클(Canticle)이라 부른다.

예배용어인 단구(短句, Versicle)는 짧은 성구, 특히 시편의 성구를 말하는데, 낭송하거나 노래로 부르기도 한다. 예배 순서, 교독문도 단구 형식 중의 하나이다. 송가는 바로 이 단구를 노래로 부른다는 뜻의 용어이다. 결론적으로 시편 이외에 성경에서 노래로 부르는 구절들을 칸티클이라 부른다.

송가는 크게 구약의 송가와 신약의 송가로 구분되는데, 이들 송가들이 성경에 수록된 노래라는 점에서 바울이 말한 시, 찬송, 신령한 노래 중에서 '시'의 범주에 포함시키는 것이 당연하다고 생각한다. 실제로 구약의 송가들, 특히 '홍해의 찬가', '한나의 노래' 등은 유대교 회당예배에서 노래로 부르거나 낭송(Cantillation)하기도 하였고, 신약의 송가들은 이후 기독교 예배에서 부르기 시작하였다.

1) 구약의 송가(소송가, Lesser Canticles)

(1) 홍해의 찬가(Song of the Sea, 출 15:1-18)

이스라엘 백성들을 추격해 오던 애굽 바로 왕의 군사가 홍해에 수장되고 홍해를 무사히 건너 온 모세와 이스라엘 백성이 승리의 기쁨을 노래하고 춤을 추며 여호와께 영광을 돌렸다. 이 송가를 '모세의 노래'라고 부르기도 하지만 신명기 32장의 '모세의 노래'와 혼동할 수 있으므로 '홍해의 찬가'라고 부르는 것이 좋다.

(2) 미리암의 노래(출 15:20-21)

'홍해의 찬가'가 마친 후 곧이어 모세의 누이 여선지자 미리암과 여자들이 소고에 맞춰 춤을 추며 노래하였다.

(3) 드보라와 바락의 노래(삿 5장)

유일한 여자 사사 드보라가 바락과 함께 가나안 사람과의 전쟁에서 승리를 주신 여호와 하나님을 찬송하였다.

(4) 한나의 노래(삼상 2:1-10)

한나가 실로의 성막에서 서원기도를 하고 난 뒤 태어난 사무엘을 엘리 선지자에게 데려다 주면서 부른 노래이다. 이 노래는 전통적으로 유대여인들의 임신, 출산, 육아와 관련한 대중적인 노래로 전승되었으며, 신약의 송가인 '마리아의 노래'의 모델이 되었다.

(5) 하박국의 노래(합 3장)

선지자 하박국이 부른 노래로 시편의 노래방식과 동일하다. 제목과 인도자(지휘자), 사용한 악기 등, 시편의 형식을 포함하고 있는 노래로서 시편보다 더 시편다운 노래라고 할 수 있다. 시편에 실리지 않은 것이 이상할 정도이다.

(6) 다윗의 노래(삼하 22:1-51)

다윗이 전쟁에서 승리한 것에 감사하며 부른 노래이다. 그런데

이 노래는 거의 똑같이 시편 18편에 수록되어 있기 때문에 별도의 송가라고 하기보다는 오히려 시편 18편을 노래하는 것이 더나을 것이다.

(7) 요나의 노래(욘 2장)

하나님의 명령을 어기고 도망가다가 바다에 빠진 요나가 물고기 배 속에서 하나님을 찬양하는 노래이다.

(8) 다니엘의 노래(단 2:20-23)

다니엘은 느부갓네살 왕의 꿈을 해석하게 해 주신 하나님께 찬송하였다.

(9) 이사야의 노래(사 25:1-5)

이사야가 하나님께서 적들을 물리쳐주시고 가난하고 힘없는 사람들을 구원해 주심을 찬양하였다.

이외에도 구약에는 다양한 노래들이 많이 있다. 특히 아가서는 오늘날의 뮤지컬 대본이라고 할 수 있을 정도로 아가서 전체가 노래이다.

2) 신약의 송가(대송가, Greater Canticles)

구약의 송가와는 달리 신약의 송가 4곡은 모두 예수 그리스도의 탄생과 직접 관련되어 있다. 이러한 이유로 신약의 송가를 구약의 송가와 구별하여 '대송가(Greater Canticles)'로 부른다. 실제로 신약의 송가는 많은 작곡가에 의해 다양한 양식으로 작곡되었다. 송가의 제목은 라틴어성경 가사의 첫 단어에서 인용하고 있다.

(1) 마리아의 노래(마뉘피카트, Magnificat, 눅 1:46-55)

마리아가 성령으로 아기 예수님을 잉태하고 난 뒤, 세례 요한을 잉태하고 있던 엘리사벳을 방문하고 그녀의 환영을 받은 직후에 부른 노래이다. 사무엘상에 있는 '한나의 노래'와 두 가지 점에서 비슷한 구조를 가지고 있다. 첫째, 하나님께서는 권세자와 부자를 대적하시고 나약하고 가난한 자를 사랑하신다는 것과 둘째, 아브라함과 맺은 언약에 대해 성실하시다는 것이다.

> 마리아가 이르되
>
> 내 영혼이 주를 찬양하며(Magnificat anima mea Dominum)
>
> 내 마음이 하나님 내 구주를 기뻐하였음은
>
> 그의 여종의 비천함을 돌보셨음이라
>
> 보라 이제 후로는 만세에 나를 복이 있다 일컬으리로다
>
> (눅 1:46-48)

라틴어 첫 단어 Magnificat(마뉘피카트)에서 이 노래의 제목을 마뉘피카트라 부른다. 그런데 영어권에서는 이를 '마그니피카트'라

고 발음하는데, 라틴어 'gn'의 'g'가 묵음이고 'ny'로 발음하기 때문에 '마뉘피카트'라고 불러야 한다.

(2) 사가랴의 노래(베네딕투스, Benedictus, 눅 1:68-79)

세례 요한의 아버지 제사장 사가랴가 세례 요한이 태어난 직후 부른 노래로. 이스라엘을 해방시키실 메시아의 오심을 선포하는 내용이다.

> 찬송하리로다 주 이스라엘의 하나님이여
> Benedictus Dominus Deus Israel
> 그 백성을 돌보사 속량하시며
> 우리를 위하여 구원의 뿔을 그 종 다윗의 집에 일으키셨으니(눅 1:68-69)

라틴어 가사 첫 단어 Benedictus(베네딕투스)가 제목이 된다.

(3) 시므온의 노래(눙크 디미티스, Nunc Dimittis, 눅 2:29-32)

누가복음에 나오는 이 찬양은 마리아가 아기 예수님의 정결예식을 치루기 위해 성전에 올라갔을 때, 일평생 성전에서 메시아를 기다리던 선지자 시므온이 아기 예수님을 품에 안고 부른 노래로서 메시아를 보내주심으로 이제는 자신이 놓임을 받게 되었음을 찬양하는 노래이다.

주재여 이제는 말씀하신 대로 종을 평안히 놓아 주시는도다

Nunc dimittis servum tuum(눅 2:29)

(4) 영광송(글로리아, Gloria, 눅 2:14)

영광송으로 불리는 이 노래는 아기 예수님이 태어났을 때, 하늘의 천군천사들이 공중에서 서로 날며 아기 예수님의 탄생을 축하하며 부른 노래이다. 교회의 거룩송이 앞에서 나눈 이사야 6장과 요한계시록 4장에서 시작하였듯이, 교회의 영광송은 천사들이 부른 이 노래에서 시작되었다. 그리고 이 노래가 더욱 중요하고 특별한 이유가 되는 것은 거룩송과 영광송 모두 천사들이 불렀다는 것에 있다.

지극히 높은 곳에서는 하나님께 영광이요

Gloria in excelsis Deo et in terra pax

땅에서는 하나님이 기뻐하신 사람들 중에 평화로다(눅 2:14)

라틴어 첫 가사 Gloria(글로리아)가 제목이 된다. 이 영광송을 고린도후서 3장 13절과 비교하여 대영광송이라 부르고, 후자는 소송영이라 부른다.

"주 예수 그리스도의 은혜와 하나님의 사랑과 성령의 교통하심이 너희 무리와 함께 있을지어다"(고후 13:13).

요한계시록은 예수님께서 사도 요한을 통하여 종말에 일어날 일을 계시한 성경이다. 요한계시록은 미래의 일을 계시하는 성경이기도 하지만, 한편으로는 구원받은 백성이 영원한 하늘나라에서 해야 할 일이 하나님 찬양임을 보여주는 성경이다.

왜냐하면 이스라엘 백성의 찬송집인 시편을 제외하고는 다른 어떤 성경보다 찬양곡이 많이 수록되어 있기 때문이다. 천상의 생물들과 장로들과 천군천사들과 구원받은 하나님의 백성들이 어린양 예수님과 보좌에 앉으신 하나님께 찬양하는 노래가 많이 수록되어 있다. 그런 관점에서 요한계시록은 새 하늘과 새 땅, 새 예루살렘, 천국에서 구원받은 성도들이 해야 할 가장 귀하고 중요한 일이 하나님을 찬양하는 일임을 알려주는 성경이다. 제일 먼저, 네 생물이 보좌에 앉으신 이에게 찬양한다.

"내가 곧 성령에 감동되었더니 보라 하늘에 보좌를 베풀었고 그 보좌 위에 앉으신 이가 있는데, 네 생물은 각각 여섯 날개를 가졌고 그 안과 주위에는 눈들이 가득하더라 그들이 밤낮 쉬지 않고 이르기를

'거룩하다 거룩하다 거룩하다 주 하나님 곧 전능하신 이여 전에도 계셨고 이제도 계시고 장차 오실 이시라'

하고"(계 4:2, 8).

네 생물은 네 천사를 말한다. 이사야 6장에 이들 천사들이 등장하고 있다.

"웃시야 왕이 죽던 해에 내가 본즉 주께서 높이 들린 보좌에 앉으셨는데 그의 옷자락은 성전에 가득하였고 스랍들이 모시고 섰는데 각기 여섯 날개가 있어 그 둘로는 자기의 얼굴을 가리었고 그 둘로는 자기의 발을 가리었고 그 둘로는 날며 서로 불러 이르되

'거룩하다 거룩하다 거룩하다 만군의 여호와여 그의 영광이 온 땅에 충만하도다'

하더라"(사 6:1-3).

스랍은 천사 세라핌을 말한다. 계시록 4장에 나오는 네 생물이 여섯 날개를 가졌고 하나님의 보좌 앞에서 '거룩하다 거룩하다 거룩하다' 하나님을 찬양하고 있는데, 마찬가지로 이사야 6장의 스랍 천사들도 여섯 날개를 가졌고 하나님 보좌 앞에서 '거룩하다 거룩하다 거룩하다' 하나님을 찬양하고 있다는 점에서 계시록 4장의 네 생물과 이사야 6장의 스랍, 곧 세라핌 천사들이 동

일한 천사들임을 알 수 있다.

천사들이 하나님의 거룩하심을 찬양할 때, 항상 세 번 반복해서 '거룩하다 거룩하다 거룩하다'라고 찬양한 것에서부터 기독교의 거룩송(Sanctus, 쌍투스)은 언제나 거룩을 세 번 반복해서 찬양하게 되었다. 찬송가 8장에서도 "거룩 거룩 거룩 전능하신 주님"이라고 찬송한다. 즉, 작사가의 의지로 거룩을 세 번 반복한 것이 아니라, 천사들이 그렇게 하나님을 찬양하였기 때문이다.

참고로 성막의 지성소 법궤 뚜껑, 곧 속죄소 위에 있는 천사 그룹들은 두 개의 날개가 맞닿아 있다. 날개가 두 개라는 말이다. 그룹은 천사 케루빔을 말한다. 케루빔(그룹) 천사는 날개가 두 개이고, 세라핌(스랍) 천사는 날개가 여섯 개임을 알 수 있다. 케루빔 천사는 에덴동산에서 생명나무를 지키는 천사이기도 하다.

이어서 이십사 장로들이 보좌에 앉으신 이에게 경배하고 찬양한다.

> "이십사 장로들이 보좌에 앉으신 이 앞에 엎드려 세세토록 살아 계시는 이에게 경배하고 자기의 관을 보좌 앞에 드리며 이르되
>
> **'우리 주 하나님이여 영광과 존귀와 권능을 받으시는 것이 합당하오니 주께서 만물을 지으신지라 만물이 주의 뜻대로 있었고 또 지으심을 받았나이다'**
>
> 하더라"(계 4:10-11).

이제는 네 생물, 곧 세라핌 천사들과 이십사 장로들이 연합해서 어린 양께 새 노래를 부른다.

"그 두루마리를 취하시매 네 생물과 이십사 장로들이 그 어린 양 앞에 엎드려 각각 거문고와 향이 가득한 금 대접을 가졌으니 이 향은 성도의 기도들이라 그들이 새 노래를 불러 이르되

'두루마리를 가지시고 그 인봉을 떼기에 합당하시도다. 일찍이 죽임을 당하사 각 족속과 방언과 백성과 나라 가운데에서 사람들을 피로 사서 하나님께 드리시고 그들로 우리 하나님 앞에서 나라와 제사장들을 삼으셨으니 그들이 땅에서 왕 노릇 하리로다'

하더라"(계 5:8-10).

이어서 수천수만의 천사들이 어린 양께 큰 음성으로 찬양한다.

"내가 또 보고 들으매 보좌와 생물들과 장로들을 둘러 선 많은 천사의 음성이 있으니 그 수가 만만이요 천천이라 큰 음성으로 이르되

'죽임을 당하신 어린 양은 능력과 부와 지혜와 힘과 존귀와 영광과 찬송을 받으시기에 합당하도다'

하더라"(계 5:11-12).

마지막으로 하늘 위와 땅 위, 땅 아래와 바다 위, 그 가운데 모든 피조물이 보좌에 앉으신 하나님과 어린 양께 찬양할 때, 천사들은 '아멘' 송을 불렀고 장로들이 엎드려 경배하였다.

> "내가 또 들으니 하늘 위에와 땅 위에와 땅 아래와 바다 위에와 또 그 가운데 모든 피조물이 이르되
> **'보좌에 앉으신 이와 어린 양에게 찬송과 존귀와 영광과 권능을 세세토록 돌릴지어다'**
> 하니 네 생물이 이르되
> **'아멘'**
> 하고 장로들은 엎드려 경배하더라"(계 5:13-14).

6장에서부터 어린 양이 일곱 봉인을 떼면서 재앙이 진행되는 가운데, 구원받은 백성들이 어린 양과 보좌 앞에 서서 큰 소리로 찬양한다.

> "이 일 후에 내가 보니 각 나라와 족속과 백성과 방언에서 아무도 능히 셀 수 없는 큰 무리가 나와 흰 옷을 입고 손에 종려 가지를 들고 보좌 앞과 어린 양 앞에 서서 큰 소리로 외쳐 이르되
> **'구원하심이 보좌에 앉으신 우리 하나님과 어린 양에게 있도다'**
> 하니"(계 7:9-10).

계시록 7장 4절에 이단 사이비들이 즐겨 사용하는 십사만 사천이 등장한다.

"내가 인침을 받은 자의 수를 들으니 이스라엘 자손의 각 지파 중에서 인침을 받은 자들이 십사만 사천이니"(계 7:4).

이단 사이비들은 자기들 교리를 따르는 사람, 14만 4천 명만 구원받을 수 있다고 주장한다. 하지만 우주 만물을 창조하신 하나님께서 달랑 십사만 사천 명만 구원하시는 분일까? 아니면 셀 수 없을 정도로 많은 사람을 구원하시는 분일까?

물어볼 것도 없이 할 수 있는 대로 많은 사람을 구원하고자 하시는 것이 하나님의 뜻이다. 그러니까 9절의 "능히 셀 수 없는 큰 무리"가 구원받은 하나님의 백성이듯이, 4절의 "인침 받은 자 십사만 사천"도 구원받은 백성이라는 점에서 십사만 사천은 결코 14만 4천이라는 숫자에 제한되지 않는 상징적인 숫자임을 알 수 있다. 무엇보다 14만 4천이라는 숫자는 시간이 걸리고 힘들어서 그렇지 얼마든지 셀 수 있는 숫자이지 능히 셀 수 없는 숫자는 아니기 때문이다.

성경을 보면, 인침 받고 흰 옷 입은 구원받은 하나님의 백성들이 보좌에 앉으신 하나님과 어린 양 예수님께 찬양한 뒤에 그 찬양에 화답하여 모든 천사들이 보좌 앞에 엎드려 하나님께 경배하며 찬양하는 모습을 묘사하고 있다.

"모든 천사가 보좌와 장로들과 네 생물의 주위에 서 있다가 보좌 앞에 엎드려 얼굴을 대고 하나님께 경배하여 이르되 **'아멘 찬송과 영광과 지혜와 감사와 존귀와 권능과 힘이 우리 하나님께 세세토록 있을지어다 아멘'** 하더라"(계 7:11-12).

11장에서 일곱째 천사가 나팔을 불 때, 하늘에서 큰 소리로 찬양이 울려 퍼졌다. 아마도 천사들이 찬양하였을 것 같다.

"일곱째 천사가 나팔을 불매 하늘에 큰 음성들이 나서 이르되 **'세상 나라가 우리 주와 그의 그리스도의 나라가 되어 그가 세세토록 왕 노릇 하시리로다'** 하니"(계 11:15).

천사들의 찬양에 이어 이십사 장로가 자기 보좌에서 내려와 엎드려 하나님께 경배 찬양한다.

"하나님 앞에서 자기 보좌에 앉아 있던 이십사 장로가 엎드려 얼굴을 땅에 대고 하나님께 경배하여 이르되 **'감사하옵나니 옛적에도 계셨고 지금도 계신 주 하나님 곧 전능하신 이여 친히 큰 권능을 잡으시고 왕 노릇 하시도다 이방들이 분노하매 주의 진노가 내려 죽은 자를 심판하시며 종 선지자**

들과 성도들과 또 작은 자든지 큰 자든지 주의 이름을 경외하는
자들에게 상 주시며 또 땅을 망하게 하는 자들을 멸망시키실
때로소이다'

하더라"(계 11:16-18).

천사장 미가엘이 이끄는 천군천사들이 사탄 군대와의 최후 전
투에서 승리를 거두고 사탄과 그 졸개들이 땅으로 내쫓길 때 하
늘에서 예수 그리스도의 구원과 능력과 권세에 대해서 큰 찬양
이 울려 퍼졌다.

"내가 또 들으니 하늘에 큰 음성이 있어 이르되
'이제 우리 하나님의 구원과 능력과 나라와 또 그의 그리스도
의 권세가 나타났으니 우리 형제들을 참소하던 자 곧 우리 하
나님 앞에서 밤낮 참소하던 자가 쫓겨났고 또 우리 형제들이 어
린 양의 피와 자기들이 증언하는 말씀으로써 그를 이겼으니 그
들은 죽기까지 자기들의 생명을 아끼지 아니하였도다 그러므로
하늘과 그 가운데에 거하는 자들은 즐거워하라 그러나 땅과 바
다는 화 있을진저 이는 마귀가 자기의 때가 얼마 남지 않은 줄
을 알므로 크게 분내어 너희에게 내려갔음이라'

하더라"(계 12:10-12).

이제 종말이 가까워오면서 14장에서 구체적인 가사는 나오지

않지만, 구원받은 백성을 상징하는 십사만 사천이 보좌 앞과 네 생물과 장로들 앞에서 새 노래를 부른다. 아름다운 천상의 찬양의 소리에 귀를 기울여 보자.

"또 내가 보니 보라 이런 양이 시온 산에 섰고 그와 함께 십사만 사천이 서 있는데 그들의 이마에는 어린 양의 이름과 그 아버지의 이름을 쓴 것이 있더라 내가 하늘에서 나는 소리를 들으니 많은 물소리와도 같고 큰 우렛소리와도 같은데 내가 들은 소리는 거문고 타는 자들이 그 거문고를 타는 것 같더라 그들이 보좌 앞과 네 생물과 장로들 앞에서 새 노래를 부르니 땅에서 속량함을 받은 십사만 사천밖에는 능히 이 노래를 배울 자가 없더라"(계 14:1-3).

능히 이 노래를 배울 자가 없다는 것은 새 노래를 부르는 십사만 사천이 곧 구원받은 백성임을 말해주고 있다.

마지막 재앙이 임박하였을 때, 짐승과 그의 우상과 그의 이름의 수를 이기고 벗어난 자들, 곧 구원받은 백성들이 구원의 바다, 홍해를 상징하는 유리 바다 가에 서서 하나님의 종 모세의 노래, 어린 양의 노래를 부른다. 이스라엘 백성이 홍해를 건넌 뒤 해방의 기쁨을 노래하였듯이, 유리 바다를 건넌 뒤 구원받은 백성들이 구원의 기쁨을 노래하고 있다. 그 노래가 곧 모세의 노래이고 어린 양의 노래이다.

예수는 테너일까, 베이스일까

"또 내가 보니 불이 섞인 유리 바다 같은 것이 있고 짐승과 그의 우상과 그의 이름의 수를 이기고 벗어난 자들이 유리 바다 가에 서서 하나님의 거문고를 가지고 하나님의 종 모세의 노래, 어린 양의 노래를 불러 이르되

'주 하나님 곧 전능하신 이시여 하시는 일이 크고 놀라우시도다 만국의 왕이시여 주의 길이 의롭고 참되시도다 주여 누가 주의 이름을 두려워하지 아니하며 영화롭게 하지 아니하오리이까 오직 주만 거룩하시니이다 주의 의로우신 일이 나타났으매 만국이 와서 주께 경배하리이다'

하더라"(계 15:2-4).

모든 재앙이 끝나고 어린 양 예수님이 통치하시는 새 하늘과 새 땅이 도래하게 되면서 하늘에 허다한 무리, 곧 구원받은 하늘나라 백성들이 큰 소리로 찬양한다.

"이 일 후에 내가 들으니 하늘에 허다한 무리의 큰 음성 같은 것이 있어 이르되

'할렐루야 구원과 영광과 능력이 우리 하나님께 있도다 그의 심판은 참되고 의로운지라 음행으로 땅을 더럽게 한 큰 음녀를 심판하사 자기 종들의 피를 그 음녀의 손에 갚으셨도다'

하고 두 번째로

'할렐루야'

하니 그 연기가 세세토록 올라가더라"(계 19:1-3).

　1절에 허다한 무리, 곧 구원받은 백성들의 찬양에 이어 이십사 장로와 네 생물이 보좌에 앉으신 하나님께 찬양한다.

　"또 이십사 장로와 네 생물이 엎드려 보좌에 앉으신 하나님께 경배하여 이르되
　'아멘 할렐루야'
　하니"(계 19:4).

　다시 한 번 허다한 무리, 곧 구원받은 백성이 허다한 무리의 음성 같이 그리고 많은 물소리와 큰 우렛소리와 같은 소리로 하나님을 찬양한다.

　"또 내가 들으니 허다한 무리의 음성과도 같고 많은 물소리와도 같고 큰 우렛소리와도 같은 소리로 이르되
　'할렐루야 주 우리 하나님 곧 전능하신 이가 통치하시도다 우리가 즐거워하고 크게 기뻐하며 그에게 영광을 돌리세 어린 양의 혼인 기약이 이르렀고 그의 아내가 자신을 준비하였으므로 그에게 빛나고 깨끗한 세마포 옷을 입도록 허락하셨으니 이 세마포 옷은 성도들의 옳은 행실이로다'
　하더라"(계 19:6-8).

이렇게 요한계시록에는 약 이십여 개의 찬양이 소개되고 있다. 시편을 제외하고는 이렇게 많은 찬양곡이 소개되는 성경이 없다는 점에서 요한계시록은 미래에 일어날 일에 대한 계시와 함께, 구원받은 백성들과 천상의 천사들의 찬양을 모은 찬양 모음집이라고도 할 수 있다.

Part 2
...
교회음악과 예배음악

Church music and
Worship music

　4세기경의 가이사랴 지방의 감독이었던 바실은 "우리는 교회의 노래에 매료되어 저절로 말씀의 열매를 따먹게 된다"라면서 교회음악이 말씀의 은혜를 받는 데에 중요한 역할을 하고 있음을 역설하였다. 또한, 4세기 말경의 동방교회 교부인 크리소스톰은 "남녀노소, 빈부, 지위의 격차를 막론하고 음악은 교회를 하나 되게 만드는 고귀한 교회의 특성을 지니고 있다"면서 교회음악의 중요성을 역설하였다.[10]

　이와 같이 기독교 공동체에서 음악의 중요성은 시대와 장소를 불문하고 항상 강조되어 왔다. 한국교회도 예외가 아니어서 부흥집회의 복음송과 공예배의 성가대 찬양 등을 통해서 교회음악이 한국교회의 성장에 기여한 공은 괄목할 만하다 하겠다.

　1880년대 서양선교사에 의한 개신교의 전파 이래로 한국 개신교회는 세계교회사에서 그 유례를 찾아볼 수 없을 정도의 놀라운 성장을 이루어 왔다. 이러한 한국교회 부흥의 동기에는 여러 가지가 있을 수 있겠으나, 그 중에서도 특별히 찬양의 힘이 컸다는 것을 간과해서는 안 된다. 교회 부흥과 찬양의 관계는 매우 깊은 상관관계에 있음을 인식할 필요가 있다.

한국교회의 특이성은 아무리 조그마한 시골교회라도 거의가 다 찬양대를 보유하고 있다는 점이다. 예배에 있어서 찬양이 매우 중요한 자리를 차지하고 있음을 알게 된다. 이는 복음주의적 성향이 짙은 미국의 선교사들에 의해 복음이 전파되었기 때문에 그들의 예배 형식과 예배음악이 선교 초기부터 뿌리를 내린 이유도 있겠다. 하지만 다른 측면에서 접근해 보면 노래 부르기를 좋아하는 흥(어우러짐)의 민족인 한국인들의 성정에서 비롯되었다고도 할 수 있다. 즐거운 모임에서 둘 이상만 모이면 서로의 노래 솜씨를 들어야만 직성이 풀릴 정도로 우리 한민족은 노래 부르기를 좋아한다. 최근에는 전국의 동네 골목 곳곳에, 심지어 시골에까지 노래방이 없는 곳이 없다는 것만 보더라도 한국인은 흥의 민족이라는 것을 쉽게 짐작할 수가 있다. 바로 이러한 국민성이 서양 기독교와 접목되면서 회중찬송과 찬양대를 통한 교회 부흥이 쉽게 일어날 수 있었다고 생각한다. 이러한 의미에서 예배와 음악은 매우 밀접한 관계에 있음을 확인하게 된다.

근래에 이르러서 청소년들을 중심으로 CCM과 같은 복음송이 불리면서 청소년 집회와 음악이 교회성장에 중요한 요소로 받아들여지게 되자, 급기야 CCM이 교회의 예배와 음악에까지 영향을 미치게 되었다. 결국 주일 공예배에서의 CCM 사용 여부에 대한 논란이 본격적으로 일어나면서 이와 관련한 세미나 개최, 토론 등을 통하여 다양한 이론들이 생겨 나오게 되었지만, 아직까지 교회에서는 이렇다 할 정확한 판단기준을 제시해 주지 못하

예수는 테너일까, 베이스일까

고 있는 것이 사실이다.

예배음악과
복음적 교회음악의 차이는 무엇인가?

교회음악을 크게 '예배음악'과 '복음적 교회음악'으로 구분한
다면, '예배음악'은 교회의 공적인 예배에서 불리는 음악을 말하
고, '복음적 교회음악'은 예배 이외의 교회의 모든 활동, 전도, 친
교, 교육 등에서 불리는 교회음악을 말한다. 좀 더 구체적으로,
'복음적 교회음악'이란 성경과 기독교 교리에 부합되는 가사에
맞춰 작곡된 음악으로서,[11] 시간과 장소에 구애받지 않고 연주되
는 음악, 즉 교회에서 연주하든 교회 바깥에서 연주하든 상관하
지 않고 오직 하나님을 찬양함과 동시에 자신의 신앙 체험을 노
래하는 모든 장르의 음악을 포함한다.

그래서 복음적인 교회음악은 예배음악처럼 하늘을 향한 수직
적인 찬양이라기보다는 하나님의 은혜와 예수 그리스도의 사랑,
그리고 구원사역, 개인의 신앙경험을 세상에 알리기 위한 목적을
지닌 수평적인 성격의 음악이라고 할 수 있다. 따라서 가사는 주
로 친교, 간증, 경고, 촉구, 전도 등의 내용으로 되어 있으며, '나',
'너', '우리'와 같은 대명사를 많이 사용하는 등의 주관적인 특성

을 지니고 있다.

반면에, 예배음악은 장소와 시간이 교회의 공식예배에 한정되는 음악으로서 음악의 대상이 사람이 아닌, 성삼위 하나님께 올려 드리는 수직적인 성격의 음악을 말한다. 따라서 가사의 내용은 주로 성부, 성자, 성령 하나님께 영광과 존귀, 경배와 찬양, 감사를 드리는 것으로 되어 있다.

이와 같은 예배음악과 복음적 교회음악을 아래와 같이 도형으로 표시하면 쉽게 이해가 될 것이다. 그림에서 보듯이 예배음악은 넓은 의미의 교회음악에 포함되어 있다. 그리고 전체 원에 해당하는 광의의 교회음악에서 작은 원에 해당하는 예배음악을 제외한 부분이 복음적 교회음악에 해당된다.

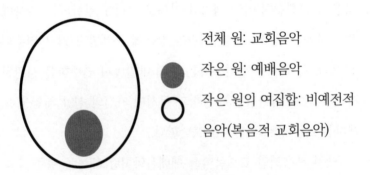

전체 원: 교회음악

작은 원: 예배음악

작은 원의 여집합: 비예전적 음악(복음적 교회음악)

복음적 교회음악은
어떤 음악적 형식을 사용해야 하는가?

예수는 테너일까, 베이스일까

앞에서 개략적으로 규정한 예배음악과 복음적 교회음악의 정의는 가사에 한정되었다. 그러나 교회음악의 신학적인 문제는 가사보다는 음악적 특징에 있다. 공예배에서의 CCM 사용문제도 가사보다는 음악의 질적인 내용에 있다. 교회음악의 가사 내용이 성경에 입각한 기독교 진리와 복음에 관한 것이라면 시대, 장소, 문화에 따른 어떠한 다양한 음악 형식을 지닌 노래라도 교회에서 불릴 수 있다. 왜냐하면 교회음악의 장르는 시대와 장소, 문화에 따라 얼마든지 바뀔 수 있으므로 예배음악의 음악 형식에 대한 포용성과 융통성 측면에서 보다 포괄적이고도 광범위한 음악 형식의 기준을 제공할 수 있다.

교회음악의 장르는 초대교회 시대의 그레고리안 찬트부터 다성음악의 기초가 된 오르가눔, 그리고 모테트, 칸타타, 수난음악, 오라토리오 등의 음악으로 끊임없이 변화되어 왔다. 종교개혁 이후에는 독일의 코랄, 영국의 앤섬, 모라비안 교도들에 의해 영향을 받은 영국 웨슬리 목사의 집회 찬송, 미국의 부흥사 무디와 그의 음악 동역자 생키를 중심으로 한 미국의 부흥집회용 복음 찬송, 오늘날의 복음송, 그리고 최근의 CCM 등으로 이어지고 있다.[12]

이와 같이 시대와 장소, 문화에 따라 다양한 장르로 발전해 온 교회음악을 일정 교회에서만 인정되는 유일한 하나의 장르에만 국한시킬 수가 없다. 실제로 한국교회가 사용하고 있는 '찬송가'(2006), 일명 '21세기 찬송가'에서도 이와 같이 다양한 장르의 음악이 포함된 사례를 쉽게 찾아볼 수 있다.

찬송가 88장 "내 진정 사모하는"은 미국의 작곡가 윌리엄 헤이스의 세속곡 "오솔길의 자그마한 낡은 통나무집"에 구세군 밴드의 창시자인 찰스 프라이가 지금의 가사를 붙여 사용하게 되었다. 그런데 이 곡은 한때 미국 서부 개척시대의 술집, 살롱의 무희들의 춤곡으로 즐겨 사용된 적이 있었다고 한다. 즉, 술집의 댄스음악을 오늘날 교인들은 예배를 드리며 은혜롭게 부르고 있는 것이다.

찬송가 145장 "오 거룩하신 주님"은 16세기 독일 작곡가 한스 레오 하슬러(Hassler)의 세속곡 "내 마음은 그 소녀 때문에 설레이노라"를 폴 게르하르트 목사가 오늘날의 찬송가 가사로 개사하고, 바흐가 화성 편곡하여 그의 '마태수난곡'에 합창곡으로 삽입하고부터 교회의 관심을 불러일으켜 오늘날의 회중찬송가로 불리기 시작하였다.

문성모 박사는 그의 책 『민족음악과 예배』에서 이 찬송을 이렇게 번역하였다.[13]

"내 마음이 안절부절이네, 그 처녀 때문일세.
나는 아주 안절부절하고 있네.
내 마음은 중병이 들었네.
낮이고 밤이고 안식이 없고 언제나 탄식뿐일세.
한숨과 눈물뿐이고 슬픔 속에서 자포자기 상태에 있네."

그런데 번역한 가사가 산문 형식이라 곡조에 직접 맞춰 불러 보기에는 어려움이 따르기 때문에 곡조에 맞춰 부르기 쉽게 필자가 운율에 맞추어 개사를 해보았다.

내 사랑하는 소녀, 아름다운 그대
내 마음 그대에게 바치기 원하네.
그녀의 눈동자에 내 마음 설레네.
내 진실 받아주오, 내 사랑 그대여.

또한, 54장 "주여 복을 비옵나니"와 같은 곡조의 96장 "예수님은 누구신가"는 18세기 프랑스의 철학자이자 음악가인 쟌 자크 루소가 작곡한 오페라 배경음악이다. 오페라 음악이라는 것이 문제가 될 것은 없다. 비근한 예로 580장 남궁 억 작사의 "삼천리 반도 금수강산"은 도니제티의 오페라 "루치아"의 합창곡을 사용하고 있다. 그런데 54장과 96장의 작곡가 루소는 기독교의 기본 교리인 원죄설을 부정하여 당시의 교회로부터 출교된 이력을 가지고 있다. 후에 루소는 그의 『참회록』에서 "자신이 살아오면서 가장 잘못한 것은 자신이 이 세상에 태어났다는 것이다"라고 참회하였다.[14]

이와 같이 미국의 댄스음악, 외국의 대중가요, 심지어 이단 철학자의 곡까지 공인 찬송가에 삽입되어 사용되고 있는 현실에 비추어볼 때 교회음악의 장르를 구체적으로 한정시킨다는 것은 불가능하다는 것을 알 수 있다.

필자가 미국에서 공부하고 있을 당시 김진홍 목사의 『베들레헴 물방아 도는 내력』을 읽은 적이 있다. 이 책은 복음서를 토착적인 관점에서 재해석하여 예수님의 출생부터 죽음까지를 한국 사람의 이해와 정서에 맞추어 재미있게 풀어나가고 있다. 그 중에서 이 책의 제목에서 나타나듯이 6·25전쟁 직후의 대중가요였던 "물방아 도는 내력"(손로원 작사, 이재호 작곡, 박재홍 노래)의 가사를 위의 "오 거룩하신 주님"의 경우처럼 콘트라팍타화시켜 새롭게 개사하였는데, 그 내용이 재미있어 여기에 소개한다.[16]

> 벼슬도 싫다마는 명예도 싫어
> 정든 땅 언덕 위에 예배당 짓고
> 낮이면 장에 나가 전도를 하고
> 밤이면 사랑방에 성경 보면서
> 예수님 오신 내력 알아보련다

여기에 영감을 받아 필자가 좋아하는 정훈희 씨의 "꽃밭에서"를 개사해 보았다.

> 교회에 나와서 주님을 보네
> 우리 주님 어디에서 왔을까
> 아름다운 예수님, 예수님~

이렇게 좋은 날엔, 이렇게 좋은 날엔

주님이 오신다면 얼마나 좋을까~

교회에 앉아서 십자갈 보네

우리 주님 어디에서 왔을까

아름다운 예수님, 루-루-

내친김에 두 곡을 더 개사하여 소개한다. 먼저는 댄스그룹 DJ DOC의 "DOC와 함께 춤을" 그리고 에드가 엘가(Edgar Elgar)의 "사랑의 인사, Salut d'Amour"를 함께 소개한다.

"DOC와 함께 춤을"

예수님을 믿으시면 구원 받아요

하나님께 순종하면 복을 받아요

우리 모두 함께 예수님을 찬양

(랩) "옆집 아저씨 예수님 믿으세요!"

우리 모두 예수님을 전파하세(우 웃, 우~)

주위 모든 사람에게 전도하세

부모형제 이웃사촌 친구들에게

예수님 사랑을 전하세(이렇게~)

"사랑의 인사"

예수 내 기쁨 되는 날

예수 내 미소 되는 날

주 성령 꽃잎처럼 내려와

우리의 사랑 축복해

이와 같이 가사만 기독교 진리에서 벗어나지 않는다면 교회음악의 장르는 시대와 장소, 문화에 따라 얼마든지 바뀔 수 있다.

결론적으로, 복음적 교회음악에 관한 음악 형식의 기준은 다양한 장르의 포용이 가능하므로 어떠한 종류의 음악을 사용하든 복음적인 목적에만 부합된다면 논쟁의 여지가 거의 없다고 생각한다. 문제는 예배음악에 있다. 실제적으로 교회음악의 음악 형식 문제에 대한 가장 많은 쟁점을 불러일으키는 부분이 바로 예배음악이다. 그러므로 예배음악에 대한 음악적인 정의가 먼저 바르게 내려지면, 교회음악의 음악 형식의 기준에 대한 결론에 어렵지 않게 도달할 수가 있을 것이다.

예배음악의 음악적 형식에는 정해진 규칙이 있는가?

예배음악은 간단히 말해서 '예배에서 사용되는 음악'을 지칭한다. 가장 중요한 문제는 예배에서 어떤 음악을 사용할 것인가에 있는 것이 아니라, 예배음악을 사용할 수 있는 예배는 어떠한 예배이어야 하는 것이 선결되어야 할 과제이다. 우리는 먼저 수요예배, 금요예배, 구역예배(속회) 등에서 사용하는 음악을 주일예배에서도 사용이 가능한 것인가에 대한 의문을 제기할 수 있다. 이에 대한 해답이 얻어지면 예배음악에 관한 정의는 의외로 쉽게 얻을 수 있다.

한국교회는 예배에 대한 정의가 불확실하므로 예배음악 또한 바르게 사용하고 있지 않다. 그러므로 한국교회의 예배음악을 보다 구체적으로 토론하기 위해서는 오늘날의 한국 개신교회가[17] 가지고 있는, '예배'에 관한 잘못된 인식의 수정이 전제되어야 한다. 한국 개신교회의 예배에 관하여 여러 가지로 논의되어야 할 부분이 많이 있지만, 여기서는 '예배'라는 용어의 사용에 대해서만 언급하고자 한다.

한국 개신교회는 주일 낮 예배뿐만 아니라, 주일 저녁예배, 수요예배, 금요예배, 새벽예배, 구역예배 등, 일주일에 10여 회 이상의 예배와 집회와 모임을 가지면서 대부분의 모임에 '예배'라는 단어를 붙여 사용하고 있다. 그러나 예배학적인 관점에서 본다면, '예배'라는 용어를 사용할 수 있는 예배는 오직 주일 공예배에 한정되어야 한다. 왜냐하면 기독교 예배는 예수 그리스도의 부활을 기념하기 위하여 시작되었기 때문에 전통적으로 공예배는 일주일에 한 번만 드려져 왔다. 물론, 주일 공예배 외에도 일요일이 아닌 다른 요일에 올 수 있는 교회력, 예를 들면 성탄절,

성회수요일, 고난주간, 성목요일, 성금요일 등에는 주일이 아님에도 그 교회력에 해당하는 예배를 드려야 하지만, 그 외의 모임에는 '예배(Worship Service 혹은 Liturgy)'라고 이름 붙여서는 안 된다.

기독교 교회의 전통적이고 정통적인 예배는 일주일에 한 번만 드리는 것을 원칙으로 하고 있다. 이것은 초대교회로부터 지금까지 서방교회와 동방교회를 포함한 전 세계의 기독교가 지켜오고 있는 불변의 예배전통이다.

기원 후 112년경 흑해 근처의 로마 감독이었던 플리니(Pliny) 감독이 황제 트라얀(Trajan)에게 보내는 당시의 기독교인에 대한 조사보고서에 이런 내용이 들어 있다.

"어느 일정한 날, 동트기 전에(on a fixed day before dawn...)"

당시 로마제국은 일주일이라는 요일 체계를 도입하지 않고 있었다. 그런 점에서 '어느 일정한 날'이란 바로 일요일을 지칭하고 있으며, '동트기 전' 곧 새벽에 함께 모여 예배를 드렸다는 말이다.

이 보고서를 통해, 초대 기독교인들은 일요일에도 일을 해야 하는 사회 현실 속에서 로마 군병들의 눈을 피해 새벽에 모여 주일예배를 드리고 난 뒤, 일요일 하루 종일 자기들의 일터에서 노동을 계속했음을 알 수 있다. 또한, 순교자 유스티누스(Justin Martyr)의 『변증론』(c.155)에서는 당시의 기독교인들이 일요일에 모이는 이유를 설명하고 있다.

> "우리는 태양의 날에 모였는데, 그날은 하나님께서 천지를 창조하신 첫째 날이자, 우리 구주 예수님께서 부활하신 날이기 때문이다. … 바로 그 태양의 날에 원근 각처에서 한 장소에 모였다."
>
> "We assemble on the day of the sun because it is the first day, that on which God transformed the darkness and matter to create the world, and also because Jesus Christ our Saviour rose from the dead on the same day. ... On the day of the sun, all who live in towns or in the country gather together in one place."[19]

이와 같이 초대교회 당시 어려운 여건 속에서 일주일 중 일정한 날, 곧 주일(主日)에 한 번 모여 예배를 드렸다.

예배는 많이 드릴수록 좋다는 생각은 예배의 전통을 제대로 이해하지 못함에서 초래된 잘못된 견해이다. 만일 그렇게 된다면, 예수님의 부활을 기념하는 축제로 시작된 기독교의 주일(Lord's Day)예배가 일주일에 한 번이라는 희소성과 거룩의 측면에서 그 신학적 의미가 퇴색될 수 있고, 다른 모임과 집회와는 구별되어야 할 주일예배의 존엄성이 희석될 위험성이 있다.

중세시대의 수도원에서는 하루에 여덟 번의 기도모임이 있었다. 하지만 이 모임을 카톨릭교회의 예배인 미사(Missa)라고 칭하지 않고, '성무일과(Daily Office)'라고 불렀다. 오늘날에도 예전적인 교회의 기도원과 수도원에서는 성무일과의 형태가 남아있는데, 하루 여덟 번의 기도회가 두 번으로 축소되어 '아침기도(Morning Prayer)'와 '저녁기도(Evening Prayer)'로 호칭하고 있다.[20]

그러므로 한국 개신교회도 이제부터는 '새벽예배', '주일 찬양예배', '수요예배', '금요예배', '구역예배'라고 부르는 대신에, 각 교회의 특성과 지향하는 목표에 따라 '주일오후 찬양집회', '수요기도회', '새벽기도회', '금요 철야기도회', '구역모임' 등으로 불러야 할 것이다. 기도회와 성경공부, 찬양모임은 많을수록 좋지만, 예수 그리스도의 부활을 기념하고 축하하는 의미로 드리는 주일예배는 결코 그렇지 않다.

예배가 많으면 많을수록 좋은 것이 아니냐고 주장할 수도 있겠지만, 그렇게 되면 예배의 희소가치와 경건성이 결여된다. 하나님께서는 왜 성막과 성전의 지성소에 대제사장만이 그것도 일 년에 한 번만 들어가게 하셨을까? 다른 이유도 있겠지만, 이는 성막과 성전에서의 제사(예배)가 거룩하게 구별되며 보다 경건하고 엄숙하게 드려져야 함을 의미하는 것이다. 기독교 예배의 모범이라고 할 수 있는 성막과 성전에서 제사를 드릴 때 이스라엘 백성의 자세와 태도는 기독교 예배를 대하는 오늘날의 크리스천들의 몸가짐과 태도와는 엄청난 차이가 있음을 우리 스스로 잘 알고 있다. 한국교회는 진정한 예배에 대한 거룩함과 경건성이 결여된 채로 예배를 대하고 있음이 사실이다.

이제라도 한국교회는 대제사장이 일 년에 한 번 지성소에 들어가는 심정으로 경건하고 엄숙하게 주일 공예배를 드려야 하며, '예배'라 잘못 불리는 다른 예배(집회, 모임)와는 분명하게 구별되어야 한다.

결론적으로 예배음악에서 말하는 '예배'는 주일(공)예배와 교회력에 따른 예배에 한정됨을 인식하여야 한다. 이상과 같이, 예배에 대한 바른 인식이 정립된 이후에야 비로소 예배음악에 관한 논의를 할 수 있다. 즉, 주일 낮 공예배와 성탄절, 수난기간 등의 교회력에 따른 예배에서 사용되는 음악만이 '예배음악'으로 지칭할 수 있고, 그 외의 교회집회와 모임, 기도회에서 사용되는 음악은 예배음악이 아닌 '복음적 교회음악'으로 칭해야 한다.

그러므로 부흥집회나 일반 교회모임에서 부르는 복음찬송이 주일예배에 도입되어서는 안 된다. 복음성가, 복음찬송, CCM 등의 '복음적 교회음악'은 공예배가 아닌 세상을 향해 선포되는 음악, 즉 말 그대로 복음전파의 수단이 되어야 한다. 그러므로 주일 찬양집회, 금요기도회, 새벽기도회 등에서 부르는 음악과 주일 공예배에서 사용되는 음악의 내용은 확연히 구별되어야 한다.

예배음악이 요구하는 음악적 형식은 무엇인가?

예배음악과 '복음적 교회음악'의 사용 장소와 해당 음악의 가사 내용에 대해서는 크게 이견이 있을 수 없다는 것은 이미 언급하였다. 예배음악은 오직 성삼위 하나님께 존귀와 영광을 돌리는 가사를 사용하면 되고, 복음적 교회음악은 다양한 신앙고백을 담을 수 있다.[21]

그런데 교회음악의 문제는 사용하는 음악의 장르에 있다. 혹자는 예수님의 말씀처럼 신령과 진정으로 예배를 드리면 되는 것이지 음악의 장르가 무엇이 문제인가라고 반문할 수도 있다. 그러나 이는 주님의 말씀을 정확하게 이해하지 못한 데서 기인한 오해이다. 요한복음에 보면 주님께서 사마리아 여인과의 대화에서 이렇게 말씀하셨다.

> "하나님은 영이시니 예배하는 자가 신령과 진정으로 예배할찌니라"(요 4:24, 개역한글).

바로 이 말씀을 근거로, 예배드릴 때는 "신령과 진정으로", 즉 '온 마음과 정성을 다해서' 예배드리면 되지, 굳이 예배의 형식과 순서가 왜 중요한지를 반문한다. 하지만 그런 주장은 주님께서 말씀하신 원문의 뜻을 잘못 이해한 데서 기인한다. "신령과 진정"의 원문은 프뉴마(영, spirit)와 알레테이아(진리, truth)이다.

먼저, "신령과 진정"에서 '진정'은 예수님께서 말씀하신 "내가 곧 길이요 진리요 생명이니"(요 14:6)에서의 '진리'와 동일한 단어,

알레테이아(truth)이다. 여기서 진리의 뜻은 하나님의 계시 혹은 하나님께서 가르쳐주신 참된 방법을 말한다. 이를 예배에 적용하면 올바른 예배 형식과 순서대로 드리는 예배의 규범이라고 할 수 있다. 그리고 '신령'은 프뉴마(spirit, 영)인데, 말 그대로 하나님의 영의 도우심으로 '온 마음과 정성을 다해서' 예배드릴 것을 말씀하셨다.

이전 개역한글성경에서 "신령과 진정으로"라고 번역하였기 때문에 이를 '온 마음과 정성을 다해서'로 이해하였던 것이지만, 개역개정성경은 원문에 따라 "영과 진리"로 바르게 번역하였다.

> "하나님은 영이시니 예배하는 자가 영과 진리로 예배할지니라"(요 4:24).

결론적으로 예수님께서 영이신 하나님께 예배드릴 때는 우리의 마음과 정성을 다하여 예배할 뿐만 아니라, 규례에 맞는 예배를 드릴 것을 말씀하셨던 것이다. 사실 아무런 계획과 규모 없이 말 그대로, 단지 신령과 진정으로만 예배드리는 것은 하나님의 성품과 맞지도 않고, 하나님께서 원하시는 예배도 아니다.

하나님의 성품이 어떤지는 노아에게 지시하신 방주의 식양(창 6:13-22)과 모세에게 명령하신 성막의 설계도(출 25-28장) 내용을 보면 여호와 하나님이 얼마나 치밀하고 계획적인 분인지를 잘 알 수 있다. 그러니까 '신령으로 예배함'은 예배를 대하는 기독교인의 기본덕목이자 필수적인 자세이기 때문에 말할 필요가 없다. 오직 우리의 연구와 토의 대상은 예배의 내용을 어떻게 구성하고 지켜나갈 것인가에 대한 진리(알레테이아)에 있으며 이 문제에 대해 고민하고 연구해야 할 것이다.

사실 우리가 드리는 예배에도 정해진 형식과 순서가 존재한다. 예배순서 하나하나에는 기독교 2천 년의 역사를 통하여 심도 있게 연구하고 오랜 논의를 통하여 결론지어진 예배순서 각각의 신학적인 의미(Meaning)와 예배에서의 기능(Function)을 가지고 있다. 그러므로 그러한 기능에 부합하는 음악이 사용되어야 하는 것은 당연한 이치이다.

복음적인 교회음악의 장르는 복음을 전파하는 대상에 따라 시대와 장소, 문화, 그리고 개인 성향에 따른 다양한 종류의 음악을 사용할 수 있기 때문에 문제의 어려움이 없다. 하지만 예배음악의 경우, "주일예배 혹은 교회력에 따른 기념예배에서 사용할 수 있는 특정한 음악장르 혹은 음악 형식이 존재하는가?"라는 질문에는 정확하게 해답을 줄 수 없는 것이 사실이다. 실제적으로 교회음악의 장르는 시대의 흐름과 문화의 차이에 따라 음악 사적으로 다양하게 변화되어 왔다. 그러므로 오늘날의 공예배에서 굳이 그레고리안 찬트 형식의 단선성가만을 고집하는 것도 이치에 맞지 않다. 그렇다고 오늘날 가스펠음악에서 사용하고 있는 CCM 계통의 팝, 락, 그 외에 재즈와 같은 장르의 음악을 주일예배에서 사용한다는 것도 일부 청년들을 제외하고는 대부분의 성도들에게는 왠지 모르지만 거부감이 느껴지며 은혜가 되지 않는 것이 사실이다.

그러나 목사, 장로와 같이 교회의 직책이 높고 나이가 많은 교인들이 단순히 '왠지 모르지만' 은혜가 되지 않는다는 이유로 현대적인 장르의 음악을 예배에서 사용하는 것을 반대하는 것은 논리적으로 무리가 따른다. 비트가 강하고 볼륨이 크다는 것만으로 예배음악으로 사용되어서는 안 된다는 주장에 대해, 지금까지는 이와 관련한 논리적인 근거를 제공하지 못한 것이 사실이다.

그렇다면 과연 '왠지 모르지만'의 근거는 무엇일까? 필자는 '왠지 모르지만'에 숨어 있는 이유를 고대 그리스의 음악이론인 에토스론에서 찾고자 한다.

> ### 에토스(Ethos)이론이
> ### 음악 형식에 영향을 미친다.

'에토스(ethos)[22]'를 사전에서는 '특정의 집단, 민족, 시대, 지역 등의 사상, 관습, 도덕 따위를 특색 지우는 지도 원리, 문화적 특색, 도덕적 규범'으로 정의하고 있다. 그러므로 '에토스이론'을 특정한 고유명사로 규정하기보다는 단순히 고대 그리스의 음악에 관한 윤리적 규범, 다시 말하면 고대 그리스의 음악미학으로 이해하면 쉬울 것이다.

그리스의 철학이론 중 하나인 에토스 이론은 그리스의 고대 철학자 플라톤(Plato, 427-347 B.C.)과 그의 제자, 아리스토텔레스(Aristotle, 384-322 B.C.)에 의해 주창되었는데, 음악이 사람의 정신과 도덕성에 영향을 미친다는 이론이다. 좀 더 구체적으로 설명하면, 음악이 가지고 있는 리듬, 음정, 멜로디, 화성 등이 음악을 듣는 사람들에게 정신적으로 영향을 미치는 힘을 가지고 있다고 말한다. 즉, 에토스 이론은 음악이 가지고 있는 음정, 리듬, 템포, 볼륨 등의 변화에 따라 사람들의 감정(기쁨, 슬픔, 공포, 환희, 행복, 평화)과 정신(영혼)에 상당한 영향을 미친다는 이론이다.

플라톤과 아리스토텔레스는 음악의 빠르기와 소리의 크기, 리듬의 변화가 인간에게 미치는 영향에 대해 언급하면서, 음악의 종류를 크게 두 가지로 분류하였다. 너무 빠르지 않은 일정한 빠르기와 리듬, 적당한 볼륨은 인간에게 정서적인 안정감과 평온함을 전해줄 뿐만 아니라, 때때로 인간을 치유하게 하는 능력이 있는 반면에, 너무 빠른 템포와 일정하지 않고 불규칙적인 리듬, 그리고 지나치게 큰 볼륨은 인간을 흥분시켜 돌발적인 행동을 일으키는 원인을 제공한다고 하였다. 그래서 전자의 음악을 '좋은 종류의 음악', 후자를 '나쁜 종류의 음악'이라고 규정하였다.

당시의 좋은 신으로 불렸던 아폴로 신전에서는 전자의 '좋은 종류의 음악'이 연주되었는데, 여기에 동원된 악기는 리라(lyre)

와 같은 현악기를 주로 사용하였다고 한다. 현악기 소리는 사람들을 정서적으로 조용하고 차분하게 만들기 때문이다. 실제로 사울이 악신이 들렸을 때 다윗이 현악기 수금을 연주함으로써 사울의 악신을 제거하는 장면이 등장한다.

> "하나님께서 부리시는 악령이 사울에게 이를 때에 다윗이 수금을 들고 와서 손으로 탄즉 사울이 상쾌하여 낫고 악령이 그에게서 떠나더라"(삼상 16:23).

반면에 나쁜 신으로 불렸던 디오니시우스 신전에서는 후자의 '나쁜 종류의 음악'이 연주되었는데, 여기에 동원된 악기는 아울로스(aulos)와 같은 관악기를 주로 사용하였다고 한다. 관악기 소리가 내는 과도한 볼륨과 빠른 템포는 신전에서 제사드리는 사람들을 쉽게 흥분시켜 서로 행음하게 만드는 도구가 되었다고 한다.

아리스토텔레스는 그의 저서, 『정치학』(c.330 B.C.)에서 "음악을 듣는 사람은 자신이 듣고 있는 음악의 특성에 따라 그의 정신과 영혼에 그 음악이 지니고 있는 특성과 똑같은 영향을 미친다. 즉, 부드러운 음악을 듣는 사람은 부드러운 감성을, 열정적인 음악을 듣는 사람은 열정적인 사람으로 변하게 된다. 그러므로 좋은 종류의 음악을 듣는 사람은 선한 사람으로, 나쁜 종류의 음악을 듣는 사람은 악인이 되는 경향이 있다"라고 주장하였다.

또한, 플라톤은 그의 저서, 『공화국』(c.380 B.C.)에서 "부드러운 음악만을 너무 많이 들으면 육체적, 정신적으로 나약한 사람이 되고, 운동만을 많이 하면 비사회적이고 폭력적인 사람이 되기 때문에, 좋은 교육을 위해서는 음악과 운동 두 가지를 조화 있게 사용하는 것이 바람직하다. 즉, 나약한 학생에게는 열정적인 음악과 운동을, 폭력적인 학생에게는 되도록 운동을 자제시키고 부드러운 음악을 듣게 하는 것이 진정한 음악가(교육가)의 역할이라고 할 수 있다"라고 주장하였다.

> **사람과 자연에**
> **영향을 끼치는 사랑에는 특유한 파장이 있다.**

고대 철학자들에 의해서 주장된 이러한 에토스이론을 굳이 교회음악에 적용하지 않더라도, 오늘날에도 다양한 임상실험을 통하여 에토스이론의 논리가 여실히 입증되어 일반사회에서 널리 적용되고 있다.

최근에는 태아와 산모를 위한 '태교음악', 수험생을 위한 '머리가 좋아지는 음악', 뿐만 아니라 동·식물에게까지 이러한 음악기법이 널리 사용되고 있는 추세이다. 젖소가 우유를 짤 때 가곡이나 클래식음악을 들려주면 팝이나 락을 들려줄 때보다 훨씬 좋은 양질의 우유를 다량으로 생산하며 식물의 성장과정에서도 이와 동일한 효과가 나타난다고 한다. 이러한 임상실험에 사용되는 음악의 특징이 에토스이론에서 주장하는 것과 같이 템포가 심하게 빠르지 않고, 리듬의 변화가 일정하며, 볼륨이 지나치게 크지 않으며, 동원되는 악기로는 관악기가 완전히 배제되는 것은 아니지만 주로 현악기가 중심을 이룬다고 한다.

심지어 빵을 반죽할 때 이러한 음악을 들으면서 작업을 하면 빵이 한껏 잘 부풀고 한층 더 쫄깃쫄깃한 맛을 만들어낸다고 한다. 이는 좋은 종류의 음악을 들으면서 밀가루를 반죽하는, 개선된 작업환경으로부터도 영향을 받을 수 있겠지만, 실제로는 빵을 부풀게 하는 눈에 보이지 않는 효모(酵母, yeast)가 음악이 전해주는 소리의 파장에 반응을 나타낸 결과라고 생각한다.

또 물에 대한 임상실험에서도 동일한 반응이 나타났다. 즉, 나쁜 종류의 음악을 들려준 물과 좋은 종류의 음악을 들려준 물의 분자구조를 조사해 보니 커다란 차이를 보였다고 한다. 좋은 종류의 음악을 들려준 물의 분자구조는 정상적이었던 반면에, 나쁜 종류의 음악을 들려준 물의 분자구조는 이상한 형태로 망가진 모습을 보였다. 그리고 그러한 일그러진 형태의 분자구조를 가진 물을 마시면 사람의 신체에도 좋지 않은 영향을 미친다는 임상연구 결과가 발표되었다.[23]

음악과 직접적인 관련은 없지만 언젠가 텔레비전 뉴스에서 벼농사를 짓는 한 농부의 특이한 농사기법을 방영한 적이 있다. 이 농부의 농사작법이 다른 사람과 다른 것은 특별한 농사기술이나 뛰어난 효과를 지닌 비료를 사용한 것이 아니었다. 이 농부는 모를 심을 때부터 논에 나갈 때마다 자라고 있는 벼를 향해 마치 사랑하는 연인이나 가족에게 대하듯이 사랑하는 마음을 가득 담아 대화를 하였다고 한다. 벼들을 손으로 어루만지면서 "건강하게 자라거라! 사랑해!"라고 말하는 것뿐이었다. 그런데 놀랍게도 이 농부가 농사짓는 벼들은 일반 벼들에 비해 병충해에 잘 걸리지도 않고 성장속도도 빠를 뿐더러 낱알도 풍성하다고 한다. 그리고 이 쌀로 밥을 지어먹으면 밥이 맛이 있고 영양가도 높아 다른 쌀에 비해 가격이 두세 배 비싼 데도 불구하고 많은 사람들이 이 쌀을 구입해서 없어서 팔지 못할 정도라고 한다.

그렇다면 이 농부가 재배한 벼들이 이렇게 특별한 성장을 보인 이유는 무엇일까? 앞에서 말한 것처럼 에토스이론에 따른 좋은 음악을 들려준 것도 아니었다. 이 농부는 단지 사랑하는 마음을 담아 말을 한 것뿐이었다. 그러니까 비록 음악이 아니라고 할지라도 사랑이 담긴 음성의 파장에 식물이 좋은 반응을 보인다는 것을 알 수 있다.

결론은 음악이든 사람의 음성이든 좋은 종류의 소리가 가지고 있는 파장은 그것을 느끼는 생물에게 좋은 영향을 미친다는 사실이다. 결국 고대 그리스의 에토스 음악이론은 단순히 음악에만 한정시키고 있지만, 오늘날의 소리와 관련된 임상실험에서는 이를 소리이론으로까지 확대 적용할 수 있다는 사실을 보여주고 있다. 필자는 이와 같이 좋은 영향을 미치는 좋은 종류의 음악과 사랑하는 마음을 담은 음성이 지닌 파장을 **'사랑의 파장'**이라고 이름 짓고자 한다.

교회가 아닌 세상이 판단한 좋은 음악의 기준이 이렇다면, 하나님께 드려지는 교회음악은 더이상 거론할 여지가 없이 고대 그리스의 에토스이론에 따라 사람의 정서와 정신건강에 좋은 영향을 미치는 '좋은 종류의 음악'을 사용해야 한다는 것은 너무나 당연하다고 생각한다. 물론 인간의 감성에 호소하는 다양한 장르의 음악도 복음 선교와 친교를 위해 교회에서 필요하지만, 적어도 공적인 예배에서 하나님께 드리는 찬양은 에토스이론에 근거한 인간의 정서와 영혼에 좋은 영향을 미치는 음악, 즉 '사랑의 파장'을 가진 음악이어야 한다.

하나님의 형상대로 창조된 인간에게 좋은 영향을 미치는 음악은 하나님께서도 좋아하실 것이므로 바로 그러한 음악으로 하나님께 찬양드릴 때에 하나님께서는 그 예배를 기뻐 받으실 줄을 믿는다. 이러한 음악이 예배음악의 음악적 형식의 기준이 될 수 있다.

에토스이론은
'경배와 찬양' 예배를 어떻게 보는가?

1980년대 서울 온누리교회를 중심으로 '경배와 찬양' 형식의 예배가 시작되었다. '경배와 찬양'에서 사용하는 음악은 미국의 인테그리티 호산나뮤직(Integrity Hosanna Music)에서 나온 프레이즈 앤 워십(Praise and worship, 찬양과 예배) 음악에서부터 시작하였다. 그리고 '경배와 찬양'을 중심으로 한 예배는 미국 새들백교회의 '열린 예배'를 모델로 하였다.

'경배와 찬양'은 한국교회에서 큰 인기를 끌었고, 많은 교회들이 기존 주일예배를 '경배와 찬양' 형식의 예배로 바꾸었고, 지금까지도 적지 않은 교회들이 '경배와 찬양' 예배를 드리고 있다.

'경배와 찬양 예배'에서 사용하는 음악은 처음에는 미국 호산나뮤직이 주를 이루었지만, 나중에는 호주의 힐송(Hillsong)도 추가되었다. 지금은 공인찬송을 비롯해서 한국 작곡가들의 복음성가와 CCM 등 장르를 가리지 않고 다양한 종류의 음악을 사용하고 있다.

'경배와 찬양 예배'를 '열린 예배'의 모범으로 보는 시각도 있으며, 보수적인 측면에서는 찬양에만 집중하는 세상적으로 너무 열려버린 예배인 것에 대해 우려하는 목소리도 있다. 실제로 '경배와 찬양' 팀 중에서는 회중의 인기를 크게 얻어 순회 찬양집회를 가지기도 하고, 음반수입을 올리기도 한다. 물론 일부분이겠지만, 결국 하나님을 찬양하는 예배가 개인의 인기와 수입을 올리는 수단으로 전락하였다는 점에서 안타까운 마음이 든다.

그렇다면 '경배와 찬양'은 앞에서 다른 예배음악과 복음적 교회음악의 관점에서는 어떤 역할을 할 수 있을 것인가를 나누어 보기로 한다.

1) 복음적 교회음악의 관점에서 본 '경배와 찬양'

복음적인 교회음악으로서의 '경배와 찬양'은 교회음악 장르의 측면에서 볼 때 크게 문제가 될 것이 없다고 생각한다. 왜냐하면 앞에서도 언급하였듯이 교회음악의 장르는 시대와 장소에 따라 계속적으로 변화되어 왔으므로 '경배와 찬양'에서 사용되는 음악이 어떠한 종류인가는 그렇게 심각하게 다루어질 문제가 아니라고 생각한다.

다만, '경배와 찬양'의 음악 소재가 대부분 오늘날 한국교회에서 많은 관심과 논의를 불러일으키고 있는 복음송 중심의 CCM으로 이루어져 있기 때문에 이 부분에 관한 토의가 선행될 필요가 있다고 생각한다. 하지만 '경배와 찬양'에서 사용되는 복음송 등의 CCM이 앞에서 토의한 에토스이론에서 이야기하는 좋은 종류의 음악의 원칙만 지키고 있다면 '경배와 찬양'을 복음적 교회음악에 포함시키는 데 아무런 어려움이 없을 것이다.

2) 예배음악의 관점에서 본 '경배와 찬양'

'경배와 찬양'에서 사용하는 음악이 포괄적이고 일반적인 교회음악의 범주에 들어 있다는 것은 재론의 여지가 없지만, 예배음악의 범주에 포함될 수 있는가 하는 문제에서는 객관적인 결론을 섣불리 내릴 수가 없다.

예배는 영과 진리로 드려야 하며, 엄숙하고 경건하여야 한다. 물론 영적인 기쁨으로 드려야 하겠지만, 그렇다고 흥분해서는 안 된다. 지나친 몸놀림이나 소음에 가까운 큰소리는 지양되어야 한다. 그러한 깃은 부흥회나 기도모임, 찬양집회 등을 통하여 얼마든지 표현할 수 있다.

그렇다고 '경배와 찬양'을 예배가 아니라고 속단하려는 것은 아니다. 예배는 하나님께 드리는 것으로서 어떤 면에서는 상당히 주관적인 측면을 내포하고 있기 때문에 일정한 형태의 예배가 모든 예배의 정형이 될 수는 없다. 즉, 특정한 시대, 장소, 문화와 관습에 따른 하나의 예배가 모든 시대와 장소, 문화에 관계없이 똑같이 적용될 수는 없다는 말이다. 성막이나 성전의 제사제도, 초대교회의 예배가 오늘날 현대교회의 예배 형태가 될 수 없는 것도 이러한 이유에서라고 할 수 있다.

예배는 주제가 있는 한 편의 드라마라고 할 수 있다. 이 드라마의 주제에 맞춰서 말씀과 성찬, 그리고 음악이 조화를 이루어야 한다. 교회음악 지도자나 교역자들은 이러한 예배의 주제에 맞추어 자기의 역할을 충실히 수행해야 한다. 예배를 위해 선곡한 음악과 준비된 말씀이 그날의 예배 주제에 어긋나서는 안 된다. 예배 순서 하나하나는 각각의 의미와 기능을 가지고 있어야 한다. 그러므로 예배음악 또한 그 자체의 의미와 기능을 지니고 있어야 한다. 예배와 음악을 따로 분리하여 설명해서는 안 된다. 예배에서 사용하는 음악은 예배의 한 부분으로서 예배가 지향하고 있는 목적에 부합하는 의미를 지니고 있어야 한다. 오랜 역사를 통하여 기독교 예배의 순서 하나하나가 각각의 의미와 기능을 가지게 된 것처럼 예배의 음악 또한 자체의 의미와 예배에서의 그 기능이 규정되어야 한다.

'경배와 찬양'도 치유음악 목회 차원에서 필요한 찬양집회이다. 이 집회를 통하여 믿지 않는 자들이 그리스도를 구세주로 영접하는 역사가 일어나며, 영적으로 방황하는 심령들에게 새로운 영적인 기쁨을 제공하여 삶에 대한 긍정적인 안목을 소유할 수있게 해 준다. 그리고 구원받은 백성들에게는 찬양을 통하여 새로운 기쁨의 자리로 들어가는 경험을 제공해 주는 긍정적인 측면이 많이 있음을 부정하지는 않는다.

그러나 항상 '경배와 찬양'의 열정 속에만 빠져 있는 것은 어린아이와 같은 신앙의 형태 속에서 헤어나오지 못하는 잘못을 범하게 되는 것과 같다. 성도는 영적 신앙의 성장을 이루어 나가야 한다. '경배와 찬양'의 집회로부터 얻은 이러한 영적인 기쁨이 진정한 예배로의 인도자 역할을 하여야 한다. 그러므로 '경배와 찬양' 집회는 공예배로의 과정이 되어야지 예배 자체로서의 목적이 되어서는 안 된다.

바울 사도는 로마서에서 "사람이 마음으로 믿어 의에 이르고 입으로 시인하여 구원에 이르느니라"(롬 10:10)고 신앙의 점진적인 단계를 언급하고 있다. 즉, 마음으로 믿는 감성적인 단계에서 입으로 시인하는 이성적인 단계를 통하여 구원에 이르게 됨을 이야기하고 있다.

우리가 예수님을 구세주로 영접할 때 이성으로 판단해 보고 난 뒤에 결정하지 않는다. 우리도 알 수 없는 어느 순간에 우리의 가슴이, 우리의 감성이 예수님을 구세주로 영접할 수 있도록 성령님께서 도와주신다. 구원의 은혜를 경험한 성도들은 이러한 구원의 감격을 항상 간직하고 기억하면서 이후로는 자신의 이성의 도움으로 성경말씀을 통해 더욱 더 삼위일체 하나님을 깊이 알아 가기 위해 노력하여 보다 차원 높은 구원의 은혜를 경험해 가야 한다. 믿음이 성장하지 않고 구원의 첫 단계에만 머물러 있는 것은 성숙한 그리스도인의 모습이 아니며, 이러한 모습은 하나님께서 원하시는 성도의 모습이 아니다. 모유와 부드러운 음식을 받아먹기만 하는 유아기의 신앙에서 정체되어 있는 성도가 아니라, 딱딱한 음식을 씹기도 하고 나눠주기도 하면서 끊임없이 성장해 나아가는 성도가 되어야 한다.

독수리는 참새가 따라 올라갈 수 없을 만큼 하늘 높이 올라간다. 모름지기 신앙의 성장을 원하는 성도들은 더이상 참새 신앙의 수준에 머물러 있지 말고, "오직 여호와를 앙망하는 자는 새 힘을 얻으리니 독수리가 날개치며 올라감 같을 것이요 달음박질하여도 곤비하지 아니하겠고 걸어가도 피곤하지 아니하리로다"(사 40:31)라는 말씀처럼, 독수리의 날개치고 올라가는 수준의 신앙을 갈망하고 추구하여야 한다.

그런 측면에서 '경배와 찬양'도 우리의 신앙생활에 중요한 부분이지만, 정적이면서 거룩하고 경건한 예배는 위로부터 내려오는 하나님의 말씀과 성만찬을 통해 예수 그리스도의 구속사건을 새로이 경험하며 기억하게 한다. 또한, 에토스이론에서 제시한 좋은 종류의 음악인 조용하고 경건한 찬양을 통해 우리에게 보다 높은 차원의 영적인 평안과 치유의 경험을 제공하여 준다는 면에서 신앙성장에 도움을 준다.

한국교회 교회성장의 모델인 새들백교회의 '구도자예배'는 한국교회 교회성장 프로그램에서 항상 표본으로 삼으며 연구대상이 되어 왔다. 한국교회 교역자들은 이 '구도자예배'야말로 열린 예배의 표본이라고 생각하였다. 실제적으로 새들백교회는 토요일 저녁과 일요일 아침에 드리는 '구도자예배'를 통하여 많은 믿지 않는 자들을 교회로 불러들이는 데에 성공하였다.

이에 자극을 받은 한국교회는 새들백교회의 구도자예배를 주일예배로 대체할 수 있는지에 대한 충분한 연구와 조사도 없이 성급하게 '열린 예배'라는 이름 아래 '경배와 찬양'과 함께 새들백교회의 '구도자예배' 형식으로 주일예배를 드리기 시작하였다. 그런데 한국교회는 새들백교회의 '구도자예배'가 교인수를 증가시킨다는 사실에만 현혹되었고, 안타깝게도 새들백교회가 별도로 수요일 저녁에 드리는 '헌신된 자'들의 공적인 예배가 있었다는 사실에 대해서는 존재 자체를 모르고 있었던 것 같다.[24]

새들백교회가 교회에 처음 찾아온 사람들로 하여금 항상 '구도자예배'에만 머물게 하였다면 오늘날의 새들백교회는 존재하지 않았을 것이다. 교회는 '구도자예배'에 참석한 자들로 하여금 끊임없이 훈련시켜 결국에는 교회의 핵심멤버인 '헌신된 자(The committed)'로 만들어, 보다 성숙되고 거룩한 헌신된 자들만이 경험하고 이해할 수 있는 수요예배를 별도로 드리고 있다는 데서 새들백교회의 숨겨진 성장요인이 존재한다. 즉, 새들백교회는 일요일이 아닌 수요일에 공예배를 드렸다.

그렇다면 수요일에 드리는 주일예배는 하나님께서 받지 않으시는 예배인가?

주일예배는 주일에만 드려야 하는가?

그렇다. 주일예배는 주일에 드려야 한다. 하지만 불가피한 사유로 주일예배를 다른 요일에 드린다고 해서 결코 신학적으로 잘못된 것은 아니라고 생각한다.

실제로 필자가 중동 카타르에서 근무할 때, 3년 동안 주일예배를 금요일에 드렸다. 왜냐하면 중동 이슬람국가의 공휴일은 일요일이 아니라 금요일이기 때문에 건설회사 근로자와 직원은 공휴일인 금요일에 모여 예배를 드릴 수밖에 없었기 때문이다. 물

예수는 테너일까, 베이스일까

론 순교의 각오로 주일인 일요일 새벽이나 밤에 모여 예배를 드릴 수도 있었다. 하지만 어린이 성경학교까지 일요일에 모일 수는 없었다. 아이들은 평일(?)인 일요일에는 학교에 가야 하기 때문이다. 그래서 카타르에서 근무하는 한인 근로자들과 가족들은 공휴일인 금요일에 모여 주일예배를 드릴 수밖에 없었다.

지금도 이슬람국가에서 근무하고 거주하는 크리스천들은 금요일에 모여 주일예배를 드리고 있다. 필자가 근무했던 당시 영국교회도 금요일에 예배를 드렸다.

하나만 더 예를 들어보자. 2001년에 개봉한 톰 행크스 주연의 〈캐스트 어웨이, Cast Away〉라는 영화가 있다. 주인공이 회사 전용기를 타고 뉴욕에서 영국으로 가다가 폭풍우를 만나 조난을 당했고, 결국 한 무인도에 떨어진다. 다른 사람들은 모두 죽고 며칠 만에 정신을 차린 주인공은 날짜가 언제인지도 모른 채 하루하루를 지내다가 4년 만에 구조된다. 만약에 주인공이 무인도에서 일주일에 한 번씩 주일예배를 드렸는데, 나중에 알고 보니까 그날이 목요일이었다면 이 주인공은 지난 4년 동안 무의미한 예배를 드렸다고 할 수 있을 것인가? 정죄받아야 하는가? 결코 그렇지 않을 것이다.

일요일인 주일에 예배를 드릴 수 있음에도 개인적인 편의를 위해서 다른 시간에 예배를 드리는 것이 잘못된 것이지, 이처럼 불가피한 사유로 주일예배를 다른 요일에 드린다고 해서 결코 신학적으로 잘못된 것이 아니라고 생각한다. 무엇보다 하나님께서도 그런 예배를 열납해 주실 줄로 믿는다. 실제로 필자가 3년 동안 금요일에 주일예배를 드렸다고 해서 하나님 앞에서 한 번도 죄책감이나 죄송한 마음을 가지지 않았다. 오히려 한국에서 일요일에 주일예배를 드렸던 것보다 더 큰 은혜와 감동이 있는 예배를 드렸던 것으로 기억한다. 불가피한 경우에는 금요일에도 주일예배를 드려도 괜찮다는 의견이다. 무슨 요일이든지 일주일에 한 번 구별된 예배를 드리는 것이 중요하다.

결론은 새들백교회는 수요일에 구별된 주일예배를 따로 드렸고, 일요일에 드린 구도자예배는 새신자를 위한 예배였는데, 한국교회가 이를 구분하지 못하고 구도자예배를 주일예배 형식으로 드린 것이 잘못이었다. 새들백교회는 구도자예배와 헌신자예배를 따로 드렸다.

실제로 초대교회로부터 4, 5세기까지는 기독교회의 예배를 말씀 중심의 초신자를 위한 예배와 성만찬 중심의 결신자 예배로 구분하여 드렸다. 예배의 시작은 함께하였지만 말씀이 끝난 후에는 결신자들만이 남아 별도로 성만찬예배를 드렸다.[25]

그러니까 새들백교회의 구도자예배는 헌신자예배로 나아가는 시작이고 과정이라고 할 수 있다. 이런 관점에서 새들백교회의 구도자예배를 모델로 한 '열린 예배'와 호산나뮤직의 '경배와 찬양'은 보다 성숙되고 거룩한 예배로 나아가는 하나의 시작이고 과정으로 생각해야 한다.

즉, 우리의 가슴에, 감성에 호소하는 마음으로 믿게 하는 신앙

경험이자 표현의 한 종류라고 할 수 있다. 그러므로 이제는 더이상 '경배와 찬양'에서 정체되어 있을 것이 아니라, 구원받은 성도가 지향해야 할 다음 단계는 입으로 시인하는 단계, 즉 가슴에서 머리로 올라가는 보다 성숙되고 이성에 의하여 주도되는 경건한 예배로 이어져야 한다. 그리하여 보다 더 성숙하고 하나님이 기뻐하시는 예배를 드려야 한다.

하나님이 기뻐하시는 교회음악은 어떠해야 하는가?

앞에서도 언급하였듯이, 예배음악은 찬양곡의 가사가 기본적으로 삼위일체 하나님께 감사와 존귀와 영광을 돌리는 내용으로 되어 있으므로 수직적인 성격의 음악으로 볼 수 있으며, 교회의 공식예배에 한정되어 사용되는 '예전적(liturgical)'인 교회음악을 말한다. 음악적인 특징을 제시해 보면, 대체적으로 템포가 빠르지 않고 리듬이 일정하고 2분음표, 4분음표 등의 다소 긴 음표가 많이 사용되지만, 가끔씩 8분음표 혹은 16분음표가 등장하기도 한다. 이러한 이유로 음악이 정적이며 엄숙하고 헌신적인 특성을 지니고 있다. 이에 해당되는 교회음악으로 그레고리안 찬트와 같은 단선성가와 운율시편가,[26] 예배의 기능적인 특징을 지닌 송영,

화답송, 축복송, 성만찬 찬송, 그리고 성탄절기간, 수난기간, 부활절기간 등과 같은 교회력에 따른 찬송들이 이에 해당된다.

비(非)예전음악(복음적인 교회음악)은 성경과 기독교 교리에 부합하는 가사로 작곡된 포괄적인 교회음악으로서, 시대와 장소를 초월한 모든 장르의 교회음악을 말한다. 예수 그리스도를 통한 하나님의 구원의 복음을 세상에 전파하기 위한 목적을 지닌 수평적인 음악으로서 이러한 목적에 부합하는 친교, 간증, 경고, 촉구, 전도 등의 가사로 구성되어 있고, '나', '너'와 같은 인칭대명사를 많이 사용하는 등의 주관적인 특성을 지니고 있다. 주로 부흥성회, 친목모임, 복음적인 집회에서 많이 사용된다. 에토스 이론에 근거한 음악적인 특징을 제시해 본다면, 템포가 빠르고, 리듬이 다양하고 불규칙하며, 점 8분음표와 16분음표가 많이 사용되고, 싱코페이션(Syncopation)기법이 동원되기도 한다. 그리고 반복을 위한 후렴구를 가진 음악이 많다. 이러한 이유로 음악이 경쾌하고 열정적인 특성을 지니고 있다. 이런 특징에 해당하는 교회음악으로는 복음찬송, 복음성가, CCM 등을 들 수 있겠다.

종합하면, 비예전음악, 즉 복음적 교회음악과 예전(예배)음악의 차이는 전자의 목적이 개인의 신앙경험의 표현과 친교, 그리고 복음전파에 있으므로 복음전파의 대상자들의 특성에 맞춘 수평적인 음악으로 다양한 종류의 장르에 따른 음악을 사용할 수 있다는 반면에, 후자는 인간들을 위한 음악이 아닌 오직 하나님 찬양에 그 목적이 있으므로 수직적이며, 그러한 음악의 종류와 내용이 제한적일 수밖에 없다. 그러므로 대부분의 고전음악과 기독교의 전통적인 음악과 같이 임상실험 결과 하나님의 피조물인 동물과 식물에 좋은 영향을 미치는 음악으로 주일예배에서 하나님을 찬양하여야 한다.

그러나 에토스이론에 맞는 '좋은 종류의 음악'인 고전성가만이 예배에서 사용이 가능하고 CCM과 같은 복음성가는 사용할 수 없다는 이분법적인 잣대를 제시하고자 하는 것이 아니다. CCM 곡들 중에도 필자가 제시한 예전음악의 기준에 맞는 곡들이 실제적으로 많은 것으로 안다. 오히려 현재 사용하고 있는 통일찬송가에는 복음적인 찬송들이 많이 포함되어 있다는 점에서, 다음 찬송가 출판 때에는 복음적인 찬송가는 삭제하고 예전음악 기준에 적합한 CCM 곡들도 함께 수록하여 예배용 찬송으로 사용하는 것도 한국교회음악의 발전의 관점에서 바람직하다고 생각한다. 결국 교회음악의 장르가 고전음악이든, CCM이든 상관없이 효모와 물까지도 좋은 반응을 나타내는 '좋은 종류의 음악'의 특징을 지닌 음악이라면 예배의 음악으로 사용될 수 있다.

덧붙여 한 가지 추천하고 싶은 것은 복음적 교회음악의 경우, 복음을 전파하고자 하는 대상의 성향에 맞춘 음악을 선곡하면 선교의 효과가 배가될 것이다. 예를 들면, 청년들을 대상으로 선교할 때는 경쾌하고 비트가 강한 댄스음악 성향의 복음성가를 선택하고, 반면에 노인들이 선교의 대상일 때는 "예수님이 좋은 걸"과 같은 토속적인 민요 형태의 곡을 부르도록 한다. 그리고 중·장년층이 그 대상일 때는 앞에서 예로 들었던 흘러간 대중가요 형식의 음악을 사용할 수도 있을 것이다. 복음전파의 대상의 성향을 고려하지 않거나 무시하고 노인정에 가서는 템포가 빠르고 비트가 강한 댄스음악으로 찬양하거나, 젊은이들을 상대로 전통적인 찬송가를 부른다면 선교의 효과가 반감되거나 전혀 실효를 거두지 못하게 될 것이다. 세상에서도 교육 대상에 맞춘 눈높이 교육으로 교육현장을 개선시키며 그 효과를 배가시키고 있다. 교회에서도 선교대상자의 눈높이에 맞는 음악을 선곡하여 복음을 전파한다면 보다 큰 효과를 거둘 수 있을 것이다.

Part 3

...

교회력

Christian Year

시간-초, 분, 시, 일, 년-이란 우리가 일하고 공부하고 여가를 즐기는 등의 모든 삶을 측량해 주는 척도이다. 그러한 기준에서 달력은 우리의 생활을 잘 계획할 수 있도록 도움을 주는 삶의 시간적 지표가 된다. 나아가 우리의 가족, 친지와 관련한 인적 기념일과 사회, 민족공동체와 관련한 공적 기념일을 정확히 지킬 수 있게 함으로써 우리의 생활 리듬을 더욱 분명하게 만들어 주고, 과거, 현재, 미래 사이를 잘 연결시켜 주는 마디의 역할을 하고 있다. 이와 마찬가지로 교회는 '교회력'이라 불리는 달력을 제공함으로써 기독교인의 신앙생활이 하나님이 지시하시는 방향으로 진행될 수 있도록 도와준다. 하나님께서는 시간을 통하여 세상을 창조하시고, 우리의 구원을 이루어 주시고, 또한 그리스도의 제자를 훈련시키고 계신다. 특별히 교회력은 성부 하나님의 계획과 성령님의 도우심에 따른 성자 예수 그리스도의 구원 사역에 그 역점을 두고 있다. 그러므로 교회력은 우리의 구원과 관련된 성일(聖日)들을 기념하게 함으로써 과거, 현재, 미래의 연속성을 성도의 삶 속에 유지시켜 준다.

먼저, 하나님의 경륜에 따른 교회의 기념일인 교회력을 바르게 실천하기 위해서는 교회력 하나하나의 특징에 맞추어 그것들을 회상하고, 준비하고, 기념하는 시간들을 계획하여야 한다. 예를 들면, 대림절기는 성탄절 4주 전 주일부터 성탄절 전야까지 성탄절의 준비기간으로 지켜지며, 성탄절기는 동방박사 세 사람이 아기 예수님을 경배하러 옴으로써 예수 그리스도께서 이방인들에게 구세주로 현현(顯現)하셨다는 사실을 기념하는 주현절을 준비하는 기간으로 지키는 것 등이다.

일상생활 속에서 생일이나 결혼기념일 등에 그날의 의미를 되새기며 기념하는 것과 마찬가지로 하나님의 백성인 성도들도 교회력의 역사와 의미를 정확히 인지하여 더욱 더 진지하고 의미 있는 기념일로 지켜야 한다. 세상의 명절이나 기념일 등은 잘 지키면서 교회력을 지키지 않는다는 것은 참된 교회의 모습이라고 할 수 없다.

교회력의 중심에는 예수 그리스도가 위치하고 있다. 그러므로 교회력을 지킨다는 것은 곧 교회력에 따른 매주일 예배를 통해 예수 그리스도의 삶과 죽음의 경험에 동참하는 것을 뜻한다. 예수 그리스도가 중심이 되는 교회력을 충실히 지킨다면, 예수 그리스도의 탄생과 생애, 고난, 부활의 의미를 더욱 깊이 깨달을 수 있게 될 뿐만 아니라, 더불어 우리의 교회생활은 항상 긴장감을 가지고 한층 더 풍성해지고 윤택해질 것이다.

결국 교회력을 순서에 따라 잘 지켜 나가면 과거, 현재, 미래 속에서 역사하시는 하나님의 경륜을 더욱 더 잘 이해하게 될 것이 분명하다.

> 오늘날의 주일(일요일)은
> 태양신을 섬기던 날이었다.

일요일(Sunday)이 초대교회 때부터 공휴일로 지켜진 것은 아니었다. 313년 동서로마를 통일한 콘스탄티누스 황제가 321년에 기존 율리우스력을 유지하면서 7일이 기본이 되는 '주(週)'라는 개념을 추가로 도입하여 사용하였고, 그 중 하루인 일요일(태양의 날)을 거룩한 날로 선포하여 공식적인 무(無)노동일로 지정함으로써 공휴일로서의 일요일이 시작되었다.

불타는 십자가 환상을 보았음에도 불구하고 콘스탄티누스 황제는 자신이 동로마 황제 막센티우스를 이길 수 있었던 사건에 대하여 여호와 하나님에게만이 아닌, 여러 신들에게 두루 감사를 드렸던 상당히 정치적인 사람이었다. 그가 기독교에 보다 더 호의를 갖게 된 것은 독실한 기독교인이었던 그의 어머니 헬레나로부터 받은 영향 때문이었다. 어쨌든, 321년 콘스탄티누스 대제는 로마 제국에서 7일 개념을 도입하여 시행하였고, 태양신을 섬기는 무리와 기독교인들을 동시에 만족시킬 수 있는 Sun's day를 공휴일로 선포하였다. 그래서 기독교인들은 더이상 새벽에 모일 필요가 없어졌고, 공식적으로 당당하게 일요일 아침에 주일예배를 드릴 수 있게 되었다. 그러나 이 칙령이 발표된 이후에도 거의 5세기

예수는 테너일까, 베이스일까

초에 이르러서야 요일개념이 자리잡게 되었다.

예수님은
정말 서기 1년에 태어나셨을까?

　예수 그리스도가 탄생한 해를 달력의 원년으로 삼고 있는 서양력의 기원은 6세기 로마의 주교이자 수도원장이었던 디오니시우스(Dionysius)주교가 당시의 자료를 종합하여, 예수님께서 정확히 531년 전에 탄생했다고 계산해서 예수님이 태어나신 해를 서기 1년(anno Domini Nostri Jesu Christ)으로 지정함으로써 시작되었다. 당시에는 숫자 0에 대한 개념이 없었기 때문에 0부터 시작하지 않고 1부터 시작하였다. 이는 뉴밀레니엄과 관련한 21세기 계수 문제와도 연관이 있게 된다. 학자들에 따르면, 예수님의 실제 탄생일은 기원전 4-5년이 가장 가능성이 높은 것으로 보고 있다.

　마태복음 2장에 보면, 동방의 박사들이 아기 예수님의 탄생을 축하하기 위해서 방문하는 사건이 기록되어 있다. 이때 당시의 유대 왕이 헤롯인데, 헤롯은 동방박사가 자기를 만나지 않고 돌아가 버린 사실을 알고는 베들레헴 주변의 아기들을 죽이도록 명령한다. 예수님의 아버지 요셉은 꿈에 천사의 지시를 받아 급히

애굽으로 피신한다.

유대 역사학자 요세푸스의 기록에 따르면, 아기 예수님이 탄생한 당시의 헤롯은 기원전 4년 봄에 극심한 고통 가운데 죽었다고 한다. 그러니 예수님의 탄생은 적어도 기원전 4년 이전으로 보아야 한다. 지금의 달력이 예수님의 탄생을 서기 1년으로 계산한 달력이지만, 예수님의 실제 탄생일을 기점으로 달력을 시작한다면(지금 와서 바꿀 수도 없지만) 지금의 연도에 적어도 4년은 더 해야 조금 더 정확한 달력이라고 할 수 있을 것이다. 그러니 지난 2000년에 밀레니엄 재앙이 일어난다면서 호들갑을 떨었지만, 실제로는 1996년 이전에 이미 예수님 탄생 후 2천 년은 지나갔다는 사실을 알면 참으로 황당했던 해프닝이었다고 볼 수 있다.

결국 디오니시우스 주교는 제한되고 부정확한 정보를 이용하여, 불운하게도 예수님의 탄생년도를 잘못 계산하였다. 디오니시우스가 만든 서력(西曆) 기원은 그 후 4-5세기가 흐른 후에도 제대로 자리를 잡지 못하였다. 서력과 관련하여 오늘날 사용하고 있는 기원전(B.C.: Before Christ) 연력(年曆)의 사용은 17세기 초부터였다고 한다.

**1582년 10월 5일부터 14일까지
무슨 일이 있었을까?**

예수는 테너일까, 베이스일까

이 질문에 답할 수 있는 사람은 아무도 없을 것이다. 왜냐하면 1582년 10월 5일부터 14일, 열흘이 달력에서 사라졌기 때문이다. 날짜가 없으니 역사가 있을 수도 없다.

기원전 45년에 사용하기 시작한 율리우스력은 실제 1년과는 약 11분의 오차가 있기 때문에 128년 정도가 지나면 실제 지구의 궤도보다 하루 차이가 난다. 그래서 16세기까지만 하더라도 계절과 기후 변화와 사용하는 달력 사이에 열흘 정도의 오차가 있었다. 농사를 비롯해서 생활환경에 불편함이 많아지기 시작했고, 급기야 달력을 조절하지 않으면 안 되는 상황에 이르렀다.

카톨릭 교황 그레고리우스 13세(1572-1585)는 당시에 소집된 달력위원회의 건의에 따라 정상적인 지구의 달력과 10일의 오차를 보이는 율리우스력의 모순을 시정하기 위하여 1582년 초에 달력시정조서에 서명하였다. 이로써 그레고리력이 시작되었다. 그레고리우스 13세는 열두 달 중 공휴일이 가장 적은 10월을 선정하여, 1582년 10월 5일을 10월 15일로 공포하였다. 따라서 현재 사용하고 있는 그레고리력으로는 1582년 10월 5일부터 14일까지 모두 열흘이 사라져버렸다. 1582년이 시작되면서 그레고리력을 적용한 변경된 달력이 미리 준비되었지만 일반 서민들에게는 갑자기 사라진 생일, 예정한 결혼식 날짜의 증발, 이자계산, 월급 등등 엄청난 혼란이 닥쳐왔으며, 유럽 곳곳에서 "잃어버린 10일"에 대한 항거가 잇따랐다.

더욱이 종교개혁 이후 카톨릭 교황의 명령을 따르지 않는 일부 개신교 국가와 동방교회는 그레고리력 사용을 거부하였다. 예를 들면, 독일과 같이 카톨릭과 개신교가 공존하는 나라에서는 어떤 도시는 신식달력을 사용하고, 80km 정도 떨어진 도시에서는 구식달력을 사용하다보니, 1월 1일에 출발하여 다음날 그 도시에 도착하면 1월 12일이 되었다. 또는 12월 21일에 출발하여 다음날 다른 도시에 도착하면 성탄절은 이미 지나고 새해 1월 1일이 되어 있는, 참으로 우스꽝스러운 상황들이 약 100년 이상이나 지속되었다.

결국 대부분의 나라들이 천문학적으로 정확한 그레고리력을 무조건 거부할 수 없어서 17세기 후반부터 차츰 받아들이기 시작하였다. 영국도 1750년경부터 그레고리력을 채택하였고, 동방교회의 영향력이 강한 동유럽 국가들도 1910년대에는 율리우스력에서 탈피하게 되었다. 우리나라의 경우도 갑오경장(1895) 이후 서양문물을 본격적으로 받아들이기 시작하면서 그레고리력을 사용하기 시작하였다. 그러나 아직도 일부 예루살렘, 러시아, 그리스의 동방정교회는 율리우스력을 고집하며 사용하고 있다. 현재의 율리우스력은 실제시간과 약 13일의 차이가 나기 때문에동방교회는 성탄절을 1월 7일에 지키게 된다.

하지만 그레고리력이라고 해서 완벽한 것은 아니다. 오늘날의 원자시계에 따른 정확한 1년은 365일 5시간 48분 46초이며, 그레고리력도 진정한 1년과는 약 26초 정도 차이가 나고 있다. 이런 차이를 극복하기 위해 특별한 윤년 법을 도입하고 있지만 어

예수는 테너일까, 베이스일까

쩔 수 없이 현재 약 3시간 정도의 차이가 벌어져 있으며, 4909년에는 완전한 하루의 오차가 생긴다고 한다.

유대절기
유월절과 무교절의 차이는 무엇일까?

유월절의 기원이 되는 사건은 구약성경에 나오는 이스라엘 백성의 출애굽 사건이다. 하나님께서는 이날을 기념하여 유월절을 지킬 것을 명령하셨다.

"너희 어린 양은 흠 없고 일 년 된 수컷으로 하되 양이나 염소 중에서 취하고 이 달 열나흗날까지 간직하였다가 해 질 때에 이스라엘 회중이 그 양을 잡고 그 피를 양을 먹을 집 좌우 문설주와 인방에 바르고 그 밤에 그 고기를 불에 구워 무교병과 쓴 나물과 아울러 먹되 날것으로나 물에 삶아서 먹지 말고 머리와 다리와 내장을 다 불에 구워 먹고 아침까지 남겨두지 말며 아침까지 남은 것은 곧 불사르라 너희는 그것을 이렇게 먹을지니 허리에 띠를 띠고 발에 신을 신고 손에 지팡이를 잡고 급히 먹으라 이것이 여호와의 유월절이니라"(출 12:5-11).

유월절을 지킨 뒤, 이어서 칠 일 동안 계속해서 무교병을 먹는 무교절을 지키도록 하셨다.

"너희는 이레 동안 무교병을 먹을지니 그 첫날에 누룩을 너희 집에서 제하라 무릇 첫날부터 일곱째 날까지 유교병을 먹는 자는 이스라엘에서 끊어지리라, 첫째 달 그 달 열나흘날 저녁부터 이십일일 저녁까지 너희는 무교병을 먹을 것이요"(출 12:15, 18).

결론적으로 첫째 달 14일 저녁, 곧 유월절을 먼저 지키고, 이어서 21일 저녁까지 칠 일 동안 누룩 없는 무교병을 먹도록 하였다. 모두 팔 일 동안 누룩 없는 빵, 무교병을 먹는 유월절과 무교절을 지켰다. 이러한 내용은 레위기에도 동일하게 기록되었음을 발견할 수 있다.

"첫째 달 열나흗날 저녁은 여호와의 유월절이요 이 달 열닷샛날은 여호와의 무교절이니 이레 동안 너희는 무교병을 먹을 것이요"(레 23:5-6).

그런데 이후로 이스라엘은 유월절 전통을 오랫동안 지키지 않다보니 정확한 규범을 모르고 있었고, 남유다 제13대 히스기야왕 때는 둘째 달 14일에 유월절을 지켰던 적도 있다.

"왕이 방백들과 예루살렘 온 회중과 더불어 의논하고 둘째 달에 유월절을 지키려 하였으니, 드디어 왕이 명령을 내려 브엘세바에서부터 단까지 온 이스라엘에 공포하여 일제히 예루살렘으로 와서 이스라엘 하나님 여호와의 유월절을 지키라 하니 이는 기록한 규례대로 오랫동안 지키지 못하였음이더라"(대하 30:2, 5).

하지만 남유다 제16대 요시야 왕 때는 정확하게 유월절과 무교절 절기를 지켰다.

"요시야가 예루살렘에서 여호와께 유월절을 지켜 첫째 달 열넷째날에 유월절 어린 양을 잡으니라, 그때에 모인 이스라엘 자손이 유월절을 지키고 이어서 무교절을 칠 일 동안 지켰으니 선지자 사무엘 이후로 이스라엘 가운데서 유월절을 이같이 지키지 못하였고 이스라엘 모든 왕들도 요시야가 제사장들과 레위 사람들과 모인 온 유다와 이스라엘 무리와 예루살렘 주민과 함께 지킨 것처럼은 유월절을 지키지 못하였더라"(대하 35:1, 17-18).

그리고 이스라엘 백성들은 바벨론 포로에서 돌아와서 성전을 재건하고 난 뒤에 유월절을 지켰다. 유월절은 이스라엘 백성에게 중요한 절기가 되었다.

"사로잡혔던 자의 자손이 첫째 달 십사일에 유월절을 지키되"(스 6:19).

출애굽을 계기로 유월절 규례가 정해진 이후로 사사시대부터 거의 천 년 가까이 유월절을 제대로 지키지 않다가 포로에서 돌아온 뒤로부터 겨우 명맥을 이어가다보니까, 신약시대에는 유월절과 무교절을 정확하게 구분해서 지키지 못했던 것으로 보인다.

"무교절의 첫날에 제자들이 예수께 나아와서 이르되 유월절 음식 잡수실 것을 우리가 어디서 준비하기를 원하시나이까?"(마 26:17)
"무교절의 첫날 곧 유월절 양 잡는 날에 제자들이 예수께 여짜오되 우리가 어디로 가서 선생님께서 유월절 음식을 잡수시게 준비하기를 원하시나이까 하매"(막 14:12).
"유월절이라 하는 무교절이 다가오매"(눅 22:1).

마태복음과 마가복음에는 유월절 양 잡는 날, 곧 유월절 식사 하는 날을 무교절의 첫날이라고 하였고, 누가복음에는 무교절과 유월절을 같은 것으로 보고 있다. 구약의 규례에는 유월절 하루를 지키고 이어서 무교절을 칠 일 지키는 것으로, 유월절과 무교절 모두 팔 일 동안 지키도록 하였는데, 예수님 당시에는 유월절이 무교절에 포함되어 유월절을 무교절의 첫날이라 불렀고 유월절을 포함해서 전체 7일 동안 무교절을 지켰다.

기독교의 주일(主日)과
유대교의 안식일과의 차이는 무엇일까?

오늘날의 기독교인들은 일요일이 곧 주일(主日)이라는 개념을 자연스럽게 가지고 있다. 그러나 앞에서도 언급하였듯이 초대교회 당시 로마제국 내에서는 아직 요일을 사용하지 않고 있었다. 만약 당시에 요일을 사용했더라면 1세기 내에 기록되었던 신약의 성경들 내용 중에 요일이 등장하였을 것이다. 특히 누가복음과 사도행전을 기록한 섬세한 성격의 누가라면 당연히 요일별로 사건을 기록하였을 것이다.

이렇게 초대교회 교인들에게는 요일개념이 존재하지 않았기 때문에 일요일과 주일을 같은 개념으로 인식할 수 없었다. 다만 그들은 예수님께서 부활하신 날, 곧 안식일 다음 날에 예수 그리스도의 부활을 기념하여 정기적으로 모여 예배를 드렸다. 이날을 유대교 안식일과 구분하기 위하여 주님께서 부활하신 날이라는 뜻으로 '주의 날', 곧 '주일(主日)'이라고 불렀다.

성경에는 유일하게 요한계시록 1장 10절에 "주의 날에 내가 성령에 감동하여(On the Lord's Day, I was in the Spirit)"라고 기록되어 있다. 그리고 1세기의 바르나바스는 '제8일을 주의 날'이라 하였고, 2세기 유스티누스는 '주일의 첫날인 일요일'이라고 정의함으로써 초대교회 교인들은 안식일 다음날을 '主의 날', 즉 '주일(主日, the Lord's day)'이라고 부르게 되었다.

하나님께서 천지를 창조하신 후 칠 일째 되는 날에 쉬신 것에서 시작한 유대인의 안식일개념으로 볼 때, 안식일 다음 날에 부활하신 예수 그리스도의 부활사건은 제8일(the eighth day), 즉 일주일의 첫 번째 날(the first day of the week)에 해당한다.

이러한 일주일의 첫째 날 개념은 사도행전 20장 7절에 "그 주간의 첫날에(On the first day of week) 우리가 떡을 떼려 하여 모였더니"라는 기록과 고린도전서 16장 2절의 "매주 첫날에(On the first day of week) 너희 각 사람이 수입에 따라 모아 두어서 내가 갈 때에 연보를 하지 않게 하라"에도 언급되어 있다.

구약의 안식일은 하나님께서 태초에 천지를 창조하시고 이레 되는 날에 안식하신 안식개념에서 출발하는 반면에, 신약의 주일(主日)은 예수 그리스도께서 안식 후 다음 날, 즉 주일(The Lord's Day)에 부활하심으로 태초의 창조개념이 예수 그리스도의 부활을 통한 새로운 창조의 시작이 되었다는 점에서 안식일과 크게 구별된다. 요약하면 유대교의 안식일은 안식개념이지만 기독교의 주일은 새 창조개념으로 확연히 구분된다. 유대인들은 창조에 따른 안식개념의 안식일 전통을 오늘날까지 그대로 고수하고 있기 때문에 여전히 토요일에 안식일을 지키고 있다.

그러나 기독교는 예수님께서 일주일의 제8일, 즉 일주일의 첫째 날에 부활하심을 기념하는 새 창조개념을 지키고 있으므로, 주일(主日)인 일요일을 바르게 이해하기 위해서는 엿새 동안 일하고 나서 칠일 째 되는 날에 쉰다는 안식의 개념보다는 예수 그리스도의 부활 승리를 기념하고 축하하는 축제의 날로서, 그리고 일주일을 시작하는 새로운 창조의 시발점으로 인식하여야 한다.

따라서 예수 그리스도를 믿는 성도는 주일에 예배드리는 것이 기본적인 임무이지 율법적이고 형식화된 행위가 아니라는 점을 확실하게 인식해야 한다. 다시 말해서 주일은 율법적인 준수가 아니라 부활의 기쁨을 경험한 성도들이 당연히 기쁨과 감사함으로 예배하는 날이라는 점을 인식해야 한다.

> **추수감사절과 맥추감사절은 전통적인 교회력이 아니다.**

기독교 교회력은 예수님의 생애와 직접 관련이 있다. 즉, 교회력은 예수님의 탄생, 공생애, 고난, 죽음, 부활, 승천, 재림으로 이어지는 구속 사건과 직접적으로 연관된 날을 기념한다. 그렇기 때문에 영국의 청교도들이 미국 신대륙에 도착한 다음 해에 첫 추수감사예배를 드리면서부터 시작된 추수감사절은 전통적인 기독교 교회력이 될 수가 없다. 예수님의 생애와 직접적인 연관이 없기 때문이다. 하지만 그 이후 미국의 선교사들이 전 세계에 복음을 전파하면서 추수감사절도 함께 전하였기 때문에, 지금은 세계 기독교교회가 추수감사절을 공식적인 기독교 교회력으로 인정하고 있다. 그럼에도 불구하고 추수감사절이 예수님의 생애와 직접적으로 관련된 전통적인 교회력은 아니라는 사실은 인지하고 있어야 한다.

문제는 맥추감사절이다. 맥추절(칠칠절/초실절)은 한 해의 첫 열매의 수확을 감사드리는 유대인들의 명절이다. 유대인들은 겨울비 내리는 11월경에 파종하여 5, 6월에 추수한다. 이 점을 고려하여 한국의 개신교회 대부분이 7월 초에 맥추감사절을 지키고 있다.

하나님께서는 이스라엘 백성에게 유월절(무교절), 칠칠절, 초막절(수장절) 3대 절기를 지키도록 명령하셨다.

> "너는 매년 세 번 내게 절기를 지킬지니라 너는 무교병의 절기를 지키라 내가 네게 명령한 대로 아빕월의 정한 때에 이레 동안 무교병을 먹을지니 이는 그 달에 네가 애굽에서 나왔음이라 빈 손으로 내 앞에 나오지 말지니라 맥추절을 지키라 이는 네가 수고하여 밭에 뿌린 것의 첫 열매를 거둠이니라 수장절을 지키라 이는 네가 수고하여 이룬 것을 연말에 밭에서부터 거두어 저장함이니라"(출 23:14-16).

하나님께서 명령하신 맥추절(초실절)을 한국교회가 지키겠다면 유월절과 초막절도 같이 지켜야 하는데, 유대 3대 절기 중 유독 맥추의 초실절인 칠칠절만을 맥추감사절이라는 이름으로 지킨다는 것은 성경적으로, 신학적으로 모순이다.

구약에서 맥추의 초실절인 칠칠절은 신약에서는 오순절로 부른다. 칠칠절을 헬라어로 표현하면서 서수개념의 오십 번째 날이라는 뜻의 펜타코스트(Pentecost)라는 용어를 사용했고, 이를 한글성경에서 오순절로 번역하였다. 그래서 오순절이라는 말은 구약에는 나오지 않지만, 구약의 칠칠절과 같은 뜻이다.

그런데 유대교의 어린양 피의 개념이 아닌, 예수 그리스도의 보혈에 의한 구원의 감격을 기념하는 부활절 후 50일째 되는 날인 성령강림절을 기독교에서는 기념하고 있으므로, 맥추절을 지킨다는 것은 오순절인 성령강림절을 중복해서 지키는 셈이 된다는 점에서 신학적인 타당성을 찾기가 어렵다. 그리고 추수감사절을 지키는데 굳이 유대의 농업과 관계된 명절을 중복하여 지키는 것도 이치에 맞지 않다.

어떤 신학자는 한국교회의 맥추감사절은 비록 이름이 구약의 맥추절에서 인용한 것이기는 하지만, 그것은 한글성경에서 '밀의 초실절'을 '맥추의 초실절'로 잘못 번역하였기 때문이고,[27] 그래서 한국교회의 맥추감사절은 구약의 맥추절에서 기인한 것이 아니라 실제로는 한국의 농경문화와 연관되어 있다고 말한다. 한국에서는 보리 추수를 주로 6월 중순이나 말경에 하기 때문에 보리 추수를 끝낸 후인 7월 첫 주일을 하나님께 수확의 감사를 드리는 맥추절로 지키게 된 것이 한국교회의 맥추사절의 유래라고 주장한다.

그런데 전적으로 동의하기 어려운 것이, 농사가 보리농사만 있는 것도 아니고 쌀농사, 밭농사도 있는데 굳이 보리농사에만 감사해서 맥추감사절을 지킨다는 논리는 선뜻 수긍하기 어렵다. 오히려 맥추감사절을 합리화시키기 위해서 거꾸로 보리농사를 끌어다 쓴 것 같은 느낌이 든다. 우리나라 환경에서는 농사에만 감사할 것이 아니라, 어업에도 감사할 거리가 많다. 핵심은 한국의 농사시기와 맞추어 교회의 절기를 만든다는 자체가 전통적인 기독교 교회력의 신학과 배치된다는 것이다. 교회력은 예수 그리스도가 중심에 계셔야 한다. 즉, 교회력은 예수님의 탄생, 공생애, 고난, 죽음, 부활, 승천, 재림으로 이어지는 구속 사건과 직접적으로 연관된다.

그런 관점에서 구약의 유대교의 명절인 칠칠절(맥추의 초실절)을 기독교교회에서 지킨다는 것은 부활절 대신 유월절을 기념하겠다는 것이나 다름없다. 이제는 예수 그리스도께서 오심으로 구약의 율법은 완성이 되었다. 더이상 유대의 3대 절기인 유월절, 칠칠절, 초막절을 기독교교회에서 지킬 필요가 없다.

사실 정확하게 말하면, 한국교회의 맥추감사절은 신학적인 이유에서 출발했다기보다는 맥추라는 이름만을 구약에서 인용했을 뿐이지, 실제로는 한국교회의 재정적인 필요에 의해서 정해진

절기라는 사실을 부인할 수 없을 것이다. 실제로 당시 한국사회는 일제강점기를 지나면서 미처 준비할 겨를도 없이 광복을 맞이하였고, 어수선한 국내외 상황과 더불어 6·25 민족전쟁까지 겹쳐 세계 최빈국이 되었다. 이러다보니 교회 역시 재정적으로 열악한 상태에 있었다. 이런 상황 속에서 추수감사절뿐만 아니라 맥추감사절 헌금은 교회재정에 많은 보탬이 되었던 것이 사실이다.

하지만 지금은 농촌을 제외하고는 주요 수입원이 농사가 아니라 대부분 월 혹은 주 단위의 수입으로 살아가는 사회가 되었고, 감사헌금과 특별히 십일조 헌금을 통해 한국교회의 재정 상태는 옛날에 비해 월등하게 나아졌기에 추수감사절 이외에 별도의 감사절을 지킬 필요가 없을 것 같다.

결론적으로 맥추감사절이 어떤 이유에서부터 시작되었건, 한국교회가 전통적인 교회력들은 잘 지키지 않으면서 유독 맥추감사절을 교회력의 한 기념일로 준수하는 관습은 재고할 여지가 있다고 생각한다. 무엇보다 하나님 나라와 주님의 교회를 위한 일이라면 비록 맥추감사절이 없어진다고 할지라도 어떤 경로를 통해서도 재정을 채워주실 것이라는 믿음이 중요할 것이다.

'사순절'은 '사순절기'로
표현해야 한다.

기독교 교회력에는 일일개념의 교회력과 기간개념의 교회력이 있다. 일일개념의 교회력에는 하루를 의미하는 '절'을 붙여서 성탄절, 부활절, 성령강림절로 부른다. 하루를 기념하는 국경일인 삼일절, 광복절 등과 마찬가지라고 할 수 있다. 그래서 기간개념의 교회력에 하루를 의미하는 '절'이라는 어미를 붙이는 것은 잘못이다.

기독교교회는 오순절에 성령님께서 강림하신 사건을 성령강림절(주일)로 지키고 있다(행 2:1-4). 앞에서도 언급하였듯이 유월절 후 일곱 주간이 지난날에 지키던 유대력의 칠칠절인데, 사도행전을 기록한 누가는 이를 서수로 계산하여 오십 일째라는 뜻의 펜타코스트(Pentecost)를 사용하였고, 한글성경은 이를 오순절로 번역하였다.

그런데 오순절이라는 명칭에서 힌트를 얻었는지, 한국교회는 예수님의 고난을 기억하고 기념하는 절기를 사순절이라고 부르고 있다. 참회의 수요일(재의 수요일)부터 부활절 전야까지 지키는 고난의 절기 40일은 기간개념의 교회력이다. 기독교교회에서는 이 기간을 렌트(Lent)라고 부른다. Spring(봄), Summer(여름)라는 말 자체에 기간개념이 포함되어 있는 것처럼, 렌트(Lent)에도 40일 동안이라는 기간개념이 포함되어 있다. 그런데 기간개념의 Lent를 한국어로 옮기는 과정에서 '사순절'이라는 일일개념의 용어로 잘못 번역하였다. 오순절이 오십 일째 되는 날이듯이, 사순절도 사십 일째 되는 날, 하루이기 때문에 예수님의 고난을

40일 동안 기념하는 Lent를 사순절로 부르는 것은 잘못이다.

그렇다면 어떻게 부르는 것이 좋을까? 기간을 나타내는 어미로 '기간', '시기', '절기', '계절' 등이 있다. 하지만 '시기'는 이미 카톨릭교회에서 사순시기, 대림시기 등으로 사용하고 있기 때문에 '절기'를 사용해서 사순절기로 부르는 것이 좋을 것 같다. 실제로 우리나라 말에 기간을 나타내는 '동절기', '하절기' 등의 용어가 존재하고 있다. 결론적으로 '사순절'이라고 부를 수 있는 교회력은 없다.

'사순절'과 마찬가지로 잘못 부르고 있는 교회력이 또 하나 있다. 그것은 바로 아기 예수님의 탄생과 다시 오실 재림 예수님을 기다리는 교회력인 대림절(대강절, Advent)이다. 대림절(Advnet)도 Lent(사순절기)와 마찬가지로 성탄절 전 4주 동안 지키는 기간개념의 교회력이다. 그런데 한국교회에서는 하루를 의미하는 어미 '절'을 붙여서 '대강절' 혹은 '대림절'이라고 부르고 있다. 이 또한 '대강절기' 혹은 '대림절기' 등으로 불러야 한다.

부활절 날짜는 왜 매년 달라질까?

교회력은 크게 성탄절과 부활절을 축으로 다른 교회력들이 결정된다. 성탄절은 매년 12월 25일로 고정되어 있기 때문에 성탄절과 관련된 교회력 날짜를 정하는 데는 아무 문제가 없다. 그러나 부활절은 매년 그 날짜가 바뀌기 때문에 부활절 날짜부터 먼저 알아야만 다른 교회력을 정할 수가 있다.

공관복음서에 따르면, 예수님께서 제자들과 유월절 만찬을 하신 목요일 다음 날, 즉 금요일에 십자가에서 죽으셨고, 사흘만인 안식일 다음 날 새벽에 부활하셨는데, 기독교는 그날을 부활절로 지켰다. 즉, 유월절이 시작하는 그 주간의 주일이 부활주일이기 때문에 기독교의 부활절은 유대교의 유월절과 직접적인 연관이 있다.

그렇다면 유대교의 유월절은 어떻게 정해지는가? 하나님께서 이스라엘 백성에게 출애굽을 기념하여 유월절을 지키도록 명령하셨다.

> "여호와께서 애굽 땅에서 모세와 아론에게 일러 말씀하시되 이 달을 너희에게 달의 시작 곧 해의 첫 달이 되게 하고"(출 12:1-2).
> "첫째 달 열나흘날 저녁은 여호와의 유월절이요"(레 23:5).

출애굽기 12장에 이스라엘이 출애굽한 달을 해의 첫 달로 지정하셨고, 레위기 23장에는 그 달 14일 저녁부터 유월절을 지키도록 명령하셨다.

　　　예수는 테너일까, 베이스일까

그렇다면 이 첫째 달이 언제인가? 모세오경을 기록할 당시에는 첫째 달을 아빕월로 불렀는데, 바벨론 포로기 이후에 기록한 에스더서에서는 니산월로 부른다. 오늘날 유대인들도 첫째 달을 니산월이라고 부르고 있다.

> "아빕월을 지켜 네 하나님 여호와께 유월절을 행하라 이는 아빕월에 네 하나님 여호와께서 밤에 너를 애굽에서 인도하여 내셨음이라"(신 16:1).
> "아하수에로 왕 제십이년 첫째 달 곧 니산월에 무리가 하만 앞에서 날과 달에 대하여 부르 곧 제비를 뽑아 열두째 달 곧 아달월을 얻은지라"(에 3:7).

그렇다면 니산월 14일이 유월절이 되는데, 한 해의 시작인 니산월 1일은 언제일까? 니산월은 태양력으로 3월 중순부터 4월 중순까지인데, 이 기간에는 반드시 춘분(3월 21일경)이 들어 있다. 정확한 역사적 근거는 알 수 없지만, 지금도 이란에서는 해의 첫날을 춘분부터 시작하고 있다. 유대사회에서도 춘분을 한 해의 시작이 되는 날로 보았다. 그래서 춘분 후 첫 번째 만월, 곧 음력 보름이 되는 날을 유월절로 지정하였다. 유대력으로 유월절은 첫째 달 열네 번째 되는 날 저녁부터 다음 날 저녁까지이기 때문에, 춘분 후 열다섯째 되는 날인 보름을 유월절로 지정한 것은 "첫째 달 열나흗날 저녁은 여호와의 유월절"이라는 하나님의 명령과 일치한다고 볼 수 있다.

초기 기독교는 유대 전통을 대부분 그대로 따랐기 때문에 기독교의 유월절이라고 할 수 있는 부활절의 날짜도 유대교의 유월절 날짜 방법을 따랐다. 그래서 부활절 날짜를 알기 위해서는 춘분 날짜를 반드시 알아야 한다. 그런데 24절기 중의 하나인 춘분도 매년 3월 21일에만 떨어지는 것은 아니다.[28]

달력을 보고 일단 춘분 날짜를 찾으면 춘분 후 첫 번째 음력 보름(만월)이 유월절이 되고, 유월절 다음의 첫 번째 주일이 기독교의 부활절이 된다. 그런데 유월절은 음력 보름이 되는 날이면 어떤 요일이든지 상관없지만, 기독교의 부활절은 반드시 일요일이 되어야 한다. 왜냐하면 예수님께서 안식일 다음 날, 곧 일요일(주일)에 부활하셨기 때문이다.

초대교회는 예수님께서 부활하신 날을 '주의 날(Lord's Day)', 곧 주일(主日)이라고 불렀다.[29] 그날을 기념하여 매주일 예배를 드렸는데, 그것이 기독교의 주일예배의 시작이 되었다. 주일예배는 예수 그리스도의 부활을 기억하고 기념하는 예배이기 때문에 비록 예수 그리스도의 고난을 기억하고 동참하는 사순절기라고 할지라도 매 주일은 사순절기에 포함시키지 않는 것도 그런 이유에서다.

종합하면, 이런 조건을 중심으로 니케아 종교회의(325년)에서 부활절 날짜를 정하는 방식을 결정하였다. 기독교의 부활절은 유대교의 유월절 방식에 따라 24절기 중의 하나인 춘분(3월 21일

예수는 테너일까, 베이스일까

경) 다음의 첫 번째 만월(滿月, 보름)이 지난 첫 번째 일요일을 부활절로 지키도록 하였다. 만약 만월이 일요일인 경우에는 유월절과 중복되는 것을 방지하기 위해 그 다음 일요일을 부활절로 지키도록 결정하였다. 이렇게 하면 부활절은 빠르면 3월 23일, 늦어도 4월 27일에는 떨어지게 된다.

부활절 날짜가 정해지면, 부활절 40일 전인 참회의 수요일(Ash Wednesday)부터 사순절기가 시작되고, 부활절 50일 후에는 성령강림절로 지키게 된다.

> ## 하나님은
> ## 경우에 맞는 색깔을 좋아하신다.

하나님의 말씀을 귀로 듣고 깨달아 행동으로 실천하듯이, 교회의 색깔과 십자가와 같은 교회의 상징을 눈으로 보는 것을 통하여서도 하나님의 뜻을 깨닫고 실천에 옮겨야 함을 하나님께서 말씀하신다.

"이스라엘 자손에게 명령하여 대대로 그들의 옷단 귀에 술을 만들고 청색 끈을 그 귀의 술에 더하라 이 술은 너희가 보고 여호와의 모든 계명을 기억하여 준행하고 너희를 방종하게 하는 자신의 마음과 눈의 욕심을 따라 음행하지 않게 하기 위함이라 그리하여 너희가 내 모든 계명을 기억하고 행하면 너희의 하나님 앞에 거룩하리라"(민 15:38-40).

하나님께서는 직접 색을 지정하여 말씀하시기도 한다. 출애굽기의 말씀을 살펴보자.

"너는 성막을 만들되 가늘게 꼰 베 실과 청색 자색 홍색 실로 그룹을 정교하게 수놓은 열 폭의 휘장을 만들지니"(출 26:1).

그래서 예수 그리스도의 생애를 기억하고 기념하는 교회력을 지킬 때 절기에 맞는 색깔을 사용하는 것도 하나님의 성품에 맞는 일이라고 생각한다.

교회는 12세기 전까지는 주로 흰색을 사용하였다. 교황 인노센트(Innocent) 3세(1198-1216) 때 교회에서 사용하는 색깔을 정하고 그 의미를 부여하였다. 흰색은 축제(Feasts), 빨간색은 순교(martyrs), 검은색은 고난, 초록색은 희망을 의미하였다. 그러다가 1570년 교황 피우스(Pius) 5세 때 교회력의 공식적인 색깔이 정해졌다.

보라색(Violet, 청색으로 대치 가능)은 참회(사순절기)와 준비(대림절기), 흰색은 축제(성탄절, 부활절), 빨간색은 성령(성령강림절)과 보혈

(종려주일, 성목요일, 성금요일), 검은색은 죽음(성금요일, 성토요일)의 의미를 부여하였다.

그 외 보통절기에는 희망을 상징하는 초록색을 사용한다.

성탄절, 부활절에 적합한 교회의 노래가 있다.

국경일인 삼일절에 "기미년 삼월 일일 정오~ 터지자 밀물 같은 대한 독립만세"를 부르고, 광복절에는 "흙 다시 만져보자 바닷물도 춤을 춘다"라는 노래를 부른다. 그리고 생일이나 결혼식, 졸업식, 기념이 되는 각종 행사와 집회에서 그 모임의 특성에 맞는 노래를 부른다.

그런데 생일을 축하하면서 "왜 태어났니?"라고 노래한다든지, 결혼식에서 "빛나는 졸업장을 타신 언니께"라고 부른다든지, 졸업식에서 "며칠 후 며칠 후 요단강 건너가 만나리"를 불렀다가는 그 모임의 의미가 퇴색될 뿐더러 모임 자체를 망쳐버리게 될 것이다.

마찬가지로 교회에서도 교회의 특정한 기념일에 따라 교회력에 맞는 찬양을 하여야 한다. 교회에서도 아기 예수님의 탄생을 기다리며 축하하는 성탄절기임에도 십자가 보혈을 찬양한다든지, 예수님의 부활을 기념하는 부활절기에 아기 예수님의 탄생을 노래한다든지, 예수님의 고난을 기념하는 사순절기 동안에 예수님 부활의 승리를 노래하는 것은 교회력 분위기에 맞지 않다. 물론 예수님의 탄생과 부활을 비롯해서 예수님의 모든 사건은 2천 년 전에 완성되었다. 그래서 개인적으로는 언제 어디서든 어떤 찬양이든 불러도 상관없다. 하지만 교회의 예배와 공식행사와 모임에는 절기에 맞는 찬양을 불러야 한다.

교회력에 따른 찬양을 해야 하는 이유는 교회력의 중심에 계시는 예수 그리스도의 탄생과 생애, 고난, 부활의 의미를 더욱 깊이 깨달을 수 있게 해 줄 뿐만 아니라, 더불어 우리의 교회생활을 통하여 항상 긴장감을 가지고 한층 더 풍성하고 윤택한 예배를 드릴 수 있도록 인도하는 지침이 되기 때문이다.

> 교회력은 아기 예수님의 오심을
> 기다리는 대림절기부터 시작한다.

기독교 교회력은 아기 예수님의 탄생과 다시 오실 재림 예수님을 기다리는 대림절기로부터 시작한다. 대림절기는 성탄절 4주 전 주일부터 성탄절 이브까지 지킨다. 12월 25일 성탄절이 월, 화, 수요일에 떨어지면 대림절기는 12월 첫째 주일부터 시작하지만, 성탄절이 목요일 이후에 떨어지면 대림절기는 11월 마지막 주

예수는 테너일까, 베이스일까

일부터 시작한다.

일부 중세교회에서는 581년부터 성자 마틴(St. Martin, d.397)의 축일인 11월 11일부터 성탄절까지를 대림절기로 지켰다고 하는데, 동방정교회에서는 지금도 이를 대림절기로 지키고 있다. 오늘날 기독교교회가 지키고 있는 대림절기는 600년경, 교황 그레고리우스 1세(590-604)가 성탄절 4주 전 주일부터 성탄절 이브까지 대림절기로 지킬 것을 선포함으로써 시작되었다. 동방정교회를 제외한 거의 모든 기독교교회에서 이 대림절기를 지키고 있다.

대림절기 중의 매주일 교회력의 이름은 '대림절기 첫 번째 일요일(First Sunday of Advent)', '두 번째 일요일(Second Sunday of Advent)', '세 번째 일요일(Third Sunday of Advent)', '네 번째 일요일(Fourth Sunday of Advent)'로 부른다. 대림절기는 12월 24일 크리스마스 이브(Christmas Eve)까지 4주간 이어진다. 대림절기의 색깔은 참회와 기다림을 상징하는 보라색이다. 또한 짙은 보라에서 연한 보라색으로 표현하면서 아기 예수님의 탄생이 가까이 왔음을 시각적으로 알게 한다.

아기 예수님의 실제 탄생일은 언제일까?

앞에서도 이야기하였듯이 아기 예수님의 출생년도는 서기 1년이 아니라 기원전 4-6년일 가능성이 높다. 적어도 서기 1년은 아니다. 예수님의 출생년도는 그렇다 치더라도 출생일에 대해서는 여러 가지 설들이 있어 왔다. 성탄절이 12월 25일로 정해진 것은 게르만족과 켈트족의 동지축제의 영향을 받은 것으로 주장하는 학자들이 있다.

하지만 기독교에서는 구세주 예수님의 탄생일을 굳이 이방 축제일과 연관시키는 주장을 받아들여서는 안 된다. 왜냐하면 기독교 내에서도 12월 25일이 예수님의 탄생일에 가깝다는 나름대로의 의견이 있기 때문이다.

사실 태어나는 아기의 출생기록을 교회에 등록하기 시작한 것은 중세교회부터였기 때문에 중세교회 이전에 태어난 아기들은 출생일을 거의 알 수 없다. 아무리 세계적인 위인이나 역사적인 인물이라고 할지라도 태어날 때부터 그가 위인이 될 것이라는 사실을 몰랐기 때문에 그 어떤 위인도 출생일을 남겨놓지 않았다. 그래서 인류 최고의 위인이자 인류의 구세주로 오신 예수님의 생일도 기록으로 남겨놓지 않아서 그 정확한 탄생일을 알 길이 없다. 다만 여러 가지 추측은 가능하다.

유대 역사학자 요세푸스에 따르면, 세례 요한의 아버지 제사장 사가랴가 성막에서 천사 가브리엘을 만나 세례 요한의 잉태를 지시받은 시기가 초막절(수장절) 기간이었음을 기록하고 있다. 사가랴는 초막절 규례를 지키기 위해서 제사장으로 성막의 일을 하기 위해 성전에 나왔다가 천사를 만났다. 초막절은 유대달력으로 7월 15일부터 21일까지 일주일 동안 지키는데, 지금의 달력으로는 9월 30일부터 10월 6일까지에 해당된다. 사가랴가 초막절 규례를 모두 마친 뒤에 집으로 돌아갔으니까[30], 10월 6일 이후에 사가랴의 아내 엘리사벳이 임신한 것으로 추정이 가능하다. 그런데 마리아의 수태고지가 그로부터 6개월 후에 이루어졌기 때문에[31], 마리아의 성령 잉태는 4월 6일 이후로 추정할 수 있고, 임신기간을 만 9개월로 가정한다면, 1월 6일 이후에 탄생하신 것으로 볼 수 있다. 이렇게 본다면 12월 25일에 기념하는 성탄절은 예수님의 실제 탄생일과 크게 차이가 나지 않는다.

참고로, 12월 25일을 기독교의 공식적인 성탄절로 지키기 시작한 것은 336-354년 사이인 것으로 알려지고 있다.

**예수님은
X(엑스)맨이 아니다.**

크리스마스는 예수님께서 탄생하신 날을 기념하는 교회력이다. 그런데 크리스마스 원어의 뜻은 '그리스도를 위한 예배'이다. 크리스마스의 영어, Christ+mas는 그리스도를 뜻하는 'Christ'와 예배를 뜻하는 'Mass'의 합성어이다. Mass는 카톨릭 미사

(Missa, 예배)의 영어식 표기이다.

미사는 5세기경부터 정착된 카톨릭 미사의 마지막 순서인 "Ite, missa est(이떼 미사 에스트)"에서 파생하였다. '이떼 미사 에스트'는 영어로 "Now, dismissed"이다. 즉, "(예배가 끝났으니) 이제 해산하십시오"라는 뜻이다. 그러니까 카톨릭교회의 예배, Missa(미사)에는 해산(Dismiss)이라는 뜻이 내포되어 있다는 사실이 재미있다. 어쨌든, 크리스마스(Christ+mas)의 뜻이 '그리스도를 위한 예배'라는 사실을 인지한다면 성탄절을 더욱 더 거룩하게 보내야 할 것이다.

참고로, 크리스마스를 표기할 때, 간혹 X-Mas라고 표기하고 '엑스마스'라고 읽는데, 이는 잘못된 발음이다. 여기서 'X'는 그리스도를 뜻하는 헬라어 크리스토스(Χριστός)의 첫 음절, '키'이지 영어 '엑스'가 아니다. 그러므로 'X-Mas'로 표기하더라도 '엑스마스'가 아니라, '크리스마스'라고 읽어야 한다. 예수님은 그리스도이시지 '엑스맨'이 아니기 때문이다.

크리스마스트리와 산타클로스의 유래를 알고 있는가?

성탄절이 되면 항상 등장하는 몇 가지 풍습이 있다. 크리스마스트리와 산타클로스 할아버지와 크리스마스 선물이다. 크리스마스가 가까워오면 자연스럽게 등장하고 기대하는 풍습이지만, 언제 어떤 이유로 시작되었는지에 대해서 아는 사람은 그리 많지 않다.

먼저, 17세기경부터 사용하기 시작한 크리스마스트리는 독일의 전통 연극에 등장하는 에덴을 상징하는 일명 '천국나무'로부터 유래되었다. 이것이 북부 유럽과 영국을 거쳐 미국으로 건너왔으며, 결국에는 전 세계적인 크리스마스 풍습으로 자리잡게 되었다.

산타클로스(Santa Claus)에 대한 유래 또한 이와 유사하다. 원래 네덜란드에서는 12월 6일을 성 니콜라스(St. Nicholas) 축일로 지켰는데, 그 전날인 성 니콜라스 이브(Eve)에 어린이들에게 선물을 주는 풍습이 있었다. 신대륙 미국으로 건너온 네덜란드 사람들이 그들의 전통 기념일인 성 니콜라스의 날을 계속 지키게 되면서 어린이에게 선물을 주는 풍습 또한 영국인 이민자들과 미국 본토인에게 전해졌다. 그러니까 산타클로스(Santa Claus)라는 이름은 네덜란드의 Sint Nikolas(쌍트 니콜라스, St. Nicholas)로부터 유래하였음을 알 수 있다.

그러나 산타클로스 할아버지가 입은 붉은 색 복장, 그리고 마차와 마차를 끄는 루돌프 사슴 등은 미국의 상업주의가 만든 결과물이다. 산타클로스의 선물 보따리를 통해 아이들에게 전달되는 상품의 경제적 가치는 그야말로 가히 천문학적인 숫자이다. 이때야말로 기업과 가게들은 일 년 중 가장 큰 수입을 올릴 수 있는 기회이다.

그래서 산타클로스 할아버지의 옷 색깔과 보따리 색깔을 눈에 잘 띄는 빨간색으로 정했고, 할아버지 혼자서 선물 보따리를 전달하는 것이 힘에 부치기도 하고, 보다 아름다운 이야기를 각색하는 것이 어린이들에게 꿈을 전달해 주는 것이기도 해서 산타클로스가 타고 다닐 수 있는 마차를 고안해 내었다. 마차를 끄는 동물을 선정하는 것까지도 많은 고심이 있었던 것 같다.

원래 추운 지방에서는 전통적인 썰매 개들, 예를 들면 시베리안 허스키, 알래스칸 말라뮤트 등이 썰매를 끈다. 하지만 이런 썰매 개들에게 산타클로스 할아버지의 썰매를 맡기는 것은 정서적으로 볼 때 아름다운 모습이 아닌 것으로 생각했던 것 같다. 그래서 개보다는 서정적인 모습의 사슴을 선택했고, 사슴도 연민의 정을 가질 수 있도록 사슴 사이에서 반짝이는 코 때문에 왕따 취급을 받는 루돌프 사슴을 선택했다.

이 모든 것이 미국의 상업주의와 관련된 결과물이다. 성경과 신학과는 아무 상관이 없다. 그렇다고 성경과 신학과도 상관없고 기독교교회의 전통이 아니라고 해서 지금 와서 크리스마스트리와 산타클로스 할아버지가 주는 선물을 물리치기에는 교회학교 아이들의 상실감이 너무 클 뿐만 아니라 아름다운 동심까지 없애버리는 것 같다. 오히려 성탄절의 의미와 가치를 더 잘 이해하고 아름다운 신앙의 유산으로 남겨질 수 있도록 노력을 해야 할 것 같다.

교회력의 시작인 대림절기 첫 번째 주일부터 성탄절까지는 대림절기 촛불을 밝히는 예식을 가진다(준비물: 보라색 초 네 개, 다른 초의 두 배 이상 크기의 하얀 초, 성탄절 리스, 분향단 크기의 상, 상을 덮는 보, 라이터).

대림절기 4주간은 아기 예수님의 탄생을 기다리는 '소망', 예수님이 주시는 '평화'와 '기쁨', 그리고 '사랑'의 의미가 담겨 있다. 대림절기의 색깔이 보라색이므로 기본적으로 양초의 색깔은 보라색이지만, 기쁨의 의미를 가진 세 번째 주에는 붉은 장밋빛 색깔의 양초를 사용한다. 그리고 성탄절에는 예수 그리스도를 상징하는 하얀 초를 밝힌다.

주일예배를 시작하기 전에 집례자는 대림절기 4주간의 의미를 설명한 뒤에 점화 교독문을 교독하고, 그 주일에 해당하는 "○○의 불을 밝혀라!"고 선포할 때 촛불을 점화한다.

〈대림 촛불 점화 교독문〉

인도자 : 만군의 주님, 오셔서 우리를 구원하소서.

회 중 : 만군의 주님, 오셔서 우리를 구원하소서.

인도자 : 자비의 얼굴을 우리에게 향하사 우리를 구원하소서.

회 중 : 만군의 주님, 오셔서 우리를 구원하소서.

인도자 : 성부, 성자, 성령 삼위일체 하나님께 영광을 돌립니다.

회 중 : 만군의 주님, 오셔서 우리를 구원하소서.

다같이 : "소망의 불을 밝혀리!"(대림절기 첫 번째 주일)

"평화의 불을 밝혀라!"(대림절기 두 번째 주일)

"기쁨의 불을 밝혀라!"(대림절기 세 번째 주일)

"사랑의 불을 밝혀라!"(대림절기 네 번째 주일)

촛불을 밝히는 동안 찬송가 105장 1절(오랫동안 기다리던)을 부른다. 촛불을 밝힐 때는 첫 번째 초부터 차례대로 점화한다. 예를 들어, 세 번째 주일에는 첫째, 둘째, 셋째 초를 차례대로 점화한다.

대림절기 후 성탄절 예배 때는 대림 촛불과 함께 그리스도의 초를 밝힌다. 성탄초는 흰색이며 그리스도의 탄생이 성취되었음을 의미한다. 집례자는 회중의 외침에 따라 하나씩 차례대로 대림 촛불을 밝힌다.

회중 : 소망의 불을 밝혀라!

회중 : 평화의 불을 밝혀라!

회중 : 기쁨의 불을 밝혀라!

회중 : 사랑의 불을 밝혀라!

예수는 테너일까, 베이스일까

〈성탄 촛불 점화 교독문〉

집례자 : 우리의 구원되신 아기 예수님께서 탄생하셨습니다.

회 중 : 할렐루야! 예수 그리스도의 불을 밝혀라!

(그리스도의 불을 밝힌 후 박수와 환호)

집례자 : 하늘에는 영광!

회 중 : 땅에는 평화!

집례자 : 흑암에 행하던 백성이 큰 빛을 보고 사망의 그늘진
땅에 거주하던 자에게 빛이 비치도다.

**다같이 : 이 땅의 어두움을 걷어내시고 말씀의 빛으로 인도하시기
위해 육신을 입으신 사랑의 주님, 우리도 주님을 닮아 빛
의 사람이 되게 하여 주옵소서. 아멘!**

집례자 : 이제 빛으로 오신 주님의 은혜를 기대하는 마음으로
자리에서 일어나셔서 입례찬송 '○○○○' 찬양을 부
르심으로 성탄절 예배를 하나님께 올려드리겠습니다.

크리스마스트리 점등은
언제 하는 것이 좋을까?

성탄절이 가까워오면 백화점 등 빌딩을 비롯해서 가정에서도
크리스마스트리를 점등하기 시작한다. 그런데 일정하게 정해진

시기가 없이 아무 때나 트리를 점등하고 있다. 크리스마스는 아기 예수님의 탄생과 다시 오실 재림 예수님을 기다리는 기독교의 절기라는 점을 기억하며 점등시기를 생각해야 한다. 교회력이 아직 끝나지도 않았고, 새로운 교회력이 시작되기도 전에 점등하는 것은 교회력의 의미와 맞지 않는다. 그러기에 크리스마스트리 점등시기를 지역 사회에 알려주는 것은 교회의 책임이라고 생각한다. 문제는 크리스마스트리 점등시기에 대한 정해진 기준이 없이 교회마다 제각각으로 점등한다는 점이다.

가장 적절한 점등시기는 대림절기 촛불 점화와 동시에 하는 것이다. 그리고 크리스마스트리를 게시하는 기간은 주현절 전까지이다. 그 이유는 빛으로 오신 예수님을 기념하는 주현절이 밝았기 때문이다.

그래서 교회에서는 교인들을 통해 적절한 크리스마스트리 점등시기를 지역에 홍보하는 것이 좋은 방법이다. 그렇게 함으로써 성탄절의 바른 의미가 전달될 수 있다.

대림절기에는 어떤 찬송을 부르는 것이 좋을까?

대림절기는 교회력의 시작일 뿐만 아니라, 아기 예수님과 재림

예수는 테너일까, 베이스일까

예수님의 오심을 준비하는 귀한 의미를 지니고 있다. 그러므로 대림절기 동안에는 아기 예수님의 탄생을 노래하는 누가복음 1장과 2장에 기록된 4개의 성탄절 송가(칸티클, Canticle) 중에서 특히 "마리아의 노래"(Magnificat, 마뉘피카트, 눅 1:46-55)와 "사가랴의 노래"(Benedictus, 베네딕투스, 눅 1:67-79)를 부르도록 한다.

대림절기 동안에 성가대에 의해 많이 불리는 찬양가사로는 시편 24편 7-10절에 기록된 "문들아 너희 머리를 들지어다 영원한 문들아 들릴지어다 영광의 왕이 들어가시리로다"(찬송가 102장)가 있다. "곧 오소서 임마누엘"(Veni Immanuel, 찬송가 104장)도 전통적인 대림절기 찬송이다. 현재 사용하는 찬송가에는 97장부터 105장까지 모두 아홉 곡이 아기 예수님의 강림을 노래하는 찬송으로 수록되어 있다.

통일찬송가에 네 곡의 강림찬송만 수록된 것에 비하면 두 배 가까이 늘어나기는 하였지만, 찬송 645장 중에서 교회력의 시작이 되는 대림절기의 찬송이 아홉 곡밖에 없다는 것은 여전히 교회력과 예배음악을 중요하게 여기지 않고 있는 한국교회의 현주소를 보여주고 있다.

성탄절과 성탄절기에는 어떤 찬송을 불러야 할까?

아기 예수님의 탄생을 기념하는 날인 성탄절부터 시작하여 주현절까지의 기간(12월 25일-1월 6일)을 성탄절기(Christmas Season)라 한다. 성탄절(Christmas, cristes-mess, 'Mass or Festival of Christ') 하루만 예수님의 탄생을 축하하는 것이 아니라 주현절까지 축제가 이어져야 한다는 측면에서 이 기간을 성탄절기라 부른다.

참고로 12월 25일 성탄절이 월, 화요일에 떨어지면 주현절까지 주일은 한 번만 오고, 성탄절이 수요일 이후에 떨어지면 두 번의 주일이 포함된다. 성탄절기 중의 매주일 교회력의 이름은 '성탄절 후 첫 번째 일요일(First Sunday after Christmas)', '두 번째 일요일' 등으로 부른다. 12월 25일 성탄절이 월요일 혹은 화요일이 될 경우에는 '성탄절 후 두 번째 일요일'은 오지 않는다.

아기 예수님의 탄생을 기념하는 성탄절과 성탄절기 동안에는 천사들의 노래인 영광송(Gloria, 글로리아, 눅 2:13-14)과 아기 예수님의 정결예식 때 시므온 선지자가 부른 "시므온의 노래"(Nunc dimittis, 눙크 디미티스, 눅 2:28-32)를 부른다.

교회력으로 성탄절기는 12월 25일 성탄절부터 새해 1월 6일 주현절까지이므로 원칙적으로 성탄찬송은 주현절까지 계속 불러야 한다. 그러나 12월 25일 성탄절 예배가 끝난 직후부터는 더 이상 아기 예수님의 탄생을 축하하는 성탄찬송을 부르지 않는 경우가 많다. 특히 송구영신, 즉 연말과 새해가 다가오면 이런 분위기는 더 심해져서 성탄찬송을 거의 부르지 않는다. 하지만 이

것은 교회력에 비추어 볼 때 크게 잘못된 것이다. 한국교회의 이런 관습 때문에 공인찬송가에 수록된 성탄찬송(106장-129장) 24곡 중에서 아직 한 번도 불리지 않는 소외되고 외면받고 있는 불쌍한(?) 찬송들이 쓸쓸히 성탄절기를 지내고 있다.

필자의 의견으로는 적어도 성탄절 다음 주일까지라도 성탄찬송을 부르기를 제안한다. 만약 성탄절이 주일이라면 다음 주일이 새해 1월 1일이므로 그때는 할 수 없이 성탄절 후 수요일과 금요일 집회 때까지라도 성탄찬송을 부름으로써 아기 예수님의 탄생을 축하하는 분위기를 이어나갈 수 있기를 권한다. 그리고 새해 첫 주일은 새해를 주심을 감사하는 의미에서 '새 날' 혹은 '새 노래' 등의 창조와 새로움을 의미하는 가사의 곡을 선택하는 것이 무난하다.

주현절(현현절)은 무슨 날이며 어떤 찬송을 불러야 할까?

주현절(主顯節, Epiphany 'appearance')은 예수 그리스도께서 이 땅에 현현하심을 기념하는 교회력이다. 성탄절이 12월 25일로 고정된 것처럼, 주현절도 1월 6일에 고정되어 있다. 교회력 중에서 날짜가 고정된 교회력은 성탄절과 주현절뿐이다.

주현절은 원래 동방교회로부터 시작되었으며, 1월 6일로 정해진 이유는 이날이 동방의 동지 축제일임과 동시에 이방신의 탄생 축일이었기 때문인 것으로 알려지고 있다. 그러니까 주현절도 크리스마스와 마찬가지로 기존에 있던 이방 축제일을 기독교화시킨 교회력이라고 할 수 있다. 그 증거로 실제적으로 동방교회에서는 4세기경까지 이 날을 예수님 탄생일 및 요단강에서의 예수님 세례일로 지켜 왔다. 5세기경 이후부터 성탄절을 12월 25일에 지키기 시작하였고, 주현절은 오직 예수님의 세례를 기념하는 날로만 지키고 있다.

로마 카톨릭을 비롯한 서방교회에서는 주현절을 동방박사 세 사람이 아기 예수님을 경배하러 옴으로써 예수 그리스도께서 이방인들에게 구세주로 나타나셨음을 기념하는 날로 지킨다. 그리고 동방교회와 서방교회가 동일하게 갈릴리 혼인잔치에서의 예수님의 첫 번째 이적을 기념하는 날로 지키기도 한다.

주현절은 약 2세기 말경부터 지켜져 왔으며, 기독교의 교회력 중에서는 크리스마스보다 더 오래되었다고 볼 수 있다. 대림절기로부터 시작되는 예수 그리스도의 탄생, 현현과 관련된 축제는 성탄절을 거쳐 주현절에 와서 그 절정에 이르게 된다. 그러므로 크리스마스 축제는 적어도 주현절인 1월 6일까지 이어져야 한다는 점을 잊지 말아야 한다.

성탄절부터 주현절까지의 교회력 색깔은 빛으로 현현하신 성자 예수님을 상징하는 흰색이다.

예수는 테너일까, 베이스일까

주현절 이후
보통 절기에는 어떤 찬송을 불러야 할까?

'주현절 이후 보통 절기(the Ordinary Time after Epipahany)'는 주현절 이후부터 사순절기가 시작되는 참회의 수요일 직전 주일 인 산상변모주일까지 예수 그리스도께서 우리에게 현현하심을 기념하는 기간이다. 이 기간 동안에는 예수 그리스도의 생애와 사역에 중점을 두고 찬양하며 주로 성자 예수님의 현존에 대한 찬양을 한다. 그러므로 예수님의 이름과 예수님의 사랑을 노래 하며, 우리 삶의 인도자 되시는 '참 목자 예수', '빛 되신 주(예수)', '친구 예수' 등을 찬양한다. 시편 23편의 "주(여호와)는 나의 목자 시니" 등의 찬송을 많이 부르는 시기이다. 주현절 후 첫 번째 주 일은 주님의 수세주일이고, 마지막 주일은 산상변모주일이다.

1) 주님의 수세주일(Baptism of the Lord)

주현절 후 첫 번째 주일로서 예수님의 세례를 기념하는 날로 지 킨다. 이 날을 기점으로 예수님의 공생애가 공식적으로 시작되었 음을 의미한다. 그러므로 주현절 후 보통 절기와 마찬가지로 성 자 예수님과 그의 생애와 사역에 관련된 곡을 선정하는 것을 추 천한다.

2) 산상변모주일(Transfiguration)

사순절기의 시작인 참회의 수요일 직전 주일로서 예수님의 변화산 사건을 기념하는 주일이며 '변화산주일'이라고도 한다. 산상변모 사건은 예수 그리스도의 고난과 십자가의 죽음을 예견하는 사건이므로 이 주일의 예배음악은 고난당하실 예수 그리스도를 찬양하는 곡을 선정하도록 한다. 주현절 후 기간의 색깔은 보통 절기의 색깔인 초록색을 사용한다. 단, 주님의 수세주일은 세례 받는 자의 하얀 가운을 상징하는 흰색을 사용하고, 산상변모주일에도 마가복음 9장 33절을 근거로 흰색을 사용한다.

"그 옷이 광채가 나며 세상에서 빨래하는 자가 그렇게 희게 할 수 없을 만큼 매우 희어졌더라"(막 9:3).

주현절 후 보통 절기 중의 매주일 교회력의 이름은 '주현절 후 첫 번째 일요일(First Sunday after the Epiphany)', '주현절 후 두 번째 일요일' 등으로 부르다가 마지막 산상변모주일에는 '산상변모주일, 주현절 후 마지막 일요일(Last Sunday)'로 부른다.

> 사순절기가 시작되는 날은
> 주일이 아니라 수요일이다.

부활절 날짜가 정해지면 직전 40일 동안 사순절기를 지키게 된다. 단, 40일을 카운트할 때는 주일은 포함하지 않는다. 왜냐하면 주일은 예수님께서 부활하심을 기념하는 부활 축일이기 때문이다.

"그 주간의 첫날에 우리가 떡을 떼려 하여 모였더니 바울이 이튿날 떠나고자 하여 그들에게 강론할새 말을 밤중까지 계속하매"(행 20:7).

"주간의 첫날"은 예수님께서 부활하신 날을 말한다. 부활주일로부터 역순으로 40일을 카운트하면 수요일에 도착하는데, 이날이 사순절기의 시작이 되는 참회의 수요일(재의 수요일, Ash Wednesday)이다. 이렇게 사순절기는 참회의 수요일로부터 시작한다. 이런 사실에 대한 사전 지식이 없는 교회는 산상변모주일에 사순절기 광고를 할 때, 대충 다음 주부터 사순절기가 시작된다는 정도로 알리는 교회도 있다.

그러므로 사순절기가 시작되는 참회의 수요일 아침에 참회의 수요예배를 드리지 못하더라도 수요일 저녁예배에서 참회 의식을 통하여 진정한 성결과 회개를 함으로써 사순절기를 참되고 의미 있게 준비할 수 있도록 배려하여야 한다고 생각한다.

참회의 수요일은 6세기 말경부터 시작하였다. 당시에는 회개를 상징하는 베옷을 입고 그 위에 재를 뿌렸다. 베옷을 입고 재를 뿌리는 것은 성경에서 회개를 상징하는 행위이다. 재를 뿌리면서 창세기 3장 19절 "너는 흙이니 흙으로 돌아갈 것이니라"는 말씀을 낭독하였다. 이러한 전통이 참회의 수요예배 때 이마에 십자가 모양으로 재를 바르는 의식으로 발전하였는데, 예전적인 교회(카톨릭, 루터교회, 성공회 등)에서는 지금도 이 예식을 행하고 있다. 참회의 수요일이라는 이름은 그날의 기념예배에서 행해지는 재(ash)를 이마에 바르는 의식에서 비롯되었다.

참회의 수요예배에서 사용하는 재는 일반적으로 전년도의 종려주일에 사용한 종려나무 가지 잎을 일 년 동안 십자가의 형태로 보관하였다가 참회의 수요일 아침이 되면 바싹 마른 십자가 종려나무 잎을 태워서 재를 만들어 사용한다. 종려나무 잎을 보관하는 데에는 일 년 동안 주님과 동행한다는 뜻깊은 의미이다.

참회의 수요일로부터 시작하는 사순절기는 부활절 전야까지의 주일을 제외한 40일 동안을 지키게 된다. 가장 의미 있고 기쁜 부활절을 맞이하기 위해서는 사순절기를 통하여 성실하게 기도로 준비하고 그리스도의 고난을 우리의 내부에서 재현하여 예수님의 고난에 우리가 동참할 수 있을 때 비로소 부활의 사건이 우리에게 절실한 의미를 부여해 줄 수 있다고 생각한다.

사순절기 중의 매주일 교회력의 이름은 사순절기 첫 번째 일요일(First Sunday in Lent), 두 번째 일요일 등으로 부른다. 사순절기 색깔은 참회를 상징하는 보라색이다. 그러나 사순절기 마지막 주간인 고난주간은 색깔이 달라진다.

사순절기(수난기간)의 음악은 크게 종려주일 직전까지의 사순절기 찬송과 종려주일부터 시작하는 고난주간(Passion Week)의 찬양으로 구분한다. 종려주일 직전까지의 음악은 예수 그리스도의 십자가, 보혈, 구속, 그리고 고난을 노래하며, 예수 그리스도를 통한 하나님의 구속사역에 대한 감사찬양도 함께 드린다. 이 사순절기 동안에는 할렐루야와 대영광송은 부르지 않는다. 그런데 찬송가에 수록된 고난찬송 중에는 부흥회에서 부르기에 적합한 복음성가 형식의 템포가 빠른 찬송들이 많다. 예를 들면, 250장 "구주의 십자가 보혈로", 257장 "마음에 가득한 의심을 깨치고", 그리고 259장 "예수 십자가에 흘린 피로써" 등이다. 이런 찬송들은 통상 부흥회나 금요기도회에서 손뼉 치며 부르는 노래이다.

예수님의 십자가의 보혈과 고난을 노래하면서 빠른 템포의 곡을 손뼉 치면서 부른다는 것은 재고해야 할 필요가 있다고 생각한다. 보혈(피)이라는 단어 때문에 노래하는 사람의 피를 끓게 해서 열정적으로 부르는 것인지 모르겠지만, 우리가 십자가의 고통을 진정으로 생각한다면 무슨 힘으로 그렇게 힘차고 빠르게 부를 수 있는지, 무엇이 신이 나서 손뼉을 치는지 이해가 되지 않는다.

사실 전통적인 수난음악의 템포는 느리게 작곡된 찬송이 많다. 예를 들면, 147장 "거기 너 있었는가", 143장 "웬 말인가 날 위하여", 144장 "예수 나를 위하여", 149장 "주 달려 죽은 십자가" 등을 비롯해서, 바흐의 마태수난곡에 삽입된 145장 "오 거룩하신 주님" 등이 그와 같은 찬송이다. 그런데 예수님의 고난을 깊이 생각할 수 있는 이런 찬송 대신 손뼉까지 치면서 부르는 빠른 템포의 곡으로 예수님의 십자가의 고난과 보혈을 표현한다는 것은 재고의 여지가 있다.

> **브라질 삼바 축제(카니발)는**
> **사순절기에서부터 시작되었다.**

예수님의 고난에 동참하는 사순절기가 시작되는 참회의 수요일부터 교회는 전통적으로 금식과 절제를 하였다. 특히 고기와 가공육, 심지어 우유까지 마시지 않았다. 이런 전통 때문에 중세교회 때는 참회의 수요일 전날을 '참회화요일(Shrove Tuesday)'로 지켰다. 그런데 이날 저녁 교회에 모여 실제로 참회의 시간을 갖기보다는 사순절기가 시작되면 못 먹게 되니까 미리 많이 먹어두자는 생각으로 교회에 모여 고기, 우유, 달걀, 팬케이크 등을 먹으면서 간단히 파티를 가졌다. 나중에는 간단한 파티가 아니라 살이 찔 정도로 너무 많이 먹었다. 그래서 이날을 '살찌는 화요일(Fat Tuesday)'이라고도 불렀다. 종교개혁 이후에는 이것을 죄악이라 하여 더이상 지키지 않고 있다.

그런데 이 전통을 세상에서는 아직도 지키고 있다. 그것이 바로 '카니발'이다. 카니발은 라틴어 "Carne vale, 까르네 발레"에서 유래되었는데, 'Carne, 까르네'는 '고기'라는 말이고, "Vale, 발레"

는 '그만' 또는 '안녕'이라는 뜻이다. 직역하면 "고기여 안녕, 고기는 그만"이라는 뜻이 된다. 카니발은 우리말로 사육제(謝肉祭)라고 하는데, 사양할 사(謝)와 고기 육, 즉 고기를 멀리하겠다는 뜻이 담겨 있다. 이렇게 사순절기가 시작되기 전에 미리 고기를 많이 먹어두자는 전통에서 시작된 축제가 바로 '카니발'이었다는 사실이다.

세계적인 브라질 삼바 카니발 축제가 예수님의 고난과 죽음을 기억하고 기념하는 절기와 직접적인 연관이 있다는 것이 참으로 아이러니하다.

고난주간의 교회력 색깔은 보라색이 아니다.

사순절기의 마지막 주간인 고난주간(Passion Week/Holy Week)은 종려주일(Palm Sunday)부터 시작한다.

종려주일은 예수님께서 인류 구원을 위해 십자가 고난과 죽음을 당하시려고 예루살렘에 입성하심을 기념하는 날이다. 전통적으로 교회에서는 이날을 겟세마네 동산에 기도하러 올라가신 것을 기념함으로써 시작하였다. 4세기경 예루살렘에서는 감람산 꼭대기에서부터 종려나무 혹은 감람나무 가지를 흔들며 시내까지 행진하는 것으로 종려주일을 기념하였다. 최근에는 지역이나 기후의 특성에 따라 사정이 허락하는 대로 종려나무 가지 이외에 개암나무 가지 혹은 버드나무 가지를 사용하는 경우도 있다. 종려주일 예배가 끝나면 사용한 종려나무 가지를 십자가 모양으로 만들어 다음해 참회의 수요일까지 예수 그리스도의 임재를 상징하는 뜻으로 집안이나 교회에 걸어놓았다가 참회의 수요일 아침에 태워 재로 만들고 그 재를 이마에 바르는 참회예식을 가진다. 종려주일부터 성목요일까지의 색깔은 십자가 보혈을 상징하는 붉은색이다.

종려주일부터 시작하는 고난주간 동안에는 강단 위의 기존 십자가 외에 어른 크기의 십자가 나무를 회중석에서 볼 때 왼쪽에 세우고 십자가 머리에는 가시면류관을 씌우고 십자가에는 붉은 천을 두르도록 하면, 고난주간의 의미가 훨씬 더 깊고 생생하게 다가올 것이다.

종려주일 예배음악으로는 예루살렘성에 입성하시는 예수님을 환호하는 찬송으로, "호산나, 다윗의 자손"을 찬양한다. 일반적으로 사순절기 중에는 할렐루야와 대송영(영광송, Gloria)을 부르지 않지만 종려주일만큼은 왕 되신 예수님을 찬양하는 날이므로 영광송을 부를 수 있다. 대림절기에 부르는 시편 24편의 "문들아 너희 머리를 들지어다 영원한 문들아 들릴지어다 영광의 왕이 들어가시리로다"도 종려주일에 불린다.

찬송가에는 139-142장까지가 종려주일 찬송이다. 종려주일에는 특히 예수님께서 예루살렘성에 입성하실 때, 어른들뿐만 아니라 아이들까지도 종려나무 가지를 흔들며 예수님을 영접하였으므로 가능하다면 종려주일 찬양대 찬양은 다양한 방법과 구성으로 주일학교 어린이 성가대와 함께 찬양하는 것을 고려해보기 바란다. 공인찬송으로는 562장 "예루살렘 아이들"이 아이들과 함께 부르기 좋은 찬송이다.

> ## 고난주간 성목요일에는
> ## 세족식과 성찬식이 있었다.

고난주간 다섯째 날 성목요일(Holy Thursday) 저녁, 유월절 식사 자리에서 예수님께서 제자들의 발을 씻어주셨다. 그래서 이 날을 세족(洗足)목요일(Maundy Thursday)이라고 부른다. 교회는 이를 기념하여 세족예식을 가진다. 예를 들면, 고난주간 특별새벽기도회 목요일 새벽에 담임목사가 장로의 발을 씻어주고 장로는 집사의 발을 씻어주는 것도 좋을 것 같다.

예수님께서 제자들의 발을 씻어주신 후 오늘날 성찬식의 유래가 되는 마지막 유월절 식사를 가졌는데, 이를 기념하여 카톨릭교회는 고난주간 성목요일 저녁에 일 년 중 가장 성대하고 경건한 성찬예식을 가진다.

고난주간에는 예수님의 십자가 고난과 죽음을 노래한다.

예수님이 제자들과 함께 한 마지막 식사는 그것이 유월절 만찬이든, 보통 저녁식사이든 목요일 저녁에 이루어진 식사임에는 틀림없다. 왜냐하면 다음 날이 예수님께서 십자가에 못박혀 죽으신 금요일이고, 죽은 지 사흘만인 일요일(주일)에 부활하셨기 때문이다. 그래서 예수님과 제자들의 마지막 식사는 목요일 저녁이 분명한데, 문제는 이 식사가 유월절 만찬인지, 아니면 보통의 저녁식사인지를 밝힐 필요가 있다.

먼저, 공관복음서인 마태, 마가, 누가복음에는 제자들과의 마지막 식사가 유월절 만찬이었음을 분명하게 밝히고 있다.

> "무교절의 첫날에 제자들이 예수께 나아와서 이르되 유월절 음식 잡수실 것을 우리가 어디서 준비하기를 원하시나이까?"(마 26:17)
>
> "무교절의 첫날 곧 유월절 양 잡는 날에 제자들이 예수께 여짜오되 우리가 어디로 가서 선생님께서 유월절 음식을 잡수시게 준비하기를 원하시나이까 하매"(막 14:12).
>
> "유월절 양을 잡을 무교절날이 이른지라 예수께서 베드로

와 요한을 보내시며 이르시되 가서 우리를 위하여 유월절을 준비하여 우리로 먹게 하라"(눅 22:7-8).

마태복음과 마가복음에는 무교절의 첫날을 유월절이라 부르면서 유월절과 무교절을 동일시하고 있다. 그리고 무교절의 첫날, 곧 유월절에 유월절 양을 잡았고, 그 양으로 유월절 만찬을 가졌음을 알 수 있다. 결론적으로 마태, 마가, 누가복음에 기록된 예수님과 제자들과의 마지막 목요일 저녁식사는 분명히 유월절 만찬이었음을 알 수 있다. 그런데 요한복음은 그렇지 않다.

"그들이 예수를 가야바에게서 관정으로 끌고 가니 새벽이라 그들은 더럽힘을 받지 아니하고 유월절 잔치를 먹고자 하여 관정에 들어가지 아니하더라"(요 18:28).

겟세마네 동산에서 예수님을 체포한 뒤, 밤새 심문하다가 대제사장 가야바의 집에서 빌라도 관정으로 끌고 갈 때가 새벽이었다고 한다. 그런데 대제사장을 비롯한 이들 유대 종교지도자들은 이방인인 로마총독의 관정에 들어가지 않았다고 한다. 이유는 유월절 만찬을 거룩하게 지키기 위해서였다. 유월절 음식을 먹지 않았으니까, 아직은 유월절이 시작되지 않았다는 뜻이다. 그날 저녁, 곧 금요일 저녁에 유월절 잔치가 있음을 이야기한다.

또 한 가지, 총독관정에 끌려온 예수님을 총독 빌라도가 사면

시켜 주고 싶어 했다.

> "유월절이면 내가 너희에게 한 사람을 놓아 주는 전례가 있
> 으니 그러면 너희는 내가 유대인의 왕을 너희에게 놓아 주기
> 를 원하느냐 하니"(요 18:39).

빌라도가 유월절 특사로 한 명을 사면시켜 준다는 것은 곧 유
월절 만찬을 먹을 수 있게 유월절 전에 미리 석방시켜 준다는 뜻
이다. 그러니까 아직 정식으로 유월절이 시작되지 않았다는 말이
다. 결론적으로 요한복음의 유월절은 금요일 저녁부터 시작한다.
요한복은 19장은 이렇게 기록하고 있다.

> "이 날은 준비일이라 유대인들은 그 안식일이 큰 날이므로
> 그 안식일에 시체들을 십자가에 두지 아니하려 하여 빌라도
> 에게 그들의 다리를 꺾어 시체를 치워 달라 하니"(요 19:31).

준비일은 유월절 준비일을 말한다. 동시에 그날 저녁부터 안식
일이 시작되기 때문에 큰 날이라고 말했던 것이다. 그러니까 예
수님께서 십자가에서 죽으신 금요일 저녁이 안식일이 시작되고
동시에 유월절이 시작되기 때문에 이날 저녁에 유월절 만찬을 가
지게 된다. 금요일 저녁이 유월절 만찬이니까, 전날 예수님과 제
자들이 가졌던 목요일 저녁식사는 요한복음에서는 유월절 만찬

이 아니라, 보통 저녁식사가 된다.

그렇다면 요한복음은 왜 공관복음과 달리 예수님과 제자들과의 마지막 식사를 유월절 만찬이 아닌 보통 저녁식사로 규정한 것일까? 실제 일어난 역사적인 시간으로는 공관복음의 내용대로 십자가에 못박히시기 전날 목요일 저녁이 유월절 만찬인데, 요한은 예수님의 십자가 죽음을 유월절 어린양 죽음과 연결시키기 위해서 유월절을 금요일 저녁부터 시작하는 것으로 해석한다.

그런데 유월절은 목요일 저녁부터 시작하여 금요일 저녁 해지기 직전까지 이어지므로 예수님께서 십자가에 못박혀 죽으신 날도 유월절에 일어난 일이다. 그러므로 십자가의 죽음을 유월절 어린양의 죽음과 연관 짓는다고 해도 큰 무리는 없다고 본다.

요한복음의 저자 요한은 예수님의 십자가 죽음을 유월절 어린양 도살과 연결시키려는 목적에서 사건 중심이 아니라, 신학 중심으로 적용시키려고 했던 것으로 보인다. 사건을 신학적으로 해석하는 것이 아니라, 신학을 먼저 정해놓고 사건을 엮어갔다.

결론적으로 예수님과 제자들과의 마지막 저녁식사는 공관복음의 기록대로 유월절 만찬으로 보는 것이 맞다.

예수님의 영혼은
부활하실 때까지 어디에 계셨을까?

예수님께서 십자가에서 죽으신 뒤, 그 시신은 무덤에 안치되었다. 그렇다면 영혼은 어디 계신 것일까? 사람이 살아있다는 것은 육체와 영혼이 함께 있다는 것을 말한다. 하지만 영혼이 떠나가는 순간 사람은 죽는다. 영혼이 있어야만 육신이 살아있고 움직이고 생각할 수 있지만, 영혼이 떠나가면 육신은 고깃덩어리에 불과하고, 결국 뼈와 먼지와 흙으로 남는다.

완전한 인간으로 이 땅에 오시고 죽으신 예수님의 시신에도 당연히 영혼이 함께하지 않는다. 그렇다면 육신을 떠난 예수님의 영혼은 부활할 때까지 어디에 있었을까?

신학교 수업시간에 학생들에게 물어보면 천국에 올라가셨다고 말하기도 한다. 큰일 날 일이다. 인간을 위한 예수님의 구속은 고난과 죽음을 거쳐 부활로 완성된다. 지금 십자가에서 죽으셨고, 이제 부활을 기다리고 있는데, 부활도 하기 전에 그 영혼이 하늘에 올라가시면 아버지 하나님으로부터 야단맞고 땅으로 쫓겨나시게 된다.

예수님은 부활하시기 전에 절대로 하늘에 올라가서는 안 된다. 그렇다고 구천에 예수님의 영혼이 떠도는 것도 있을 수 없는 일이다.

"예수께서 다시 크게 소리 지르시고 영혼이 떠나시니라"(마 27:50).

예수님께서는 십자가에서 죽으신 순간 그 영혼이 분명히 떠나가셨는데, 그때부터 부활하실 때까지 예수님의 영혼은 어디에 계신 것일까? 천국에 올라갈 수도 없고, 구천을 떠돌 수도 없다. 답은 정해져 있다. 예수님의 영혼은 음부에서 영겁의 고통을 받고 계셨다. 우리 인간이 당할 고난을 대신 당하시고, 우리가 당할 죽음을 대신 죽으실 뿐만 아니라, 우리가 지옥에서 받을 형벌까지 대신 받으셔야만 완전한 대속, 구속이 된다. 이런 이유로 사도신경에는 예수님의 지옥의 형벌을 고백하고 있다. "음부에 내려가사, He descended into hell."

그런데 한국교회에서는 사도신경 번역에서 이 구절을 빼버렸다. 설교강단에서조차 예수님께서 음부에서 고통당하시는 것에 대해서는 언급도 하지 않는다. 아마도 예수님께서 우리 대신 지옥에서 형벌을 받는다는 사실이 너무 미안하고 죄송해서 그 사실을 인정하고 싶지 않아서 그런 것은 아닐까 추정해 본다. 하지만 예수님의 지옥 형벌을 인정하지 않으면 예수님의 십자가 고난과 죽음을 인정하지 않는 것이나 마찬가지이기 때문에 신학적으로 반쪽자리 구원에 지나지 않는다는 사실을 간과해서는 안 된다.

성경에는 예수님께서 음부에서 고통 받으셨다는 사실을 증명해 주는 말씀이 있다.

> "예수께서 큰 소리로 불러 이르시되 아버지 내 영혼을 아버지 손에 부탁하나이다 하고 이 말씀을 하신 후 숨지시니라"(눅 23:46).

예수님께서는 왜 자기 영혼을 하나님께 부탁하셨을까? 벌을 받는 사람이 스스로 벌을 끝낼 수 없다. 벌은 벌을 주는 사람이 끝을 내야 끝난다. 인간을 대신해서 받으시는 예수님의 지옥 형벌은 아버지 하나님께서 인정해 주셔야 끝이 나게 된다. 예수님은 인간 대신 음부에서 영원한 형벌을 받으셔야 한다. 그런데 영원의 시간은 벌을 내리시는 하나님이 정하신다. 그래서 예수님이 받으시는 형벌을 영원한 시간 동안 받으신 것으로 인정하실 때, 지옥에서 끌어올려 주시기를 부탁하셨던 것이다. 지옥에서의 영겁의 시간을 우리 인간세상의 시간으로 계산할 필요는 없다. 주님께는 하루가 천 년 같고 천 년이 하루 같다는 말씀에서 알듯이, 인간세상의 시간으로는 사흘이 예수님께는 영겁의 고통으로 주어졌고, 하나님께서 예수님의 지옥 형벌이 완전하다고 인정하시고 지옥에서 그 영혼을 끌어올리셨다. 그 순간 영혼이 무덤에 안치된 시신에 들어갔고 육신이 다시 살아나셨다. 할렐루야!

결론은 예수님께서 십자가에서 죽으시고 그 영혼이 떠나가신 뒤 부활하실 때까지 예수님의 영혼은 음부에서 우리 대신 영겁의 형벌을 받고 계셨다.

기독교에는 고인(故人)이 존재하지 않는다.

예수는 테너일까, 베이스일까

예수님의 죽음과 부활과 관련하여, 사람의 영혼과 육체는 영원하다는 사실을 확인할 수 있다. 육신의 호흡이 끊어진다 할지라도 그 사람은 영원히 살아있다. 사람의 뼈가 산산조각이 나고 육신이 가루가 되어 온 사방으로 흩어져 버려 흔적조차 남아있지 않다고 하더라도, 육신의 모습이든 영혼의 형태이든 이 세상에 한 번 던져진 사람은 어떤 형태로든 남아있다.

예수님께서 사두개인들에게 하신 말씀이다.

> "죽은 자가 살아난다는 것을 말할진대 너희가 모세의 책 중 가시나무 떨기에 관한 글에 하나님께서 모세에게 이르시되 나는 아브라함의 하나님이요 이삭의 하나님이요 야곱의 하나님이로라 하신 말씀을 읽어보지 못하였느냐 하나님은 죽은 자의 하나님이 아니요 산 자의 하나님이시라 너희가 크게 오해하였도다 하시니라"(막 12:26-27).

아브라함, 이삭, 야곱이 육신으로는 죽었지만 하나님께서는 그들의 이름을 그대로 불렀다. 죽은(故) 아브라함, 죽은 이삭, 죽은 야곱의 하나님이라고 하지 않으셨다는 말씀이다. 마찬가지로 천국에서 영원히 살게 되는 우리 믿는 사람은 하늘나라에 가신 분을 고인(故人)이라고 부르지 않아야 한다. 왜냐하면 고인(故人)할 때 한자 고(故)는 떠나서 돌아오지 않는, 다시는 보지 못하는 사람에게 붙이는 말이기 때문이다.

이 땅에서 살아가든 하늘나라에서 살아가든 아무도 죽은 사람은 없다. 모두가 살아있다. 그래서 우리 모두는 다시 만날 것이다. 영생을 믿는 그리스도인은 죽은 사람의 이름을 거명할 때 "고(故) ○○○ 집사님"이라고 부르지 않고, 고(故)자를 빼고 "천국에 먼저 가신 ○○○ 집사님"이라고 부르는 것이 성경적이다.

이와 더불어 사람들은 죽은 사람의 기일(忌日)이 되면 죽은 자를 위한 제사를 드리거나 추도식을 가진다. 여기서 추도(追悼)의 '도'는 슬퍼할 '도(悼)'이다. 세상 사람들은 죽은 사람을 다시는 못 본다는 생각에 슬퍼하기 때문이다.

그런데 그리스도인이 드리는 기일(忌日)예배는 죽은 사람을 위하여 드리는 예배가 아니라, 비록 이 땅에서는 육체가 땅에 묻혀 있지만 지금 하늘나라에서 살아있는 사랑하는 사람을 추억하고 그리워하면서 하나님께 올려드리는 감사예배가 되어야 한다. 우리 믿는 사람은 잠시 못할뿐 분명히 천국에서 다시 만날 것이다. 그래서 전혀 슬퍼할 필요가 없이 다시 만날 소망으로 그리워할 뿐이다.

그래서 우리는 기일이 되어 드리는 예배를, 먼저 가신 분을 슬퍼하는 추도(追悼)예배라고 하지 않고 단지 추억하고 그리워한다는 뜻으로 추모(追慕)예배라고 불러야 한다. 추모예배는 친지를 추모하는 시간이기 때문에 슬퍼하고 눈물 흘리는 시간이 아니라, 먼저 가신 분과 지냈던 재미있는 추억들을 회상하는 시간이 되어야 한다.

성금요일과 성토요일에는
예배와 찬양집회를 가지지 않아야 한다.

고난주간 여섯째 날인 금요일(Good Friday)에 예수님께서 십자가에 못박히시고 고통 받으시고 죽으셨음을 성경은 증언하고 있다.

"때가 제삼시가 되어 십자가에 못박으니라"(막 15:25).
"때가 제육시쯤 되어 해가 빛을 잃고 온 땅에 어둠이 임하여 제구시까지 계속하며 성소의 휘장이 한가운데가 찢어지더라 예수께서 큰 소리로 불러 이르시되 아버지 내 영혼을 아버지 손에 부탁하나이다 하고 이 말씀을 하신 후 숨지시니라"(눅 23:44-46).

제삼시는 아침 아홉시이고 제구시는 오후 세시이다. 예수님께서는 아침 아홉시에 십자가에 못박히시고 여섯 시간 동안 고통 받으시다가 오후 세시에 숨을 거두셨다. 이를 추모하여 아침 아홉시부터 오후 세시까지 교회는 성도들에게 금식을 권유한다.
전통적으로 교회는 예수님께서 죽으신 성금요일 오후 세시부터 성토요일(Holy Saturday)을 포함해서 부활 새벽까지 모든 장식을 철거하고 불도 끄고 오르간 연주나 노래를 부르지 않고 교회의 종도 울리지 않았다. 그리고 성만찬 탁자와 십자가 위를 검은 천으로 덮음으로써 깊은 죽음의 침묵 안으로 들어간다. 교회의 주인이신 예수님께서 죽었다면 교회도 죽은 것이기 때문이다.

우리가 사랑하는 사람, 부모님, 자녀 혹은 배우자가 죽었을 경우, 우리는 극심한 슬픔에 잠겨 움직이는 것도, 말할 기력도 없이 넋이 나가 있을 것이다. 마찬가지로 예수님께서 우리 대신 죽으시고 음부의 고통을 당하시는 시간 동안 극심한 슬픔에 빠져 있는 교회는 노래 부를 힘도, 성경을 읽을 힘도 없이 넋이 나가 있어야 하는 시간이다.

그런데 한국교회에서는 금요철야기도회의 연장으로 성금요일 저녁에도 철야기도회를 가지면서 주로 십자가 보혈 찬송을 손뼉을 치면서 부르는 경우가 있다. 성금요일과 성토요일은 예수님께서 우리가 죽을 죽음을 대신 죽으시고 음부에서 우리가 당할 지옥의 고통을 대신 당하고 계시는 시간인데, 바로 그 극심한 고통의 시간에 아무리 십자가 보혈 찬송이라고 할지라도 손뼉 치며 힘 있게 찬송을 불러도 되는 것일까?

주님께서 십자가에서 죽으시고 음부의 고통을 당하는 시간 동안은 조용히 묵상하는 시간을 가지는 것 이외에 공식적인 예배와 모임을 가지거나 찬송을 부르지 않는 것이 지각 있는 교회의 모습이라고 생각한다. 우리의 구원이 아무리 기쁘고 감사하다 할지라도 손뼉 치고 큰소리로 노래를 부르기에는 음부에서 받으시는 예수님의 고통이 너무 크기 때문이다.

한 가지 더, 기독교단체나 교회에서 바로 이 고난주간 동안에 수난음악(Passion Music)과 수난칸타타, "십자가상의 칠언", "십자가의 길, Via Dolorosa" 등을 연주하는 경우가 많은데, 아무리 하나님과 성자 예수님을 찬양하는 음악 콘서트라고 할지라도 성금요일과 성토요일에는 연주회를 피하는 것이 좋다.

> **기독교 교회력의 절정은 트리디움이다.**

사순절기(Lent)의 마지막 주간인 고난주간은 사순절기 여섯 번째 일요일에 해당하는 종려주일부터 시작하여 성목요일, 성금요일, 성토요일까지를 포함한다. 특별히 성목요일(세족목요일) 해가 진 후부터 성금요일, 성토요일, 그리고 부활주일 해가 지기까지의 온전한 삼 일을 트리디움(Tridium; The Great Three Days, 大聖三日)이라 칭한다.

트리디움은 성목요일 밤부터 시작하는 예수님의 고난, 성금요일의 십자가상의 죽음, 성금요일에서 성토요일로 이어지는 음부의 고통, 그리고 부활주일의 부활까지 구속사의 결정판으로서 전체 교회력의 핵심이자 절정이 되는 기간이다.

참고로, 우리는 하루가 해가 뜨는 일출부터 시작되는데, 유대와 팔레스타인 지역은 해가 지고부터 다음 날 해 질 때까지를 하루로 친다. 하루가 일몰부터 시작해서 다음 일몰에 하루가 마감된다. 성경에도 이러한 사실이 언급되어 있다.

"하나님이 빛을 낮이라 부르시고 어둠을 밤이라 부르시니라 저녁이 되고 아침이 되니 이는 첫째 날이니라"(창 1:5).
"저녁과 아침과 정오에 내가 근심하여 탄식하리니 여호와께서 내 소리를 들으시리로다"(시 55:17).

구속사의 절정이자 교회력의 핵심인 트리디움(Tridium)도 목요일 일몰부터 시작하여 부활주일 일몰까지 온전한 3일을 포함하고 있다.

예수님이 부활하셨다는 증거는 무엇인가?

부활이란 죽은 자가 다시 살아난 것을 말한다. 그런데 부활이라는 말은 신약성경에서만 나오고, 구약에는 한 번도 언급되지 않는다.

　　　　예수는 테너일까, 베이스일까

"장정이라도 죽으면 어찌 다시 살리이까?"(욥 14:14)

즉, 구약에서는 사람이 다시 사는 것은 있을 수 없는 일이라고 생각했다. 예수님 당시에도 부활이 없다고 주장하는 사두개인들이 있었고, 오늘날까지도 예수님의 부활을 믿지 않는 사람들이 많이 있다. 부활은 여전히 비기독교 세계에서는 전설 같은 이야기로 남아있다.

그런데 신약 성경을 보면 예수님이 부활하셨다는 증거들은 참으로 많다.

> "내가 받은 것을 먼저 너희에게 전하였노니 이는 성경대로 그리스도께서 우리 죄를 위하여 죽으시고 장사 지낸 바 되셨다가 성경대로 사흘 만에 다시 살아나사 게바에게 보이시고 후에 열두 제자에게와 그 후에 오백여 형제에게 일시에 보이셨나니 그 중에 지금까지 대다수는 살아있고 어떤 사람은 잠들었으며 그 후에 야고보에게 보이셨으며 그 후에 모든 사도에게와 맨 나중에 만삭되지 못하여 난 자 같은 내게도 보이셨느니라"(고전 15:3-8).

사도 바울은 고린도교회에서 목회할 당시에 교인들에게 들려주었던 이야기를 편지를 통해서 다시 한 번 확인시켜 주면서, 한두 사람이 아니라 수백 명의 사람들이 예수님의 부활을 목도하였음을 증언하고 있다. 즉, 예수님께서 우리 죄를 위하여 죽으시고 사흘 만에 다시 살아나셔서 게바, 곧 베드로에게 보이시고, 후에 열두 제자와 그 후에 오백여 형제에게 일시에 보이셨고, 또 예수님의 동생 야고보에게 보이셨고, 그 후에 많은 사도들과 맨 나중에 만식되지 못하여 태이난 자 같은 비울 지신에게도 보이셨다고 증언하고 있다.

고린도전서 15장에 기록된 부활의 증인들을 대충 계산해 보면, 당시에 4복음서에 기록된 예수님 부활을 목도한 막달라 마리아를 비롯한 여자들은 포함시키지 않았다는 사실을 감안할 경우, 천 명이 넘는 사람들이 부활하신 예수님을 만났다. 이보다 더 확실한 증거는 없다.

예를 들어, 베드로에게만 나타났다든지 바울에게만 나타나셨다고 한다면 거짓말이라고 할 수도 있다. 그런데 한두 명도 아니고 천 명이 넘는 사람이 부활하신 예수님을 보았다고 한다. 한두 사람이라면 둘이 짜고 거짓말할 수는 있어도 수백 명이 동시에 거짓말하기는 어렵다. 만약 수백 명의 사람이 똑같이 거짓말을 했다고 할지라도 세월이 흐르고 난 뒤, 적어도 몇 사람은 죽기 전에 양심선언을 했을 것이다. 바울이 고린도교회에 이 편지를 써서 보낼 당시에도 예수님의 부활을 목도한 오백여 형제 대다수가 살아있었다고 볼 때, 거짓말은 생각할 수도 없는 상황이었다. 편지에 거짓말이 포함되어 있다면 고린도전서는 역사에서 사라져 버렸을 것이다.

만약 성경의 예수님 부활 이야기가 거짓이고 사기라면 과연 누구에게 이득이 되기에 부활 이야기를 거짓으로 꾸며내었겠는가? 거짓과 사기는 분명히 이득을 보는 사람이 있다. 그런데 예수님 부활 이야기는 부활의 당사자인 예수님이 이익을 보는 것도 아니고, 증인들인 베드로를 비롯한 제자들과 오백여 형제가 이익을 보는 것도 아니다. 그렇다고 부활의 증인들 이야기를 전달해 준 바울 사도가 이익을 보는 것도 아니다. 오히려 바울은 이런 복음을 전하다가 죽을 고생을 하였고, 돌에 맞고 매를 맞기도 하였다. 결국 순교하였다.

무엇보다 고린도전서 15장에 등장했던 부활의 증인들은 모두 죽었다. 그러니 이익을 보고 말고 할 것도 없다. 거짓말은 언젠가는 들통이 나게 되어 있다. 그런데 예수님의 부활은 역사적 사실로 증명되고 있다.

증인뿐만 아니라 예수님의 부활을 증명할 수 있는 물적 증거도 있다. 복음서에 보면, 예수님께서 죽으시고 안식 후 첫날 새벽에 여인들이 예수님의 시신에 향유를 바르기 위해서 무덤을 찾은 이야기가 기록되어 있다. 그런데 무덤을 막아놓았던 돌문이 옮겨져 있었다. 여인들이 들어가 보니 예수님의 시신이 보이지 않았다. 예수님의 무덤 안에는 아무나 들어갈 수 없었다. 예수님의 시신을 안치한 돌무덤은 아무나 손대지 못하도록 철저하게 봉인하고 군인들이 지키고 있었다. 그런데 무덤 돌문이 굴러 옮겨지고 무덤 안에 예수님의 시신이 없어졌다. 이것이 예수님이 다시 살아나셨음을 증명하는 물적 증거 1호, '빈 무덤' 증거이다.

예수님 부활의 물적 증거물 2호는 '열린 돌문'이다. 중동 팔레스타인지역에서는 시신을 화강암 동굴무덤에 그대로 안치한다. 그리고 둥근 돌문으로 무덤 문을 닫는다. 그런데 예수님이 부활하신 뒤에 돌문이 열려 있있다. 우리는 예수님께서 부활하신 뒤 열린 돌문을 통해서 바깥으로 걸어 나오셨다고 생각한다. 물론 그럴 수도 있다. 하지만 무덤 돌문이 열려 있어야만 부활하신 예수님께서 바깥으로 나올 수 있었던 것은 아니다. 예수님은 제자들이 문을 꼭꼭 걸어 잠근 다락방에도 문을 열지도 않으시고 그냥 나타나셨다. 그러니 무덤 돌문이 닫혀 있어도 무덤 바깥으로 나오실 수 있는 분이다.

그렇다면 왜 무덤에서 나오신 뒤 열린 돌문을 그대로 두셨을까? 이유는 적어도 돌문이 열려 있어야 제자들과 사람들이 열린 돌문을 보고 예수님께서 다시 살아나셨음을 믿을 수가 있고, 사람들이 열린 돌문으로 무덤에 들어가 예수님께서 부활하신 것을 눈으로 확인할 수 있기 때문이다.

"큰 지진이 나며 주의 천사가 하늘로부터 내려와 돌을 굴려 내고 그 위에 앉았는데"(마 28:2).

천사가 무덤 돌문을 굴려내고 그 위에 앉아있었다고 하는데, 천사가 돌을 굴려내는 것과 상관없이 열린 돌문으로 걸어 나오시든지, 무덤 바깥으로 순간이동을 하셨든지 간에 돌문이 열린 상태로 있었다는 사실이 중요하다. 그러니까 열린 돌문은 부활하신 예수님이 걸어 나올 수 있는 통로로 사용되었다기보다는, 예수님의 부활을 알리기 위한 증거물로 남겨두신 것이라고 생각한다.

마지막 물적 증거물 제3호는 예수님의 시신을 쌌던 세마포와 수건이다.

> "시몬 베드로는 따라와서 무덤에 들어가 보니 세마포가 놓였고 또 머리를 쌌던 수건은 세마포와 함께 놓이지 않고 딴 곳에 쌌던 대로 놓여 있더라"(요 20:6-7).

7절에 세마포와 수건이 쌌던 대로 놓여 있었다고 기록하고 하는데, 여기서 '놓였다'라는 뜻의 헬라어 '케이마이'라는 단어는 아무렇게나 놓인 상태가 아니라 정돈되어 놓여 있음을 뜻하는 동사이다. 이러한 단어의 의모로 본다면 예수님의 시신은 세마포로 쌌고 머리는 수건으로 따로 덮었는데, 부활하신 뒤에 시신을 쌌던 그대로 세마포와 수건이 가지런히 개켜 있었다는 것이다. 만약 누가 예수님의 시신을 훔쳐갔다면 세마포가 싸여 있는 채로 들고 가면 된다. 굳이 세마포를 벗겨서, 그것도 가지런히 개켜두고 가는 도둑이 누가 있겠는가?

예수님의 입장도 그렇다. 부활하신 후에 세마포를 다 풀어버리고 수건을 벗어젖히고 무덤에 버려두면 된다. 풀어버린 세마포를 굳이 다시 개켜 놓을 필요가 없다. 그런데 수건과 세마포가 따로 따로 가지런히 놓여 있었던 이유는 무엇일까? 주님께서는 부활을 제자들에게 알리고자 하셨다. 제자들이 빈 무덤에 놓여 있는 잘 개켜진 세마포와 수건을 보면, 주님께시 부활하신 것을 알아차릴 줄 아셨다.

여기서 궁금한 점 한 가지가 있다. 그렇다면 누가 세마포를 개켰을까? 주님께서 직접 세마포와 수건을 정돈하셨을 수도 있고, 아니면 천사들에게 시키실 수도 있다. 아마도 천사들이 세마포를 개켰을 것 같다. 부활하신 예수님께서 세마포를 벗어버리면 알몸이다. 그래서 천사들은 예수님께 입으실 옷을 드리고 예수님의 명령에 따라 세마포와 수건을 고이 접어 두었을 것으로 생각한다.

부활절 계란과 부활절 토끼는 무슨 의미인가?

예수님께서 죽음에서 부활하신 날을 기념하는 부활절은 기독교교회에서 성탄절만큼 기쁜 날이다. 예수님의 부활은 예수님을 구세주로 믿어 구원받은 사람들이 천국에서 영생할 수 있음을 확인하는 사건이기 때문이다.

영어로 부활절을 Easter(이스터)라고 하는데, 8세기경 영국의 역사학자 비드(Bede)의 기록에 따르면, Easter의 어원은 고대 노르웨이어의 Ostara(오스타라, 봄의 축제) 또는 Eostre(이오스터)에서 유래되었다고 한다.

Easter 또한 Lent(사순절기), Advent(대림절기)와 같이 기간개념의 교회력이므로, Easter는 부활절기라고 불러야 한다. 한국교회에서 부활절은 부활주일을 의미하는데, 이때의 영어는 Easter Day(Easter Sunday)이다.

부활절기(Easter 혹은 Easter Tide, Easter Season)는 부활주일을 기점으로 부활절 후 40일째인 예수님 승천일을 지나 50일째인 성령강림절까지 이어진다.

부활주일부터 성령강림절까지 50일 동안의 부활절기는 부활 승리의 환희에 가득 찬 날들이다. 매주일이 예수님의 부활로 인한 환희와 승리의 날이므로, 교회는 특별한 경우를 제외하고는 전통적으로 무릎 꿇고 기도하는 것과 눈물과 통회의 금식(fasting)을 금지하였다.

부활절기에 속한 매주일 교회력의 이름은 부활절기 첫 번째 일요일을 부활절(Easter Day) 혹은 부활주일(Eater Sunday)이라 부르고, 그 다음에는 부활절기 두 번째 일요일(Second Sunday of Easter), 부활절기 세 번째 일요일(Third Sunday of Easter) 등으로 부른다. 부활절기의 색깔은 성탄절기와 마찬가지로 축일을 상징하는 흰색이다.

부활절에는 부활의 상징으로 토끼와 계란이 등장한다. 부활절이 가까워오면 미국을 비롯한 서구교회에서는 부활의 상징으로 '부활절 토끼(Easter Bunny)' 관련 상품이 나온다. 이때는 토끼와 관련된 장난감이나 옷, 기타 상품 등을 가지지 않은 아이들이 없을 정도로 부활절 토끼는 일반화되어 있다. 토끼가 부활의 상징으로 사용되는 이유는 모든 짐승 중에서 토끼가 가장 번식률이 높기 때문이다. 물론 번식률이 높은 동물들이 많이 있지만 그중 토끼가 귀여운 동물이기 때문에 선택된 것이 아닌가 생각한다. 토끼는 태어난 지 팔 개월만 되면 새끼를 낳을 수 있다. 수태 기일은 삼십 일이고, 새끼를 낳은 다음 곧 다시 수태할 수 있을 뿐 아니라 한 번에 낳는 새끼의 수는 보통 여섯에서 아홉 마리일 정도로 생명력이 강하다.

또 하나 부활의 상징은 달걀이다. 부활절 전날 교회에서는 어린이들에게 색깔을 입힌 계란을 나누어주거나 혹은 잔디나 나무 밑 등에 계란을 숨겨 놓고 찾도록 하는 계란 찾기(Egg Hunting)대회를 가진다. 부활주일에는 교인들에게 색을 칠한 삶은 계란을 나누어준다. 개인적인 바람은 계란과 함께 소금도 같이 나누어주었으면 한다. 소금은 부패하지 않게 만드는 부활과 관련된 의미도 있지만, 무엇보다 소금이 있으면 삶은 계란을 먹기가 수월하기 때문이다.

계란에 색깔을 입히는 것은 북극지방의 오로라와 연관이 있다.

겨울 동안 해가 짧았던 북극지방에서는 춘분이 지나면 해가 다시 길어지는데, 이때 태양의 영향으로 하늘에 아름다운 극광 오로라가 생긴다. 이렇게 봄이 되면 오로라가 생기는 것에서 부활의 상징으로 계란에 색을 입히게 되었다.

성탄절의 크리스마스트리나 산타클로스와 마찬가지로 부활절 토끼나 색을 입힌 계란이 성경적으로나 교회사적으로 아무런 연관이 없지만, 그렇다고 굳이 멀리할 필요도 없으며 지나친 의미를 부여할 필요도 없다. 크리스마스트리를 보면서 아기 예수님의 탄생을 기억하고 기념하듯이, 부활절이 되면 부활절 토끼와 색을 입힌 계란을 통해서 예수 그리스도의 부활을 기억하고 기념하는 도구로 삼으면 된다.

부활주일에는 찬양대가 준비한 부활칸타타로 찬양하지만, 부활절이 지나가면 부활의 기쁨이 반감하여 부활찬송을 부르지 않는 경우가 많다. 그러나 부활주일부터 성령강림절까지의 부활절기 50일 동안 교회는 부활의 승리와 하나님의 구속사역에 대한 감사의 찬양을 계속적으로 노래하여야 한다. 예수님께서 부활하셨는 데도 불구하고 간혹 십자가의 고난 찬송을 부르는 경우가 있는데, 아마도 한국교회 교인들에게는 부활, 승리하신 예수님보다는 십자가상의 고난의 예수님의 이미지가 강하게 비쳐지고 있기 때문이 아닌가 생각한다.

부활절기 50일 동안에는 사망권세를 이기신 승리의 주 예수님을 찬양하고 할렐루야를 노래한다. 영광송인 글로리아를 많이 부르기도 하는데, 엄밀하게 구분하면 글로리아는 성탄찬양에 속하는 노래이다. 누가복음 2장 14절의 아기 예수님의 탄생을 축하하는 천사들의 노래, "지극히 높은 곳에서는 하나님께 영광이요, Gloria in excelsis Deo et in terra pax"인 글로리아가 바로 이 노래이다. 그러나 영광이라는 말이 하나님을 높이는 것이므로 글로리아도 부활의 기쁨과 영광을 노래하기에 적합한 찬양이다.

> 예수님께서 재림하실 때는
> 비나 눈이 오는 날은 피하실 것이다.

"이 말씀을 마치시고 그들이 보는데 올려져 가시니 구름이 그를 가리어 보이지 않게 하더라 올라가실 때에 제자들이 자세히 하늘을 쳐다보고 있는데 흰 옷 입은 두 사람이 그들 곁에 서서 이르되 갈릴리 사람들아 어찌하여 서서 하늘을 쳐다보느냐 너희 가운데서 하늘로 올려지신 이 예수는 하늘로 가심을 본 그대로 오시리라 하였느니라"(행 1:9-11).

부활하신 예수님과 제자들이 감람산에 모여 있을 때, 예수님께서 하늘로 올라가시는 장면이다. 제자들이 하늘로 올라가시는 예수님을 넋을 놓고 쳐다보고 있으니까, 천사들이 말했다. "하늘로 가심을 본 그대로 오시리라."

제자들이 부활하신 예수님이 구름에 가려 보이지 않을 때까지 승천하시는 모습을 지켜보았다는 것은 그때 당시 날씨가 좋았다는 뜻이다. 그런데 천사들이 "하늘로 가심을 본 그대로 오신다"고 말했으니까, 예수님께서 재림하실 때와 그 시간은 적어도 캄캄한 밤도 아니고, 비나 눈이 내릴 때도 아니고, 맑고 푸른 하늘에 뭉게구름이 떠 있을 때 오실 것 같다는 상상을 해 보는 것도 재미있을 것 같다.

교회는 예수님께서 부활하신 뒤 40일째 되는 날에 승천하신 일을 기념하여 예수님의 승천일(the Ascension)로 지킨다.

"그가 고난 받으신 후에 또한 그들에게 확실한 많은 증거로 친히 살아계심을 나타내사 사십 일 동안 그들에게 보이시며 하나님 나라의 일을 말씀하시니라"(행 1:3).

승천일에 대해서 언급한 문서는 『사도규약』(*Apostolic Constitutions*, c.380)이다. 원래는 승천일을 별도로 기념하지 않고 성령강림절 당일에 예수님의 승천도 함께 기념하였는데, 4세기 말경 소아시아 지방의 콘스탄티노플과 안디옥에서 승천일을 따로 기념하기 시작함으로써 또 다른 승천일 전통이 생기게 되었다.

승천일을 기념하는 예배음악으로는 승천일이 부활 후 40일째 되는 목요일이기 때문에, 그 가까운 주일에 예수님의 승천과 다시 오실 예수님, 그리고 영원한 하늘나라의 집을 노래하는 것이 좋다. 개인적으로 맑고 푸른 날에는 이런 노래를 부르며 예수님의 재림을 기다려본다.

"이렇게 좋은 날에~ 이렇게 좋은 날에~
주님이 오신다면 얼마나 좋을까~
교회에 앉아서 주님을 보네
우리 주님 어디에서 왔을까
아름다운 예수님~"("꽃밭에서" 개사)

**성령강림절과
오순절은 같은 날이 아니다.**

사도행전 2:1-4는 성령 강림 사건에 대해서 다음과 같이 묘사하고 있다.

"오순절 날이 이미 이르매 그들이 다같이 한 곳에 모였더니 홀연히 하늘로부터 급하고 강한 바람 같은 소리가 있어 그들이 앉은 온 집에 가득하며 마치 불의 혀처럼 갈라지는 것들이 그들에게 보여 각 사람 위에 하나씩 임하여 있더니 그

예수는 테너일까, 베이스일까

들이 다 성령의 충만함을 받고 성령이 말하게 하심을 따라 다른 언어들로 말하기를 시작하니라"

유대 오순절 날에 예수님의 열두 제자와 남녀 성도들 백이십여 명이 모인 다락방에 성령님께서 불의 혀 같이 임하셨다. 예수님 께서 제자들에게 약속하신 대로 성령님께서 임하신 것이다.

"내가 아버지께 구하겠으니 그가 또 다른 보혜사를 너희에 게 주사 영원토록 너희와 함께 있게 하리니, 보혜사 곧 아 버지께서 내 이름으로 보내실 성령 그가 너희에게 모든 것 을 가르치고 내가 너희에게 말한 모든 것을 생각나게 하리 라"(요 14:16, 26).

교회는 이날을 기념하여 부활절 후 50일째 되는 주일을 성령강 림절로 지킨다. 이날에 제자들은 성령님의 충만함을 받아 한 번 도 배워본 적도 없는 외국어로 디아스포라 유대인들에게 복음을 전하게 되었다.

원래 하나의 방언만 사용했던 인간들이 바벨탑 사건으로 말미 암아 하나님의 징계를 받아 여러 방언으로 갈라진 이후, 처음으 로 모든 나라 사람들이 이스라엘 갈릴리 출신인 예수님의 제자 들의 입을 통하여 나오는 말을 각기 제 나라 말로 알아들을 수 있게 됨으로 흩어졌던 언어의 재통일을 이루게 되었다. 죄악으로 하나님과 멀어졌던 인간들이 예수 그리스도의 구속사건을 통해 성령님으로 하나 되는 역사가 일어나게 되었다.

성령강림절의 역사는 3세기경부터 시작하였고, 에드워드 6세 때 발간된 영국국교회의 『제1공동기도서』(1549)에서 Whitsunday라고 언급하였다. 성령강림절에 세례를 받을 때 사람들이 흰옷을 입고 세례를 받았기 때문에 영국국교회(성공회)에서는 이날을 '흰옷 입는 날, White Sunday'이라고 하였고, 줄여서 Whitsunday로 불렀다.

간혹 성령강림절을 오순절(Pentecost)이라고 부르는 경우가 있는데, 엄밀하게 말하면 오순절과 성령강림절은 같은 날이 아니다. 유대 오순절에 성령님이 강림하신 것은 맞지만 기독교교회가 기념하는 성령강림절은 유대 오순절이 아니다. 왜냐하면 유대 오순절은 유월절 후 오십 일째 되는 날인데, 예수님께서 제자들과 유월절 만찬을 하신 날로부터 오십 일째 되는 오순절은 주일이 아니라 금요일이었기 때문이다. 그런데 기독교는 유대교와 교회력이 일치되는 것을 기피하기 때문에 가까운 주일에 성령강림절을 지키게 되었다. 실제로 오순절에 성령님께서 강림하신 사건은 예수님께서 부활하신 날로부터 계산하면 50일째가 아니라 정확하게는 47일째이다.

무엇보다 유대 오순절과 기독교의 성령강림절의 큰 차이점은 오순절은 유월절 이후 50일이 되는 오순절 하루만 지키는 절기이지만, 기독교의 성령강림절은 부활절로부터 성령강림절까지 부활절기 50일 동안 이어지는 부활축일의 마지막 날이라는 점에서 확연하게 차이가 난다. 이렇게 기독교의 성령강림절은 초대교회 당시 오순절에 성령님께서 강림하셨다는 사실을 제외하고는 그 의미와 날수에서 큰 차이가 나기 때문에 기독교에서는 오순절이라는 이름 대신에 성령강림절로 부르는 것이 타당하다.

한국교회에서는 성령님을 뜨거운 불로 오해하여 "은혜가 풍성한 하나님은"(197장), "이 기쁜 소식을"(185장) 등과 같이 템포가 빠른 복음찬송을 많이 부르는데, 주일예배에서는 "비둘기같이 온유한"(187장), "성령이여 우리 찬송 부를 때"(195장), "성령의 은사를"(196장)과 같이 템포가 빠르지 않으면서 비둘기같이, 부드러운 바람같이 내리시는 성령님의 강림과 임재와 관련한 예배찬송을 부른다. 성령강림절의 색깔은 불의 혀 같은 모습이 보인 것에서 붉은색을 사용한다. 성령강림절 이후의 교회력은 성령강림절 후 첫 번째 일요일(First Sunday after Pentecost), 두 번째 일요일 등으로 부른다.

오순절에 강림하신 성령님은
불의 모습으로 오신 것이 아니다.

예수님께서 승천하시고 여러 날이 지난 뒤 오순절에 백이십여 명의 성도들이 모여 기도할 때 갑자기 강한 바람 소리가 들리고 불의 혀처럼 갈라지는 것들이 각 사람의 머리 위에 내려앉았다. 성령님께서 강림하셨다.

이런 모습에 한국교회는 성령님을 이야기하면 뜨거운 불로 생각한다. 그런데 사도행전 2장 3절에 보면, "불의 혀처럼 갈라지는 것"이라고 했지 불이라고 하지 않았다. 실제 불이었으면 사람들 머리카락이 타든지, 머리가 뜨거워서 뛰어다니든지 했을 텐데 그런 반응을 보이지 않았다는 것은 진짜 불이 아니었음을 말해 준다.

실제로 헬라어 원문은 '불같이'가 아니라 '혀같이'로 기록하고 있다. 즉, 누가는 불을 강조한 것이 아니라 혀를 강조하였다. 혀의 헬라어가 '글로싸'인데 사도행전 2장 4절의 '다른 언어', 곧 방언에도 같은 단어 '글로싸'를 사용하고 있다는 사실에 주목해야 한다. 제자들이 성령님의 충만함을 받은 후 다른 언어로 복음을 전했다는 사실이 이를 증명해 준다. 성령님은 혀(언어)를 통해서 임하셨지 불로 임하신 것이 아니다.

그런데 한국교회에서는 "불 받았다"를 "성령 받았다"로 오해한다. 성령님은 무조건 뜨거워야 하는 것으로 생각하기 때문이다. 그래서 찬송을 부를 때도 박수 치며 열창하고, 기도를 할 때도 "주여! 주여!" 부르면서 열광적이다. 성령님을 뜨거운 불로 잘못 오해한 데서 오는 행태이다.

물론 성령님은 불일 수도 있지만, 비둘기같이, 바람같이 세미한 음성으로 부드럽게 조용하게 오실 때가 많다. 세례 요한이 세례를 베풀 때 이렇게 말했다.

> "요한이 모든 사람에게 대답하여 이르되 나는 물로 너희에
> 게 세례를 베풀거니와 나보다 능력이 많으신 이가 오시나니
> 나는 그의 신발끈을 풀기도 감당하지 못하겠노라 그는 성령
> 과 불로 너희에게 세례를 베푸실 것이요"(눅 3:16).

요한은 세 가지 세례, 곧 물세례, 성령세례, 불세례를 언급하고
있다. 먼저 물세례는 예수님을 구세주로 믿는다는 고백을 공개적
으로 증언하는 표식에 지나지 않는다. 그래서 세례 요한이 물세
례를 베풀었지만 물로 세례 받은 모든 사람들이 구원받은 것은
아니었다. 구원은 성령세례를 받아야만 한다.

> "이는 아직 한 사람에게도 성령 내리신 일이 없고 오직 주
> 예수의 이름으로 세례만 받을 뿐이더라 이에 두 사도가 그
> 들에게 안수하매 성령을 받는지라"(행 8:16-17).

사마리아 사람들이 하나님의 말씀을 들은 뒤 예수님 이름으로
물세례를 받은 사람들은 있었지만 이들에게 성령님이 임하지 않았
다. 즉, 구원을 받지 못했기 때문에 예루살렘의 사도들이 베드로와
요한을 사마리아에 보냈고, 이들이 안수할 때 성령을 받았다.

그렇다면 세례 요한이 말한 불세례는 무엇인가? 여기서 한국교

회가 오해를 많이 한다. 성령세례가 곧 불세례인 것으로 착각하고 있다. 그런데 세례 요한이 언급한 불세례는 회개와 정결을 의미한다. 이사야 6장에 보면, 이사야가 소명을 받을 때에 천사가 숯불로 그 입술을 정결하게 하였다.

"그때에 그 스랍 중의 하나가 부젓가락으로 제단에서 집은
바 핀 숯을 손에 가지고 내게로 날아와서 그것을 내 입술에
대며 이르되 보라 이것이 네 입에 닿았으니 네 악이 제하여
졌고 네 죄가 사하여졌느니라 하더라"(사 6:6-7).

세례 요한이 말한 불로 세례를 베푼다는 것은 예수님께서 죄를 씻어주신다는 뜻으로, 죄의 회개와 정결을 의미한다. 물세례는 공개적인 신앙고백을 표현하는 반면, 성령세례만이 구원의 세례이다.

"이것이 너희의 간구와 예수 그리스도의 성령의 도우심으로
나를 구원에 이르게 할 줄 아는 고로"(빌 1:19).

예수 그리스도의 영, 곧 성령께서 도우실 때 구원에 이르게 된다는 말씀이다.

결론적으로 성령님은 불의 모습으로 오신 것이 아니라, 혀의 모습으로 오셨다. 제자들이 성령으로 충만할 때 다른 언어로 복음을 전하였다는 것에서 성령은 말씀으로 임하신다는 사실을 알

수 있다. 예수님께서 제자들에게 하신 말씀에서도 이런 사실이 드러난다.

> "보혜사 곧 아버지께서 내 이름으로 보내실 성령 그가 너희에게 모든 것을 가르치고 내가 너희에게 말한 모든 것을 생각나게 하리라"(요 14:26).

성령은 하나님의 말씀을 가르치고 주님께서 말씀하신 모든 말씀을 생각나게 도와주신다. 성령은 말씀을 깨닫게 하고 생각나게 해 주신다. 성령은 불이 아니라, 말씀이다. 말씀을 들을 때 성령께서 우리의 마음을 불처럼 뜨겁게 해 주실 것이다.

**할로윈은
기독교 교회력이다.**

성령강림절 이후의 교회력에는 성삼위일체주일, 종교개혁주일, 만성절, 추수감사절, 그리고 '왕이신 그리스도 주일'이 있다.

성령강림절 이후 보통 절기는 예수 그리스도의 죽음과 부활을 통해 인류 구속이 완성된 이후의 하나님 나라의 임재와 소망, 그리고 평화를 추구하는 기간으로, 성삼위일체주일, 추수감사주일처럼 특정 절기가 정해진 경우를 제외하고는 다양한 주제와 종류의 음악으로 하나님을 찬양하는 것도 좋을 것이다.

성령강림절 이후 보통 절기 중의 매주일 교회력의 이름은 성령강림절 후 첫 번째 일요일(First Sunday after Pentecost), 두 번째 일요일, 마지막 일요일(Last Sunday) 등으로 부른다.

1) 성삼위일체주일(Trinity Sunday)

성령강림절 후 첫 번째 주일에 오는 성삼위일체주일(Trinity Sunday)은 다른 교회력과는 달리 성경의 역사적 사건이나 예수님의 생애와 관련된 교회력이 아닌, 하나님의 존재에 관한 조직신학의 문제와 관련된 교회력이다.

사실 삼위일체라는 단어는 성경에 나오지 않는다. 하지만 우리가 아버지 하나님이라 부르는 성부 하나님, 하나님의 아들 예수 그리스도이신 성자 하나님, 그리고 예수님을 그리스도로 믿게 해주시는 성령 하나님, 곧 삼위 하나님이 성경에는 분명하게 등장한다.

> "주 예수 그리스도의 은혜와 하나님의 사랑과 성령의 교통하심이 너희 무리와 함께 있을지어다"(고후 13:13).

예배 마지막에 선포하는 축도가 이 말씀에서부터 시작하였다. 이렇게 삼위일체 교리는 성부, 성자, 성령 세 분 하나님이 계신데,

이 세 분이 한 분 하나님이시라는 것이다.

> "하나님은 한 분이시요 또 하나님과 사람 사이에 중보자도
> 한 분이시니 곧 사람이신 그리스도 예수라"(딤전 2:5).

성경은 분명히 말씀한다. 하나님은 한 분이시다. 그런데 성경에는 성부, 성자, 성령 하나님이 분명하게 등장하신다. 구체적으로 성부 하나님께서 인간의 구속사역을 총괄, 기획하시고, 주인공이신 성자 예수님께서 구속사역을 직접 담당하셨고, 보혜사 성령 하나님께서 이 땅에 강림하심으로 성부, 성자, 성령 삼위 하나님께서 인간 구속사역을 완성하셨다. 그래서 성령 하나님이 오신 바로 다음 주일에 성부, 성자, 성령 삼위 하나님을 기억하고 기념하는 삼위일체주일로 지킨다.

성삼위일체주일은 약 10세기경 서방에서부터 시작되어 14세기경에 완전한 교회력으로 정착되었다. 일부 교회는 성령강림절 이후의 교회력 이름을 '성령강림절 후 첫 번째 일요일(First Sunday after Pentecost)', '두 번째, 세 번째 일요일' 대신 '성삼위일체주일 후 첫 번째 일요일(First Sunday after Trinity)', '두 번째, 세 번째 일요일'이라고 부르기도 한다.

성삼위일체주일의 예배음악은 성부, 성자, 성령 삼위 하나님을 찬양하는 것이 좋다. 그리고 예전 색깔은 하나님을 상징하는 흰색을 사용한다.

2) 종교개혁주일(Reformation)

종교개혁주일은 개신교회에서만 지키는 교회력이다. 왜냐하면 종교개혁이 카톨릭교회를 대상으로 일으킨 개혁이기 때문이다. 그래서 이 교회력은 루터교회만의 기념일로서 개혁교회에서조차 공시적인 교회력으로 지정되어 있지 않는 교회가 많다. 만성절과 추수감사절은 전통적인 교회의 표준 교회력은 아니지만 특별 교회력 중의 하나로는 지정되었는데 종교개혁주일만은 특별 교회력에도 들어 있지 않다.

종교개혁주일은 마틴 루터의 종교개혁(1517년 10월 31일)을 기념하는 교회력이기 때문에 10월 마지막 주일에 지킨다. 예배음악으로는 마틴 루터가 작곡한 "내 주는 강한 성이요"(585장)의 멜로디를 주제로 한 곡이 적합할 것이다.

표준 교회력에도 들어 있지 않아 지정된 색깔이 없으므로 성령강림절 후 비절기 기간의 색깔인 초록색이 무난하다.

3) 만성절(萬聖節, All Saints' Day=Hallowmas)과 할로윈

만성절은 성경과 교회에서 인정한 성인들을 기념하는 축일이다. 11월 1일에 지키는 만성절은 기독교의 전통 축일 중의 하나로서 개신교회에서는 잘 지키지 않지만, 세계교회협의회에서는 특별 기념일로 인정하고 있다.

크리스마스(Christ+mas)가 '그리스도를 위한 미사(예배)'라는 뜻이 있듯이, 만성절(핼로우마스, Hallow+mas) 또한 '성인들을 위한 미사(예배)'의 뜻을 가지고 있다. 동시에 크리스마스이브(Christmas Eve)가 크리스마스 전날 밤을 뜻하듯이, 핼로인(Hallow-een)도 만성절 전날 밤을 뜻한다.

만성절 하루 전날인 10월 31일, 할로윈 데이(Halloween Day; Hallow+een)는 기원전 500년경부터 영국과 아일랜드 지방에 거주하던 켈트족 성직자들이 이날을 악령을 쫓는 축제일로 삼은 데서 기원하는 것으로 전해진다.

서양인들에게 어릴 적 가장 기억에 남는 명절이 언젠지 물어보면 대부분 할로윈을 꼽을 정도로 영국 등 북유럽과 미국에서는 할로윈을 큰 명절로 지키고 있다. 지금도 할로윈 밤이 되면 동네 아이들이 귀신의 모습을 하고는 집집마다 문을 두드리면서 이렇게 말한다. "Trick, or treat! 대접해 주지 않으면 마술을 부릴 거야!" 방문한 집에서 과자를 주지 않거나 대문을 열어주지 않으면 토마토나 계란을 던지면서 해코지를 하겠다는 것이다. 이날에는 아이들뿐만 아니라 가면을 쓴 많은 사람들이 바깥으로 나와서 폭죽을 터뜨리거나 술 마시고 노래하며 축제를 즐긴다.

마틴 루터가 종교개혁의 신호탄이 된 95개 조항을 토론하는 날짜를 10월 31일 저녁에 잡은 이유가 사람들이 제일 많이 모이는 할로윈축제와 무관하지 않은 것 같다. 종교개혁의 성공에 할로윈의 도움을 받았다?

예수 그리스도의 탄생을 축하하는 크리스마스가 교회의 축일이라기보다는 오히려 세상적인 음주가무(飲酒歌舞)의 축제로 변질된 것처럼, 할로윈 또한 성인들(Saints)을 기념하는 축일과는 아무 상관없이 세상의 축제로 변질되고 말았다는 것도 슬픈 일이다.

4) 추수감사절(Thanksgiving)

추수간사절은 17세기에 신대륙 미국에 건너왔던 영국과 네덜란드 청교도들에 의해서 지켜지기 시작한 미국교회의 기념일로서, 1863년 링컨 대통령이 11월 마지막 목요일을 추수감사절 공휴일로 정하였으며, 그 후 1941년 국회에서 11월 넷째 목요일을 추수감사절로 지키도록 정한 것이 그 계기가 되었다.

어머니주일이나 어린이주일 등이 전통적인 교회력이 아닌 것과 마찬가지로, 추수감사절 또한 초대교회로부터 지켜온, 그리고 예수님의 생애와 직접적으로 관련되고 성경에 입각한 전통적인 교회력에 해당되지 않는다.

추수감사절은 미국 청교도들로부터 시작된 미국의 국가 공휴일이다. 한국의 개신교회가 전통적인 교회력은 외면하면서 굳이 추수감사절을 지키려면 남의 나라의 공휴일을 따를 것이 아니라, 우리나라 고유 명절인 추석을 교회축일로 지키는 것이 합리적이라고 생각한다. 그럴 경우 예배음악은 토착적인 추수감사의 의미를 부각시켜 전통민요 가락으로 작곡한 감사찬송곡에 전통악기를 동원하여 찬양하는 것도 한국 교회음악의 토착화 측면에서 바람직한 시도라고 생각한다.

추수감사절은 전통적인 교회력이 아니므로 계절의 특성을 살려 과일이나 단풍 색깔인 붉은색을 사용할 수도 있지만, 전통 교회력의 관점에서는 성령강림절 후 보통기간의 색깔인 초록색을 사용하도록 한다. 추수감사절은 미국 국가공휴일이기 때문에, 한국교회에서는 교단에서 지정한 주일이나 교회의 목회일정에 맞추어 지키면 된다.

5) 왕이신 그리스도 주일(Christ the King)

'왕이신 그리스도 주일(그리스도 왕 주일)'은 일 년의 교회력을 마감하는 주일이다. 그리스도를 왕으로 선포하는 것으로 교회력을 마감한다. 일 년 교회력의 마지막 주일로서 다음 교회력의 대림절기 첫 번째 주일이 정해지면 그 직전 주일이 성령강림절 후 마지막 주일, 곧 '왕이신 그리스도 주일'이 된다.

앞에서도 언급하였듯이 12월 25일 성탄절이 월, 화, 수요일에 떨어지면 대림절기가 12월 첫째 주일부터 시작되어 '왕이신 그리스도 주일'은 11월 마지막 주일이 되고, 성탄절이 목요일 이후에 떨어지면 대림절기가 11월 마지막 주일이 되어 '왕이신 그리스도 주일'은 그 직전 주일이 된다. 결론적으로 '왕이신 그리스도 주일'은 12월 25일 성탄절의 영향을 받기 때문에 '왕이신 그리스도 주일'이 12월부터 시작하는 경우는 없다.

찬양곡으로는 교회력의 이름대로 왕이신 그리스도를 노래한다. 찬송가 "왕 되신 주"(24장), "예수 우리 왕이여"(38장) 등의 찬송을 부른다. 색깔은 하나님을 상징하는 흰색을 사용한다.

교회에서 사용하는 색깔은 12세기 전까지는 주로 흰색이었으나, 교황 인노센트 3세(Innocent III, 1198-1216) 때 교회에서 사용하는 색깔의 의미를 흰색은 축제(Feasts), 빨간색은 순교(martyrs), 검은색은 고난, 초록색은 희망으로 정하였다. 그러다가 1570년 교황 피우스 5세(Pius V) 때 교회의 공식적인 색깔이 정해졌다. 즉, 보라색(Violet, 청색으로 대치 가능)은 참회(사순절기)와 준비(대림절기), 흰색은 축제(성탄절, 부활절), 빨간색은 성령(성령강림절)과 보혈(종려주일, 성목요일, 성금요일), 검은색은 죽음(성금요일, 성토요일)을 의미하는 것으로 정했다.

지금은 일부 특정 교회들을 제외하고는 카톨릭교회와 세계 거의 모든 개신교회가 공통적으로 다음과 같은 교회력 색깔을 준수하고 있다.

① 대림절기 : 대림절기 첫 주일부터 대림절기 넷째 주일까지의 색깔은 보라색인데 청색으로 대치가 가능하다.
② 성탄절기 : 성탄절기는 성탄절 이브와 성탄절, 성탄절 후 첫 번째 일요일 혹은 두 번째 일요일부터 1월 6일 주현절까

지이며 색깔은 축제를 의미하는 흰색을 사용하지만, 황금색을 사용해도 된다.

③ 주현절 이후 보통 절기 : 주현절 후 첫 번째 일요일, 즉 예수님의 세례 기념주일부터 주현절 후 마지막 일요일인 산상변모주일까지의 색깔은 첫 번째와 마지막 일요일은 흰색, 나머지 일요일은 초록색을 사용한다.

④ 사순절기 : 사순절기의 시작인 참회의 수요일부터 사순절기 다섯 번째 일요일까지의 색깔은 참회를 의미하는 보라색이다.

⑤ 고난주간 : 종려주일부터 시작되는 고난주간은 원칙적으로 붉은색이나, 성금요일과 성토요일은 검은색 혹은 무색(無色)으로 대치 가능하다. 간혹 고난주간이 사순절기에 포함되어 있다는 것 때문에 보라색을 사용하는 경우가 있는데 이는 잘못된 것이다.

⑥ 부활절과 성령강림절 : 부활절 전야, 부활주일, 부활절 두 번째 일요일부터 여섯 번째 일요일까지와 승천일은 흰색이지만 일곱 번째 일요일인 성령강림절은 붉은색을 사용한다.

⑦ 성령강림절 이후 보통 절기: 성령강림주일 후 첫 번째 주일인 삼위일체주일과 마지막 주일인 '왕이신 그리스도 주일'은 흰색을 사용하고, 나머지는 초록색을 사용한다.

교회력 색깔에서 유의할 것은 주일의 색깔이 정해지면 이어지는 한 주간 동안 같은 색깔을 유지하는 것이 원칙이다. 예를 들면, 성령강림주일 색깔이 붉은색이므로 다음 날 월요일부터 토요일까지도 붉은색을 사용해야 한다. 그리고 성령강림절 다음 주일인 삼위일체주일에 흰색으로 바꾸고, 역시 월요일부터 토요일까지 흰색을 사용하다가 '성령강림절 후 두 번째 주일'에 초록색으로 바뀐다.

단, 주중에 교회력이 바뀌는 경우는 그 교회력 색깔을 사용해야 한다. 예를 들면, 산상변모주일 색깔이 흰색이고 다음날 월요일부터 한 주간 동안도 흰색을 사용해야 하지만, 수요일이 사순절기의 시작인 성회수요일이기 때문에 보라색으로 바뀌게 된다. 그리고 대림절기가 끝나고 성탄절이 시작되는 경우도 마찬가지이다. 대림절기 마지막 네 번째 주일의 색깔은 보라색이고 그 다음날 월요일부터도 보라색이지만 주중에 성탄절이 오면 성탄절부터는 흰색으로 바뀌게 된다.

교회력은 어떻게 구분되어 있을까?

1) 일일 교회력과 기간 교회력

예수는 테너일까, 베이스일까

교회력은 크게 하루만을 기념하는 일일개념의 교회력과 일정한 기간 동안 지키는 기간개념의 교회력으로 구분된다.

(1) 일일개념의 교회력

성탄절, 주현절, 주님의 수세주일, 산상변모주일, 참회의 수요일(재의 수요일), 종려주일, 세족목요일, 성금요일, 성토요일, 부활절(부활주일), 승천일, 성령강림절(오순절), 삼위일체주일, 추수감사절, 종교개혁주일, 만성절, 왕이신 그리스도 주일(그리스도 왕 주일)

(2) 기간개념의 교회력

대림절기, 성탄절기, 주현절 후 비절기 기간, 사순절기, 부활절기, 성령강림절 후 비절기 기간

2) 고정 교회력과 변동 교회력

교회력에는 매년 그 날짜가 고정되어 있는 교회력과 해마다 변동되는 교회력이 있으며, 또한 성탄절이나 부활절의 날짜에 따라 영향을 받는 교회력이 있다.

(1) 고정 교회력

① 성탄절 : 12월 25일

② 주현절 : 1월 6일

③ 종교개혁주일 : 10월 31일

④ 만성절 : 11월 1일

⑤ 추수감사주일 : 11월 둘째 혹은 셋째 주일(교회 사정에 따 라 유동적이다.)

(2) 성탄절에 의해 변동하는 교회력

① 대림절기 : 성탄절(12월 25일) 이전 4주 동안 지킨다. 대림절기 첫 번째 주일이 교회력의 시작이 된다.

② 왕이신 그리스도 주일 : 대림절기가 정해지면 그 직전 주일을 '왕이신 그리스도 주일'로 지키면서 한 해의 교회력을 마감하게 된다.

(3) 부활절에 의해 변동하는 교회력

부활절 날짜에 따라 변동하는 교회력들이 많이 있지만 정작 부활절도 매년 그 날짜가 바뀐다. 부활절 날짜가 정해지면 거기에 따라 다른 교회력들도 정해진다.

① 참회의 수요일(재의 수요일) : 부활절 40일 전인 날로서 주일은 제외한다. 이날부터 사순절기가 시작된다.

② 산상변모주일 : 참회의 수요일이 정해지면 그 직전 주일이 주현절 후 마지막 주일이 되면서, 동시에 산상변모주일로 지킨다.

③ 사순절기 : 참회의 수요일부터 부활절 전날, 성토요일까지 40일 동안 지킨다.

④ 고난주간 : 사순절기의 마지막 주간으로서 종려주일부터 성토요일까지 예수 그리스도의 고난과 십자가 죽음, 음부의 고통까지 인류구속의 절정을 이루는 주간이다.

⑤ 부활절기 : 부활주일부터 성령강림절까지 50일 동안 지킨다.

⑥ 승천일 : 부활주일부터 40일째 되는 날이다.

⑦ 성령강림절(오순절) : 부활주일부터 50일째 되는 날이다.

⑧ 삼위일체주일 : 성령강림절 다음 주일이다.

1년 52주, 매주일의 교회력 이름은 다음과 같다.

1) 대림절기 첫 번째 주일(First Sunday of Advent)

2) 대림절기 두 번째 주일(Second Sunday of Advent)

3) 대림절기 세 번째 주일(Third Sunday of Advent)

4) 대림절기 네 번째 주일(Fourth Sunday of Advent)

5) 성탄절(Christmas) 혹은 성탄주일(Christmas Sunday)

6) 성탄절 후 첫 번째 주일(First Sunday after Christmas)

7) 성탄절 후 두 번째 주일(Second Sunday after ristmas)
   (성탄절이 일요일, 월요일, 혹은 화요일이 될 경우에는 '성탄절 후 두 번째 주일'은 오지 않는다.)

8) 주현절(Epiphany)

9) 주현절 후 첫 번째 주일, 주님의 수세주일(Baptism of the Lord)

10) 주현절 후 두 번째 주일(Second Sunday after Epiphany)

11) 주현절 후 세 번째 주일(Third Sunday after Epiphany)
(부활절 날짜에 따라 이후 '주현절 후' 몇 번의 주일이 더
올지 정해진다.)

12) 주현절 후 마지막 주일(Last Sunday after Epiphany), 산
상변모주일(Transfiguration)

13) 참회의 수요일(재의 수요일, Ash Wednesday)

14) 사순절기 첫 번째 주일(First Sunday in Lent)

15) 사순절기 두 번째 주일(Second Sunday in Lent)

16) 사순절기 세 번째 주일(Third Sunday in Lent)

17) 사순절기 네 번째 주일(Fourth Sunday in Lent)

18) 사순절기 다섯 번째 주일(Fifth Sunday in Lent)

19) 종려주일(Psalm Sunday)

20) 부활주일(Easter Sunday)

21) 부활절기 두 번째 주일(Second Sunday of Easter)

22) 부활절기 세 번째 주일(Third Sunday of Easter)

23) 부활절기 네 번째 주일(First Sunday of Easter)

24) 부활절기 다섯 번째 주일(First Sunday of Easter)

25) 부활절기 여섯 번째 주일(First Sunday of Easter)

26) 부활절기 일곱 번째 주일(First Sunday of Easter)

27) 성령강림절(Pentecost, Whitsunday)

28) 성령강림절 후 첫 번째 주일(First Sunday after Pentecost),

예수는 테너일까, 베이스일까

삼위일체주일(Trinity Sunday)

29) 성령강림절 후 두 번째 주일(Second Sunday after Pentecost) ('왕이신 그리스도 주일' 날짜에 따라 '성령강림절 후' 몇 번의 주일이 더 올지 정해진다.)

30) 종교개혁주일(Reformation)

31) 추수감사주일(Thanksgiving Sunday)

32) 성령강림절 후 마지막 주일(Last Sunday after Pentecost), 왕이신 그리스도 주일(Christ the King)

(표지 뒷날개 '교회력 도표' 참조)

Part 4
...

교회 건축

Church Architecture

교회 건물은
꼭 필요한 것일까?

　우리는 스스로에게 "예배를 드리기 위해 교회 건물은 꼭 필요한 것인가?"라는 질문을 던져보기도 한다. 그동안 이런 질문은 기성교회의 관심을 끌지는 못했다. 그런데 세기의 코로나 팬데믹을 경험하면서 이런 질문이 더욱 피부로 실감하게 되었다. 실제로 코로나 팬데믹 동안에 교회는 강제적으로 교회 건물을 떠나 개인의 처소에서 예배를 드렸기 때문이다. 이제 다시 질문을 던진다. "교회 건물, 정말 필요한 것일까?"

　결론부터 말하면, 교회당이 반드시 필요한 것은 아니다. 코로나 팬데믹이 아니더라도 역사적으로도 초대교회가 정상적인 교회 건물에서 시작한 것이 아니라, 일반 가정에서부터 시작하였기 때문이다. 실제로 기독교 신앙공동체에게 필요한 것은 하나님의 말씀인 성경과 찬송, 세례를 위한 소량의 물, 성찬을 위한 빵과 포도주, 그리고 최소한의 공간만 있으면 예배드리는 데 문제가 없었다. 그런데 하나님께서는 시내산에서 모세에게 십계명 돌판과 율법을 주신 직후에 성막을 짓도록 명령하셨다.

　　"내가 그들 중에 거할 성소를 그들이 **나를 위하여 짓되** 무릇 내가 네게 보이는 모양대로 장막을 짓고 기구들도 그 모양을 따라 지을지니라"(출 25:8-9).

하나님께서 성막을 짓는 목적을 말씀하신다. "나를 위하여 짓되", 즉 하나님을 위하여 성막을 지으라는 말씀인데, 원문대로 풀이하면 "내가 머물 수 있는"이라는 뜻으로, 곧 하나님께서 머물 수 있도록 성막을 지으라는 말씀이다.

그렇다면 하나님께서는 거할 곳이 없어서 성막을 만들라고 하셨을까? 정확한 하나님의 뜻은 22절에서 말씀하신다.

"거기서 **내가 너와 만나고** 속죄소 위 곧 증거궤 위에 있는 두 그룹 사이에서 내가 이스라엘 자손을 위하여 **네게 명령할 모든 일을 네게 이르리라**"(출 25:22).

성막을 짓는 첫 번째 목적은 "내가 너와 만나고", 곧 하나님과 하나님의 백성 간의 만남이다. 두 번째 목적은 "네게 명령할 모든 일을 네게 이르리라", 즉 말씀 선포를 위한 장소로서 성막을 선택하셨다. 성막을 짓는 목적은 첫째, 만남, 둘째, 말씀 선포이다. 29장에서도 동일한 내용을 말씀하신다.

"이는 너희가 대대로 여호와 앞 회막 문에서 늘 드릴 번제라 내가 거기서 너희와 만나고 네게 말하리라"(출 29:42).

예수는 테너일까, 베이스일까

"너희와 만나고" "네게 말하리라." 만남과 말씀 선포이다. 이 말씀대로라면 하나님께서는 성막에서만 백성과 만나고 성막에서만 말씀을 선포하시겠다는 뜻으로 오해할 수 있다.

그렇다면 하나님은 성막이 아닌 곳에서는 만날 수 없다는 말인가? 결코 아니다. 하나님은 무소부재하신 분이다. 온 우주에 편만하신 분이다. 언제 어디서나 우리와 함께하시는 임마누엘 하나님이시다. 그럼에도 불구하고 성막에서도 만나시겠다고 말씀하신다. 우리가 교회에 나가야 하는 이유가 여기에 있다. 어디서나 하나님을 만날 수 있지만 하나님께서는 우리를 교회에서 만나고 싶어 하시기 때문이다.

사랑하는 사람끼리는 굳이 특정한 장소가 아니라도 서로의 마음속에 있다. 그런데 사랑하는 사람이 일주일에 한 번 추억의 공원이나 카페에서 만나자고 하면 반드시 약속장소에 나간다. 사정이 있어 나가지 못할 때는 서로의 마음속에 있기 때문에 충분히 이해한다. 하지만 할 수 있는 대로 약속장소에 나가는 것이 서로의 사랑을 확인할 수 있는 길이기도 하다.

하나님의 마음이 그런 것이다. 하나님께서는 어느 곳에서나 우리를 지켜보시고 우리를 사랑하신다. 그런데 특정한 장소, 교회에서 만나고 싶어 하신다. 정해진 장소, 교회에서 만나고 싶어 하신다는 말이다. 그곳에서 은밀한 말씀을 주고 싶어 하신다. 덧붙여서 사랑하는 아들을 죽이시면서까지 구원하신 하나님의 백성을, 아들을 살리시고 부활시키신 부활의 날, 곧 주일에 만나고 싶어 하신다는 말이다.

한편, 하나님과의 만남도 중요하지만, 동시에 회중 간의 만남도 중요함을 알려주셨다. 성막의 이름을 모임의 장소라는 뜻의 회막(會幕, Tent of Meeting)으로 부르신 이유가 그것이다. 회막의 히브리어가 호엘 모에드(the tabernacle of the congregation, 만남의 장막)인 것만 보아도 하나님과의 만남, 회중 간의 만남이 얼마나 중요한지를 말씀해 주고 있다. 성전이 부서지고 바벨론 포로생활 중에 생긴 것으로 추정하는 유대인 회당, 시나고그(Synagogue) 또한 만남이라는 뜻의 히브리어 '모에드(מוֹעֵד)'에서 파생하였다. 그리고 기독교교회의 시작인, 주님께서 말씀하신 교회도 모임이라는 뜻의 '에클레시아'를 사용한다.

> "또 내가 네게 이르노니 너는 베드로라 내가 이 반석 위에 내 교회(ἐκκλησία)를 세우리니 음부의 권세가 이기지 못하리라"(마 16:18).

이렇게 하나님께서는 모여서 만나는 것을 중요하게 여기셨다.

성막을 짓게 하신 하나님의 두 번째 뜻은 말씀 선포이다. 하나님께서는 성소에서 만나고 성소에서 말씀 선포하겠다고 말씀하신다. 그렇다면 말씀 선포는 교회에서만 가능하다는 말씀인가?

적어도 성막시대에는 그랬다. 지성소에서 말씀하셨다. 하지만 시대를 거치면서 말씀 선포의 장소와 방법이 다양해졌다. 특히 오늘날에는 옛날과 완전히 달라졌다. 지금은 미디어의 발명으로 여러 가지 전달 방법이 생겼다. 오디오와 영상을 통해서 얼마든지 말씀 전달이 가능하게 되었다.

그렇다면 교회에서는 말씀을 들을 필요가 없게 된 것인가? 결코 아니다. 다양한 경로와 방법으로 말씀이 선포되고 말씀을 들을 수 있지만, 하나님의 성전에서 말씀이 선포되고 듣는 것도 여전히 유효하다. 하나님의 말씀은 영원하기 때문이다. 굳이 중요성을 따지자면 성전에서의 말씀 선포와 들음이 훨씬 중요하다는 것은 두말할 필요가 없다.

성막을 지으라고 말씀하신 세 번째 이유는 제사이다. 속죄의 제사와 감사의 제사를 드리기 위해서 성막을 짓도록 하셨다. 오늘날 예배에서 속죄와 감사가 있어야 하는 이유가 여기에 있다. 그런데 제사를 드릴 때는 항상 찬양을 동반하였다.

> "노래하는 레위 사람 아삽과 헤만과 여두둔과 그의 아들들과 형제들이 다 세마포를 입고 **제단 동쪽에 서서** 제금과 비파와 수금을 잡고 또 나팔 부는 제사장 백이십 명이 함께 서 있다가"(대하 5:12).

하나님께서는 찬양이 없는 제사는 받지 않으셨다.

> "히스기야가 명령하여 번제를 제단에 드릴새 번제 드리기를

시작하는 동시에 여호와의 시로 노래하고 나팔을 불며 이스라엘 왕 다윗의 악기를 울리고 온 회중이 경배하며 노래하는 자들은 노래하고 나팔 부는 자들은 나팔을 불어 번제를 마치기까지 이르니라"(대하 29:27-28).

성막/성전, 그리고 오늘날의 교회의 존재 목적은 분명하다. 만남과 말씀 선포와 제사(예배)이다. 그런데 주의할 것은 결코 형식에 치우쳐서는 안 된다.

성막 건축은 하나님의 명령이다. 하지만 하나님께서는 성전을 파괴시켜 버리기도 하셨다. 성전 제사의 기본 정신을 갖추지 않으면 성전도 필요 없고, 찬양도 필요 없다는 뜻이다.

눈에 보이는 성전과 교회 건물의 존재 목적은 하나님과의 더 깊은 만남 안으로, 더 풍성한 은혜 안으로 들어가고, 더 아름답고 수준 높은 찬양으로 하나님께 영광 돌림에 있다. 그를 통해 더 나은 신앙생활을 할 수 있다.

그런데 성전 제사와 교회 예배를 드리고 난 뒤에, 마치 의무사항만 다하면 일상생활은 하나님의 뜻과 동떨어진 생활을 해도 좋다는 듯이 세상에만 빠져 살아간다면, 하나님께서는 언제든지 성전과 교회 건물을 부수어 버리실 것이다.

교회 건물이 아니고도 하나님을 만날 수 있지만 하나님과의 더 깊은 만남 안으로 들어가도록 교회를 짓게 하셨다. 교회 건물이 아니고도 말씀의 은혜를 누릴 수 있지만 더 풍성한 은혜 안으로 들어가도록 교회에 나와서 말씀을 듣도록 하셨다. 교회 건물이 아니고도 얼마든지 찬양할 수 있지만 더 거룩한 찬양을 올려드릴 수 있도록 교회당 안에서 찬양이 울려 퍼지도록 허락하셨다는 사실을 잊지 말아야 한다. 이런 관점에서 교회 건물은 필요하다.

교회를 건축하기 전에 고려해야 할 사항은 무엇인가?

교회 건축은 구약의 성막과 성전에 기초하여 오늘날에 이르기까지 오랜 세월 동안 시대와 교회의 요청에 따라 다양하게 변화되어 왔다.

먼저, 신구약성경에 나타난 예배처소는 크게 세 가지로 발전되었다. 출애굽 당시의 성막에서부터 출발하여 가나안 땅에 정착한 이후 왕정시대에 건축한 솔로몬의 성전, 그리고 바벨론에 의한 성전의 파괴와 남왕국 유다의 멸망에 따른 유대인의 포로기간 동안에 생긴 것으로 추정되는 유대교 회당(시나고그)이 있다. 그리고 기독교교회가 세워지기 시작하였다.

하지만 초대교회는 교회 건물이 없이 가정교회에서 출발하였다. 가정교회는 성찬을 위해 두 개의 방이 합쳐졌고, 세례를 위한 방이 따로 분리되어 있었다. 기독교가 공인된 후에 교회는 로

마의 공회당 법정으로 사용하였던 한쪽 끝이 반원형으로 돌출한 직사각형 형태의 바실리카 건물을 양도받았다. 결국 이러한 바실리카 건축 양식이 오랫동안 교회 건축의 기준으로 자리잡았다. 재판장석 자리에 교구의 감독 혹은 교회의 장로(목사)가 자리하였고, 의자가 없었던 교인들은 선 채로 예배를 드렸다. 동방교회는 정사각형의 본당 위에 하늘이 보이고 채광이 가능한 둥근 돔이 덮여 있어 이 땅에서의 예배가 천국에서의 예배를 연상시키게 하는 구조를 갖추었다. 또한 집례자와 회중과의 관계를 보다 가깝게 하기 위하여 성찬상을 중심에 배치하였다.

중세 이후 수도원공동체가 늘어나면서 교회 건물의 구조가 영향을 받게 되었다. 수도원공동체 구성원들 대부분은 예배를 드릴 때 찬양대원의 직분도 담당하였기 때문에 찬양대석이 교회의 공간을 많이 차지하게 되었다. 중세 후기에는 교창(화답송)이 가능하도록 십자가 형태의 좌우 날개부분, 남쪽과 북쪽에 두 개의 찬양대석을 위치시켜 회중석으로부터 고립되기 시작하였다. 어떤 지역에서는 찬양대석이 강단의 후미진 곳(Apse) 깊숙이 위치함으로 회중석과 완전히 분리되는 형태가 나타났다.

교회 건물이 전문화됨에 따라 교구교회들 중에서는 성직자와 영주의 가족들을 위해 커튼으로 가리는 별도의 공간을 마련하였고, 이런 결과로 교회의 내부구조가 균형을 잃게 되었다. 14세기에 들어서면서 회중을 위한 의자가 비치되기 시작하였는데, 이러한 의자의 설치는 회중이 장시간 편안하게 예배드릴 수 있다는

　　　　예수는 테너일까, 베이스일까

것과 동시에 한편으로는 회중의 움직임이 더이상 용이하지 않다는 것을 의미하기도 하였다.

　종교개혁 이후 개신교회는 교회 건축에 대한 신학적인 해석이나 적용 없이 다양한 형태의 교회들을 많이 건축하였다. 그러나 만인제사장 신학을 설명하고 실천하기 위해서 중앙 집중 형태의 교회들이 많이 지어졌으며 찬양대석이 축소되거나 아예 사라지게 됨으로써 회중의 공간이 많이 확대되었다. 그러나 19세기 영국의 옥스퍼드운동은 중세교회 건축 형태를 추구하여 찬양대석을 강단 안쪽으로 위치시켰다.[32] 또한 미국의 부흥운동은 찬양대와 합주단을 함께 배치하였고 설교단을 강조하였다. 한국에 파송된 미국선교사들의 영향으로 한국교회에도 권위주의적인 설교단이 도입되어 오늘에 이르게 되었다. 최근에 들어서는 1962년 제2차 바티칸공의회의 영향으로 교회 건축에도 많은 변화가 일어났다. 다시금 이전의 중앙집중식 형태의 교회가 많이 건축되고 있다.

　그런데 근대교회사에 있어서 괄목할 만한 빠른 성장을 보여 왔던 한국 개신교회는 안타깝게도 교회 건축물에 대한 기본적이고 전통적인 지식이 많이 결여되어 있는 이유로 교회 건물의 구조적, 시각적, 음향학적, 신학적인 고려 없이 담임목사의 개인 취향에 따라 건축하는 경우가 대부분이다. 예배당 내부의 성전기구인 설교단, 성찬상 등에 대한 구조나 배치에 대해서도 담임목사 생각에 따라 좌우되는 경우가 많다.

교회는 교회와 관련된 모든 분야에서 성경을 기초로 신학적인 해석을 내리고 적용시켜야 한다. 그래서 교회 건물과 예배처소에 비치되는 모든 기구들에 대한 신학적인 해석이 필요하고, 더불어 예배와 관련한 교회 건축과 성전기구에 대한 기능과 의미도 숙지하여 예배에 적용시킬 수 있어야 한다. 이러한 측면에서 교회 건축과 성전기구에 대한 한국 개신교회의 새로운 인식 전환이 요청된다.

세상의 건축물, 조형물, 그리고 실내의 조각품, 그림 등에 나름대로의 상징적인 의미가 부여되어 있는 것과 마찬가지로, 전능하신 창조주 하나님께 예배드리는 장소와 그 안에 위치한 눈에 보이는 모든 형상에도 당연히 상징적, 신학적 의미가 부여되어 있다. 그러므로 예배의 공간적인 구조 자체와 공간 속에 위치한 성구들은 그 자체로서 하나님과의 암묵적 대화를 가능하게 해 주며 예배를 더욱 신성하고 풍성하게 이끌어 가는 중요한 매개역할을 해 준다. 이러한 관점에서 교회 건축과 조형물과 성구의 설치에는 반드시 성경에 근거한 신학적인 해석을 바탕으로 하고 있어야 한다.

뿐만 아니라, 시각적인 면도 무시할 수 없는 요인 중의 하나다. 예를 들면, 교회당 내부의 시각적인 효과를 고려하지 않아 기둥과 조형물들이 가로막혀 시야가 제한되고, 음향을 고려하지 않아서 찬양대의 찬양이 부담스럽게 들릴 뿐만 아니라 함께 부르는 회중찬송이 힘들어진다면, 예배자들은 예배시간에 의도하지 않은 어려움에 직면하게 됨으로써 하나님께 드리는 예배를 경건하게 드리지 못하는 결과를 초래하게 된다.

따라서 교회 내부는 예배에 참여한 인도자, 회중, 찬양대가 서로 잘 보이고 잘 들리는 위치에 배치되어야 한다. 즉, 교회 내부의 시설물들은 시각적으로 어느 방향에서든지 선명하게 잘 보일 수 있도록 배치할 뿐만 아니라, 예배 참여자들의 예배 행위 또한 모두가 잘 보이는 곳에서 이루어져야 한다. 예배의 진행에 불편함을 주지 않도록 예배위원들과 회중이 성경봉독, 공중기도, 봉헌, 세례, 성찬 등의 모든 순서에서 이동이 용이하도록 편의성도 함께 고려하여야 한다.

이런 관점에서 예배학자 제임스 화이트는 "교회 건축은 기독교인들의 예배방법과 형태를 모두 반영할 수 있어야 하며, 동시에 정교하고 아름다워야 한다"고 말하였다.[33] 제임스 화이트가 제시한 교회 건축의 기준은 첫째로 '효율성'이다. 아름답고 멋있는 건축물로서의 교회도 중요하지만 무엇보다도 기능적으로 '효율성'이 있어야 한다. 즉, 모든 예배참여자가 서로 잘 보이고, 성찬, 세례 등 모든 예배행위가 모두에게 잘 보이며, 예배의 모든 소리가 잘 들릴 수 있도록 설계, 건축되어야 한다.

둘째로, '단순성'이다. 과도한 비용을 들여 화려한 건축물과 비품, 기구들을 번잡하게 비치하는 것보다 3-4개의 교회성구만 비치되는 단순한 형태의 공간을 유지하는 것이 필요하다.

셋째로, '융통성'이 강조된다. 현재만 생각하지 말고 미래를 위한 다양성의 공간을 할애한다.

마지막으로, 친밀감을 유지 발전시키는 건축 형태가 필요하다. 초대교회의 가족분위기를 연출할 수 있도록 하며, 예배의 방관자가 아니라 적극적인 참여자로서의 역할을 담당하고 있음을 느낄 수 있게 해 주어야 한다.

헤롤드 다니엘스는 제임스 화이트가 제시한 '단순성'과 '융통성' 외에, 환영받는다는 느낌이 들 수 있도록 안락한 분위기를 연출하는 교회 건축의 '친밀감'을 주장하였다. 그러므로 오늘날의 예배공간은 중세교회당처럼 회중으로 하여금 주눅이 들게 만드는 장소가 아니라 하나님의 품에 안겨 있는 것처럼 편안하고 안락한 느낌이 들도록 건축하여야 한다.

예배공간은 회중이 함께 모여 기도하고 찬송하는 장소이며 말씀이 선포되고 말씀을 듣는 장소이다. 그뿐만 아니라 하나님의 신비로운 역사를 회상하고 다시금 인간의 역사 속에서 이를 기념하는 장소이므로 하나님의 몸 된 교회는 주위의 모든 공동체를 향하여 열려 있어야 한다.

교회는 신체적·사회적인 정상인들만의 장소가 아니라, 오히려 가난하고 병들고 소외받고 정신적·신체적으로 부자유한 모든 이들이 자유롭게 출입할 수 있도록 편안함을 제공할 수 있어야 하고, 실제적으로 출입에 불편함 없이 드나들 수 있는 장소이어야 한다. 교회는 이제 사적인 공간이나 특별한 사람을 위한 공간이 아니라 공적인 영역으로서의 그 역할을 감당할 수 있어야 한다.

예수는 테너일까, 베이스일까

교회를 건축할 때
최우선으로 고려할 사항은 울림(음향)이다.

예배가 하나님의 계시와 그에 대한 하나님의 백성의 응답이라고 할 때, 하나님께서는 인간의 언어와 행동을 통해 계시하시고, 또한 인간은 인간의 언어와 행동으로 하나님께 응답한다. 그러므로 이러한 말과 행동은 서로에게 잘 들리고 잘 보여야 한다. 즉, 예배공간은 가시성(可視性)과 함께 가청성(可聽性)을 확보하여야 한다.

가청성의 경우에 있어서 가장 이상적인 상태는 육성을 기계적으로 증폭하지 않는 것이다. 설교와 기도, 성경봉독의 경우는 최고 품질의 마이크와 스피커를 사용함으로 소리의 전달에 음향학적으로 문제가 없으나, 회중찬송과 찬양대 찬양을 위해서는 실내외음향을 고려하여 건축하지 않으면 안 된다.

교회 건축은 교회당 자체가 하나님을 찬양하는 하나의 악기통이라는 관점에서 실내는 물론이고 외부의 소리(소음)까지 신중하게 고려해야 한다. 예를 들면, 교회 건물의 부지선정을 할 때부터 주변 부동산 시세보다 주위에서 발생할 수 있는 자동차 소음, 철도, 공항, 소방서, 경찰서, 공장, 유락시설 등의 소음을 우선 고려하여 선정해야 한다.

세계에서 제일 큰 고딕양식의 뉴욕 맨해튼의 성요한(St. John) 성당은 외양의 웅장하고 아름다움과 훌륭한 내부 음향으로 잘 알려져 있지만, 성당 아래로 지나가는 뉴욕 지하철의 소음 때문에 고통 받고 있다는 사실을 아는 사람은 그리 많지 않다. 지하로 지나가는 지하철이 정숙하고 거룩한 예배를 방해하는 소음을 만들게 될 줄을 당시에는 몰랐다. 교회 건축 전에 건물 주변에 방해하는 소음이 없는지를 꼼꼼하게 조사할 필요가 있다.

실내건축의 경우도 마찬가지이다. 전기설비, 난방기구, 에어컨, 선풍기 등의 실내 설비소음을 최소한 감소하도록 설계하고 시공해야 한다. 서울 시내 모신학교의 예배당은 예배학적으로나 음향학적으로 건축이 잘 되었지만, 냉난방기 소음을 고려하지 않고 시공하였기 때문에 예배 중에 냉난방기를 작동할 때마다 예배에 방해가 될 정도의 소음이 발생하여 예배 분위기를 어렵게 만들고 있다.

실내외에서 발생하게 되는 소리를 잘 고려해서 음향학적으로 건축한 교회당에서는 회중이 훌륭한 악기통 안에서 예배를 드리는 느낌이 들기 때문에 보다 더 정숙하고 거룩하고 장엄한 예배를 드릴 수 있게 된다. 하지만 음향을 고려하지 않고 건축한 교회는 들어야 할 소리는 죽어버리고 듣지 않아야 할 소음은 크게 나기 때문에, 결국 예배 분위기를 가라앉히게 되고 참여도마저 죽이게 된다. 따라서 이러한 점은 고려하여 설계하고 시공해야 할 필요가 있다.

소리가 없는 예배란 있을 수 없다. 예배의 중요한 요소인 말씀과 찬양을 비롯한 대부분의 예배순서들이 소리를 통해서 전달되므로, 교회 건축의 기본적인 원칙에는 좋은 울림을 주고받을 수 있도록 건물 주변과 실내 소음을 고려하여 건축하는 것을 최우선 과제로 삼아야 한다.

> **파이프오르간은
> 악기가 아니라 건축이다.**

파이프오르간은 교회 악기 중에서 가장 비용이 많이 드는 악기이다. 그래서 구입단계에서부터 결정하기가 쉽지 않다. 그런데 먼저 알아야 할 사실은 파이프오르간은 재정에 따른 구입시기가 중요한 것이 아니라 교회 건축과 관련된 설치시기가 중요하다는 사실이다. 언제 구입할지가 문제가 아니라, 어떻게 설치해야 할지를 고민해야 한다는 말이다. 왜냐하면 파이프오르간은 악기가 아니라 건축이기 때문이다. 교회 건축이 잘못되면 거룩하고 정숙한 예배를 방해하는 것과 마찬가지로 값비싼 비용을 지불하고서도 파이프오르간 설치가 잘못되면 오르간이 가진 풍부하고 아름다운 소리를 들을 수도 없게 된다. 파이프오르간은 아무 장소에나 '비치'할 수 있는 악기가 아니라 교회당과 함께 '설치'하는 악기이다. 파이프오르간은 교회 건축이 모두 끝난 뒤에 비어 있는 공간에 적당하게 비치하다가 필요 없어지면 언제든지 치울 수 있는 악기가 아니기 때문이다. 따라서 파이프오르간은 설계단계부터 교회당과 함께 건축되지 않으면 비싼 값을 치르고도 악기로서의 기능을 제대로 발휘할 수 없게 된다.

이런 관점에서 파이프오르간을 언제 구입하고 설치할지는 교회 건축을 언제 할지에 대한 계획과 함께 가야 한다. 다시 말하면, 파이프오르간은 악기로서의 역할과 기능을 담당하기 이전에 교회당 건축물의 일부로 교회 건물과 함께 시작해야 한다. 왜냐하면 파이프오르간은 악기가 아니라 건축이기 때문이다.

> **거룩한 예배환경에는**
> **2~3초 정도의 잔향(殘響)이 필요하다.**

반향(反響, resonance)이란 발성체로부터 떠난 소리가 반사체에 부딪혀 튀어나오는 울림을 말하고, 그렇게 튀어나온 울림이 공기 중에 남아 체류하는 소리를 잔향(殘響, reverberation)이라고 한다. 이상적인 예배환경을 위한 가장 알맞은 잔향은 회중이 채워진 상태에서 2-3초가 적당하다.

예배환경에 가장 좋은 잔향을 얻기 위해서는 적당한 반향이 필요한데, 반향에 절대적인 영향을 미치는 요소는 공간의 크기(폭과 높이)와 각도, 그리고 사용되는 자재 등이다. 공간이 넓고 천장의 높이가 높을수록 잔향은 길어진다. 하지만 재정적으로 열악한 교회에서는 예배공간이 좁은 상가나 오피스텔 등을 임대해서 사용하게 되는데, 이런 건물은 대체적으로 천장이 낮고 공간의 크기가 넓지 않기 때문에 반향이 적을 수밖에 없다. 반향이 적으면 잔향 시간이 짧다. 잔향 시간이 짧으면 찬송을 부르는 사람이나 듣는 사람 모두가 힘들게 된다. 그러므로 임대한 건물을 리모델링할 때는 외부소음을 철저히 차단하고 내부 반향을 크게 일으키는 자재를 선정하는 작업이 중요하다. 이렇게 된다면 매우 효과적이 될 것이다.

원하는 잔향을 만들기 위해서는 반드시 풍부한 반향이 필요하다. 반향은 풍부할수록 좋다. 반향은 아무리 커도 적당한 잔향을 얻을 수 있도록 다양한 방법으로 줄일 수 있다. 건축이나 리모델링이 끝난 뒤에 반향을 줄이는 것은 쉽지만 늘이는 것은 거의 불가능하다. 그러므로 시공단계에서부터 풍부한 반향을 일으키는 자재를 선정하는 작업이 필요하다.

**밍크코트는
예배당의 울림(잔향)에 도움이 되지 않는다.**

무엇보다도 참고해야 할 점은 자재의 특성에 따라 소리의 반사, 흡수, 통과하는 정도가 다르다는 점이다. 만약 소리를 너무 많이 흡수하는 자재를 사용하게 된다면 소리의 에너지를 없애버리게 되는 결과를 낳게 되고, 반대로 과도하게 반사하는 자재를 사용할 경우는 에코(메아리)현상이 생기게 된다. 그리므로 예배환경에 적합한 반향을 고려해서 자재를 선정해야 한다. 아래 도표는 자재별로 1평방미터당 소리를 흡수하는 비율을 기록하였다. 이 도표를 참고하여 자재를 활용하여 예배당 안에서 울림 현상이 적절하게 사용될 수 있도록 해 보자.

\<1평방미터당 소리 흡수율\>

자재	흡수율
대리석, 광택타일, 테라초	1%
붉은 벽돌	2-3%
석고면	3%
강화유리	4%
페인트칠한 콘크리트 블록	6%
나무	17%
콘크리트 블록	31%
직물류(커튼)	55%
카펫	60%
(소리흡수용) 음향(석고)보드	70%
사람이 앉은 의자	75%
털 코트	99%

예수는 테너일까, 베이스일까

도표에서 보여주는 흡수율은 반향의 크기와 반비례한다. 소리를 1퍼센트 흡수한다는 것은 99퍼센트를 반사한다는 뜻이므로 반향에 좋은 자재이다. 도표의 흡수율을 참고할 때, 먼저 교회 바닥자재로서 대리석이 고급지고 품위가 있고 반향이 좋기는 한데, 가격이 너무 비싸고 교회에 부착하기에는 사치스러운 면도 있다. 광택타일은 목욕탕 분위기를 느낄 수도 있으므로 교회용으로 적합하지 않다. 그래서 가격도 저렴하고 반사율도 높은 테라초를 바닥자재로 선택하기를 권한다.

벽면은 경제적으로 허락이 된다면 시각적으로도 고풍스럽고 반사율도 높은 붉은 벽돌을 사용하는 것이 좋겠지만, 비용이 부담된다면 콘크리트 블록에 페인트칠을 하는 것도 과히 나쁘지 않다. 천장은 높을수록 좋다. 전기설비를 위해 소리흡수용 음향 석고보드를 사용하지 말고 가능하면 천장의 공간은 비워두도록 한다.

주의할 사항은 예배당 안에는 커튼과 카펫 같은 직물류 사용을 금해야 한다. 교회 건물을 준공하고 난 뒤에 카펫 등을 이용하여 에코현상을 줄이기는 쉽다. 그러나 잘못 설계 시공된 실내음향 때문에 잔향의 시간을 늘리는 것은 추가 건축비용이 많이 소요될 뿐만 아니라, 근본적인 문제점을 고치는 것조차 용이하지 않다. 실제적으로 한국교회 건물은 잔향이 너무 많아 걱정하는 경우는 거의 없으므로 설계 초기부터 가능한 한 천장을 높게하고 소리를 흡수하지 않고 반사가 잘되는 자재를 선택하는 것이 좋다. 내부 장식이나 교인 편의를 위한 카펫이나 커튼, 푹신한 의자 등은 가급적 피하도록 한다. 단, 발자국 소리를 줄이기 위해 복도에 값싸고 얇은 카펫을 까는 것은 좋으나 강단 위의 커튼과 카펫은 절대 금물이다. 창문에는 직물류 커튼 대신 스테인드글라스를 설치하면 된다. 스테인드글라스 설치비용이 부담이 된다면, 창문에 부착할 수 있는 스테인드글라스 무늬 비닐을 사용해도 나쁘지 않다.

도표에서 보듯이 털 코트는 소리 흡수율이 거의 백퍼센트에 가깝다. 발성체에서 나온 소리가 밍크코트에 부딪히는 순간, 그 소리는 조금도 반사하지 않고 부드러운 털 모피 속에 스르르 잠이 들어버린다. 밍크코트가 좋은 잔향에 도움이 되지 않는다는 사실을 조금 과하게 표현해 보았지만, 울림이 좋은 예배환경을 위해서는 털 코트를 입지 않는 것도 고민해 보자는 뜻이다.

> **최적의 잔향을 위해서는**
> **핫 스팟(Hot Spot)이 없어야 한다.**

대형 창고처럼 오목한 모양의 돔(dome) 형태로 만들어진 공간 내부에서는 반사된 소리가 한곳으로만 집중되는 장소가 생기게 되는데, 이러한 곳을 '핫 스팟(hot spots)'이라 한다. 한곳에서만 소리가 잘 들린다는 것은 다른 위치에서는 잘 들리지 않는다는 뜻이다. 핫 스팟은 음향학적으로 바람직하지 않은 장소이다. 콘서트홀 내부의 벽면이나 천정에 볼록하게 튀어나온 음향판을 붙이는 이유도 '핫 스팟'을 방지하기 위함이다.

예배당 내에 핫 스팟이 생기지 않도록 하기 위해서는 벽면에 볼록한 음향자재를 붙여서 발성체의 소리가 여러 방향으로 반사되어 실내의 모든 위치에 균등하게 분배되도록 해야 한다.

이와 같이 복잡한 예배당 음향에 대해 크게 고민할 것 없이 새 성전 건축을 고려하는 교회는 첫 단계에서부터 음향 전문업체에 설계와 시공을 맡기면 된다. 주의할 것은 계약할 때, 2-3초의 잔향을 조건으로 내걸도록 한다. 단, 반드시 주일예배처럼 교인들이 앉아 있는 상태에서 2-3초의 잔향을 측정해야 한다.

앞에서 언급한 이상적인 예배환경을 위한 잔향을 유지할 수 있도록 공간과 자재 등을 고려하여 1950년경에 건축된 미국의 한 교회당에서는 6백 명 이상의 회중이 전기 증폭장치 없이 육성으로 설교 청취가 가능하였다고 한다. 이보다 더 많은 사람들이 예수님의 육성으로 설교를 들었다. 예수님은 4-5천 명 앞에서 설교를 하셨다. 확성기도 없이 육성으로 어떻게 말씀 전달이 가능했을까? 누가복음 5장에서 그 비결을 찾을 수 있다.

"무리가 몰려와서 하나님의 말씀을 들을새 예수는 게네사렛 호숫가에 서서 호숫가에 배 두 척이 있는 것을 보시니 어

부들은 배에서 나와서 그물을 씻는지라 예수께서 한 배에 오르시니 그 배는 시몬의 배라 육지에서 조금 떼기를 청하시고 앉으사 배에서 무리를 가르치시더니"(눅 5:1-3).

예수님께서는 육지로부터 배를 조금 떼고는 배에 앉아서 말씀을 전하셨다고 한다. 청취 가능한 최적의 거리와 높낮이를 고려한 뒤에 말씀을 전하셨다는 말이다. 그리고 당연히 바람을 등졌을 것이다.

무엇보다 예수님 당시는 공장기계 소음을 비롯해서 비행기, 자동차, 기차와 같은 주변소음이 거의 없었고 공기는 맑고 깨끗하였다. 공기가 맑고 깨끗할수록 소리 전달이 잘 된다. 이렇게 주변소음이 전혀 없는 곳에서 바람을 등지고 깨끗한 공기를 타고 지형지물을 잘 이용하여 말씀을 전하면, 4-5천 명이 아니라 만 명까지도 충분히 청취가 가능했을 것이다.

> 하나님께서는
> 성막의 방향을 동쪽으로 향하도록 명령하셨다.

하나님께서는 성막의 식양을 모세에게 지시하실 때 성막의 방향을 해 돋는 동편을 향하여 위치하도록 명령하셨다.

"**성막 앞 동쪽 곧 회막 앞 해 돋는 쪽에는** 모세와 아론과 아론의 아들들이 진을 치고 이스라엘 자손의 직무를 위하여 성소의 직무를 수행할 것이며 외인이 가까이하면 죽일지니라"(민 3:38).

성전의 경우도 마찬가지로 하나님께서 동편을 향하도록 말씀하셨다.

"이스라엘 **하나님의 영광이 동쪽에서부터** 오는데 하나님의 음성이 많은 물소리 같고 땅은 그 영광으로 말미암아 빛나니"(겔 43:2).

"여호와의 영광이 동문을 통하여 성전으로 들어가고"(겔 43:4).

"그가 나를 데리고 성전 문에 이르시니 **성전의 앞면이 동쪽을 향하였는데** 그 문지방 밑에서 물이 나와 동쪽으로 흐르다가 성전 오른쪽 제단 남쪽으로 흘러내리더라"(겔 47:1).

이 말씀에 근거하여 서구교회나 성당의 방향은 동쪽을 향하고 있다. 그런데 성경말씀이라면 너무나 순종을 잘하는 한국교회가 교회 건물의 방향에 대해서는 별로 관심이 없다. 십일조에 대해서는 그렇게 강조하면서 교회 건물이 동쪽을 향해야 한다는 사실에 대해서는 무관심하다. 교회 건물은 성막과 성전의 경우처럼 동쪽을 향하도록 건축되어야 한다. 하나님께서 성전(교회) 입구를 동쪽으로 향하여 짓도록 명령하신 이유는 하나님의 영광, 즉 하나님께서 성전의 동쪽으로 들어오시기 때문이다.

그런데 교회당(교회 건물) 자체가 군이 동쪽을 향할 필요는 없다. 핵심은 본당이 동쪽을 향하면 된다. 예를 들면, 상가 건물을 임대한 교회는 건물의 방향이 미리 정해져 있기 때문에 건물 방향을 임의로 바꿀 수는 없다. 단지 본당의 강대상이 동쪽을 향하도록 설치하면 된다.

이 또한 쉬운 일은 아니다. 마음은 원이지만 불가능한 경우도 있다. 핵심은 하나님의 뜻을 알자는 것이다. 하나님의 영광이 동쪽으로부터 온다고 했으니 가능한 한 말씀이 선포되는 강대상이 동쪽을 향하도록 건축하거나 설치하도록 노력하자는 것이다. 나중에 기회가 주어질 때, 성경말씀대로 예배당을 동쪽을 향하여 설치, 건축하면 된다.

예배공간에
상징물과 성구를 비치하는 것은 성경적인가?

하나님께서는 십계명 제1계명을 통해 땅에 있는 피조물로 하나님을 나타내는 어떤 형상이라도 만들지 말 것을 말씀하셨다.

예수는 테너일까, 베이스일까

"너를 위하여 새긴 우상을 만들지 말고 또 위로 하늘에 있는 것이나 아래로 땅에 있는 것이나 땅 아래 물 속에 있는 것의 어떤 형상도 만들지 말며"(출 20:4).

하지만 하나님의 임재를 상징하는 것들은 많이 만들어 비치하도록 명령하셨다. 성막의 법궤는 하나님의 현존을 그대로 상징하는 것이었으며, 진설병상, 금촛대, 분향단, 그리고 지성소와 성소를 구분하는 휘장, 제사장의 예복 등을 통해 하나님의 임재를 경험하도록 하였다.

신약시대의 예수 그리스도는 하나님의 현존 그 자체이시다. 예수님께서 보여주신 빵과 포도주, 세례를 위한 기름과 물은 초대교회 당시에 그리스도의 현존의 상징으로 사용되었다. 3세기경까지 교회는 상징물을 만드는 데 적극적이었다. 물고기(익투스), 빵 덩어리, 키로 모노그램(Cr monogram) 등이 지속적으로 사용되었다. 콘스탄티누스 황제가 기독교를 공인한 이후에는 교회의 건축과 상징물은 엄청난 속도로 발전하였으며 모습도 화려하게 변하였다. 초대교회의 역사학자 유세비우스가 "(교회에서) 우리의 눈이 보는 증거만으로 귀를 통한 지식을 불필요한 것으로 만들고 있다"라고 표현할 정도로 교회의 상징물은 급격하게 늘어났다.

8세기에는 예수 그리스도, 삼위일체 하나님, 성모 마리아, 성자들의 성상(아이콘)에 대한 논쟁이 뜨거웠다. 결국 니케아회의(787)에서 성상이 하나님과 동일시되는 경배의 대상이 아니라는 전제

하에 성상 숭배가 가능하도록 결정되었다.

이후 중세에 이르기까지는 천국의 상징적인 예술품이 계속적으로 등장하기 시작하였다. 그림, 조각, 색유리 등에서 성경의 이야기와 인물을 표현하였다. 부자와 권력을 가진 자 이외에는 쉽게 성경을 소유할 수 없었던 시대에 살았던 가난한 교인들이, 교회의 상징 예술품만 보고도 성경의 내용을 알 수 있을 정도로 교회는 풍부한 상징물로 장식되어 있었으므로 중세학자들은 이들 상징물을 "가난한 자들의 성경"이라 칭하기까지 하였다. 재미있는 것은 동방교회에서는 평면 아이콘을, 서방 카톨릭교회에서는 주로 입체 아이콘을 비치하였다. 특히 동방교회에서는 입체 아이콘을 철저히 배격하고 오로지 평면 아이콘만을 교회에 비치하는 것을 허락하고 있다.

종교개혁 이후 개신교회에서는 모든 것이 변화되었다. 영국국교회와 루터교회는 교회의 상징물을 유지, 보존하였으나, 칼뱅 개혁교회, 재세례파, 복음주의 교회, 근본주의자들은 교회의 상징물을 강력하게 부정하였고 이러한 전통이 오늘에까지 이르고 있다. 그러나 최근에는 개신교에서도 카톨릭교회와 마찬가지로 성경적 상징물인 성찬상, 설교단, 세례반과 부수적인 상징물인 배너, 성의, 가구, 스테인드글라스 등에도 적극적인 관심을 나타내고 있다.

결국 이와 같은 교회의 조형물, 조각, 기구, 그림, 깃발(旗), 성의, 스테인드글라스 등 교회의 시각(視覺) 예술품은 성도들로 하여금 영적인 눈을 통하여 하나님의 현존과 임재를 경험하도록 도와주고 있다. 이는 마치 사진을 보면서 가족을 생각하고 사랑의 징표를 보면서 연인을 떠올리는 것과 마찬가지로, 교회의 상징물을 보면서 하나님을 생각하는 것은 너무나 자연스러운 현상이라고 할 수 있다.

> **예배당에는**
> **기본적으로 비치해야 하는 성구들이 있다.**

예배공간에 비치된 여러 가지 성구 중에서 예배를 위해 가장 중요한 성구는 설교단, 성찬상, 세례반이다.

1) 설교단(說敎壇)

설교단은 성경봉독과 말씀 선포, 강복(降福) 선언이 행해지며, 성경이 항상 비치되어 있는 곳이므로 성찬상과 더불어 거룩하고 고귀하게 다루어야 한다. 초대교회 때는 설교자가 성찬상 뒤의 감독의 자리에 앉아서 설교를 하였고, 중세 말기 탁발수도승들이 설교할 때에는 설교단이 회중석 벽 쪽에 위치하였다. 그러나 종교개혁 이후 개신교 전통에서는 성찬상과 세례반(洗禮盤)을 제쳐놓고(가린 채) 회중을 정면으로 바라보는 위치인 정중앙 높이에 설교단을 둠으로써 성찬 중심의 예배에서 말씀 중심의 예배로 옮겨가게 되었다.

설교단은 성찬상과 같은 높이에 강단 쪽에서 오른쪽, 즉 회중석에서 볼 때 왼쪽에 위치하도록 한다. 오른쪽은 전능하신 하나님의 능력과 권위의 상징이며 제사장의 위임과도 연관이 있기 때문이다.

"모세가 잡고 그 피를 가져다가 아론의 오른쪽 귓부리와 그의 오른쪽 엄지 손가락과 그의 오른쪽 엄지 발가락에 바르고"(레 8:23).

한국어의 의미상, 오른쪽은 옳은(발음상, '오른') 일과 연관되며, 영어 'right(오른쪽)'도 '옳은'의 뜻이 있다. 중동, 팔레스타인 지역에서는 음식을 먹을 때 수저를 사용하지 않고 오른손을 사용한다. 그래서 화장실에서는 음식 먹는 오른손을 사용하지 않고 왼손을 사용하기 때문에, 악수도 왼손으로는 하지 않고 오른손으로만 하는 것이 중동의 예절이다.

성경에서도 왼쪽은 그릇되고 우매하며 실패와 수치를 의미하며, 오른쪽은 올바르고 지혜로우며 권력과 성공을 상징한다.

"지혜자의 마음은 오른쪽에 있고 우매자의 마음은 왼쪽에 있느니라"(전 10:2).

이와 같이 우리의 일상생활과 마찬가지로 하나님의 말씀도 하나님의 권능의 상징인 오른쪽에서 선포되어야 함을 성경이 증언하고 있다. 이러한 사실에 대해서 다음 성경 구절이 분명하게 증언하고 있다.

"그들이 자기 칼로 땅을 얻어 차지함이 아니요 그들의 팔이 그들을 구원함도 아니라 오직 주의 오른손과 주의 팔과 주의 얼굴의 빛으로 하셨으니 주께서 그들을 기뻐하신 까닭이니이다"(시 44:3).

"주께서 사랑하시는 자를 건지시기 위하여 주의 오른손으로 구원하시고 응답하소서"(시 60:5).

"여호와의 오른손이 높이 들렸으며 여호와의 오른손이 권능을 베푸시는도다"(시 118:16).

하나님의 계시의 말씀이 강단의 오른쪽에서 선포된다면 하나님의 백성들의 응답인 찬양대 찬양은 왼쪽에서 부르는 것이 어울린다. 회중석은 일자형이나 왼쪽 혹은 오른쪽으로 치우치는 것보다는 설교단을 중심으로 부채꼴 모양으로 펼쳐져 있는 것이 시청각적으로 가장 이상적이다. 강단의 높이는 앉아 있는 교인들의 눈높이에 맞춰 두세 계단 높이가 적당하다. 찬양인도자, 예배인도자 등이 사용할 수 있도록 보조 강단이 필요한 경우에는 기존 설교단과 상충되지 않도록 하며, 회중에게 잘 보이고 잘 들리는 곳에 배치한다.

일부 예전적인 교회에서는 두 개의 강단을 비치하여 회중석에서 볼 때 왼쪽을 '복음서 방향(Gospel Side)', 오른쪽을 '서신서 방향(Epistle side)'이라 부른다. 가스펠 사이드 강단에서는 말 그대로 4복음서와 말씀 선포, 그리고 강복이 선언되고, 에피슬(서신서) 사이드에서는 구약성경과 신약의 사도서신 낭독, 찬송을 부르고 집례를 진행한다. 이 경우 왼쪽의 설교단을 렉턴(lectern), 오른쪽을 펄핏(pulpit)이라 칭한다.

하지만 원칙적으로 설교단은 강단 오른쪽에 하나만 있어도 된다는 사실이다.

<강단>

Lectern
복음서 방향
Gospel Side

성찬상
Table

Pulpit
서신서 방향
Epistle Side

세례정(Baptismal Font)

2) 성찬상(聖餐床)

성찬상은 교회가 준비할 수 있는 가장 아름답고 고귀한 성구로서 예배공동체가 함께 참여하는 주님과의 식탁이다. 그곳은 집례자가 서서 빵과 포도주를 준비하고 성찬 기구를 비치하는 곳

예수는 테너일까, 베이스일까

이다. 성찬상은 상징적인 거룩한 성구로서 성찬에 관련된 성찬 집기와 빵과 포도주, 예식서 이외의 어떤 것도 두어서는 안 된다. 꽃이나 성경, 헌금바구니 등을 올려두면 성찬의 목적이 모호해질 수 있으므로 주의하여야 한다. 또한 성찬상은 어떤 방향에서든지 접근이 용이하게 위치하여야 한다(고정시킬 필요는 없다). 성찬 예식행위가 예배공간의 모든 곳에서 볼 수 있도록 시야가 확보되어야 하며, 주변에는 성찬 집례와 진행에 방해가 되는 촛대나 꽃꽂이 등을 가까이 두지 않도록 한다.

사각형 모양을 기본으로 하는 성찬상은 집례자가 감당할 수 없을 정도로 너무 길거나 커서도 안 되며, 집례자의 손이 닿을 수 있을 정도의 크기면 좋다. 그리고 말씀과 성찬의 연합을 상징할 수 있도록 성찬상과 설교단의 재료는 동일한 것을 사용하는 것이 바람직하다.

집안에서 온 가족이 식탁에 둘러앉아 식사를 함께할 때 한 가족임을 실감하는 것처럼 성찬상을 중심으로 주님의 만찬에 참여하는 것은 예수 그리스도 안에서 한 가족임을 나타내는 중요한 예식이다.

그러므로 교회에서 집례하는 성찬상도 집안에 있는 식탁처럼 편안한 느낌을 줄 수 는 식탁 이어야 한다. 예수님께서 제자들과 함께 만찬을 베푸시던 장면을 기록한 구절에서 성만찬상의 가장 오래된 용어인 '식탁(table)'을 찾아볼 수 있다는 점에서도 이를 잘 알 수 있다.

"그들과 함께 음식 잡수실 때에(When he was at the table with them) 떡을 가지사 축사하시고 떼어 그들에게 주시니"(눅 24:30).

또한 예수님께서 하늘나라에서의 제자들의 직책을 설명하시는 장면에서도 '상(식탁)'이라는 용어가 사용되고 있다.

"너희로 내 나라에 있어 내 상(table)에서 먹고 마시며 또는 보좌에 앉아 이스라엘 열두 지파를 다스리게 하려 하노라"(눅 22:30).

초대교회에서 성찬상은 벽에 붙어 있지 않은 아주 간단한 식탁이었는데, 소규모 예배에서는 교인들이 식탁 주위에 모여 빵과 포도주를 나누며 주님의 죽음과 부활을 기념하였다.

그러다가 중세에 들어오면서 식탁의 개념은 점점 '제단(the altar)'으로 불리면서 규모도 커지고 장식도 화려하게 변하였다. 그 크기가 5미터 가까이 이르는 것도 있었으며, 기둥이 세워지고 차양과 같은 설치물로 그 위를 가리기도 하였다. 열두 제자와 성인, 성경의 내용들이 조각되었으며, 화려한 천과 십자가와 촛대로 장식되었다. 제단은 벽 쪽을 향하여 놓였으며, 결과적으로 회중과 점점 멀어지게 됨에 따라 회중 중심에서 집례자 중심의 권위적인 형태의 예배로 변형되고 말았다.

종교개혁 이후 개신교회는 이러한 제단 형태의 성찬상을 치워버리고 단순하고 자그마한 식탁이 종교개혁의 상징인 설교단 밑에 놓였다. 그러나 권위의 상징이었던 제단이 치워진 것까지는 좋았으나, 아쉽게도 개혁의 중심이 된 설교단이 부각되어 새로운 예배의 권위의 상징으로 떠오르게 되었다. 결과적으로 권위의 중심이 성찬상에서 설교단으로 옮겨갔다고 볼 수 있다.

지금은 카톨릭교회와 개신교회 공히, 초대교회 때와 같이 말씀과 성찬의 균형을 찾으려고 노력하고 있다. 이 결과 카톨릭교회에서는 성찬을 회중이 용이하게 참여하고 진행할 수 있도록 벽쪽에서 회중석 앞으로 옮기게 되었으며, 개신교회에서는 말씀과 성찬의 통일성과 중요성이 시각적으로 표현될 수 있도록 성찬상이 강단의 가운데로 옮겨지고 있다.

3) 세례성구(洗禮聖具)

세례는 성삼위 하나님의 이름으로 물로 우리의 죄를 씻음으로 교회공동체(고백공동체)의 일원이 됨을 공포하는 기독교 예배의 가장 중요한 예식 중의 하나이다. 그런데 실제적으로 세례를 위한 공간은 대부분 예배 중심에서 소외되고 있다. 일견 교회 내부를 살펴보기에도 실제로 세례가 행해지고 있는 장소가 어디인지 알 수가 없다.

초대교회 당시 수세자는 물웅덩이나 강에서 세례를 받았다. 기독교 공인 후에는 자체교회를 소유하게 되면서부터 세례를 베푸는 장소를 따로 마련하기 시작하였고, 차츰차츰 그 중요성이 부각되었다. 처음에는 별도의 건물이나 본당에서 떨어진 곳에서 세례를 베풀었다. 세례의 의미에 따라 구조도 영향을 받았다. 세례가 죄를 씻는 의미일 때는 로마의 욕조 형태를 취하다가, 죄에 대한 죽음과 그리스도 안에서의 새로운 생명으로의 부활이라는 의미에서는 관(棺)의 모양으로 바뀌었다. 나중에는 육각형 혹은 팔각형 모양의 무덤 형태로 사람이 죽음의 순간을 느낄 수 있도록 물속에 완전히 잠기는 침례조(浸禮槽)로 만들어졌다.

중세 후기에는 별도의 분리된 침례조가 더이상 설치되지 않았다. 단지 조그마한 세례정(洗禮井)이 교회 안에 위치하였다. 그리스도를 통한 죄에 대한 죽음이라는 세례의 상징적인 의미가 약화되기 시작하면서 세례장소가 교회 입구 쪽으로 옮겨지게 되었다. 특히 유아세례를 베풀 때에는 통상 세례정의 물을 뿌리거나 붓는 것이 관례가 되었다.

종교개혁 이후 개신교에서는 세례장소가 거의 사라지게 되었다. 칼뱅 개혁교회에서는 휴대용 쟁반으로 된 세례반(洗禮盤)을 사용했으며, 성공회와 루터교에서는 자그마한 세례정을 교회 입구에 설치하였다. 그리고 침례교회에서는 평소에는 보이지 않도록 강단 근처에 별도로 침례조를 설치해 두었다. 근래에 와서는 다시금 그리스도와 함께 죄에 대하여 죽고 그리스도 안에서의 새로운 삶으로의 부활을 상징하는 초대교회 당시의 세례의 의미를 되살리기 시작하여 별도의 세례장소가 설치되고 있다.

결론적으로 세례정, 세례반, 혹은 침례조이든 세례를 위한 장소로 특정하게 정해진 형태는 없으며, 단지 회중이 볼 수 있고 쉽게 참여할 수 있는 장소에 설치하는 것이 중요하다.

십자가를 밀어낸 영상 스크린을 보시는 예수님의 마음은 어떠하실까?

최근 들어, 빔 프로젝트를 이용하여 예배순서를 많이 도와주고 있다. 그렇다고 해서 이와 같은 전자 영상매체가 예배를 주도해서는 안 된다. 예를 들어, 설교시간에 설교자를 화면에 비추는 것은 회중이 말씀에 집중하는 데 방해가 된다. 찬양대가 찬양할 때, 찬양곡의 가사를 잘 알아듣지 못하는 경우가 많으므로 가능하다면 찬양대의 찬양가사를 띄워 주는 것은 바람직하다. 영상매체를 통해 찬양가사를 띄운다면 회중은 음악과 더불어 가사에 은혜를 받으므로 찬양대와 함께 동참하는 찬양이 될 것이다.

그런데 더 큰 문제는 영상 스크린이 설치되면서부터 강단 위의 십자가를 아예 없애버리거나 조금 미안한지 한쪽에 설치하는 교회들이 있다. 예수님 십자가를 찬양하면서 찬양을 부르고 듣는 사람들에게 편의를 제공하기 위해서 스크린을 설치하는 것까지는 좋은데, 찬양의 대상인 예수님 십자가를 치워버리는 것은 주객이 전도된 느낌이 든다.

십자가가 우상이 될 수 있다는 기우에서 십자가를 치워버리는 교회가 있는데, 우상은 피조물의 형상에서 비롯되는 것이지 하나님의 임재를 상징하는 형상은 우상의 대상이 아니다.

앞에서도 언급하였듯이 하나님께서 직접 하나님의 임재의 상징인 법궤를 만들도록 명령하셨고, 분향단, 금촛대, 진설병상 모두가 하나님의 임재를 나타내는 형상물이지 우상이 아니었다는 점에서 십자가는 예수님의 임재를 상징하는 것이지 결코 우상이 될 수 없다.

가슴에 십자가 목걸이를 달고 십자가를 보면서, 십자가를 만지면서 예수님을 생각하는 것이 우상숭배일 수 있다고 걱정하는 것은, 영상 스크린으로 인해 십자가를 치우는 것에 대한 궁색한 변명에 지나지 않는다고 생각한다. 십자가가 아니라 오히려 영상 스크린이 우상이 될까 우려스럽다.

강단 위의 스크린과 마찬가지로 꽃꽂이로 하나님의 강단을 아름답게 장식하는 것은 중요하다. 그러나 꽃꽂이가 이를 준비하는 자의 작품능력을 뽐내는 것이어서는 안 되며, 꽃꽂이가 너무 커서 시각적으로 다른 조형물이나 집례자를 가리는 일이 있어서도 안 된다.

한국교회 실내건축의 문제점 중 하나는 설교단과 강대상의 높이, 강대상 의자 등이 권위적인 요소를 내포하고 있다는 점이다. 강대상의 높이는 앉아 있는 교인들의 눈높이에 맞춰 두세 계단이 적당하며 굳이 강대상과 설교단을 높일 필요가 없다. 강대상이 높으면 고개를 들고 오랜 시간 동안 예배를 드리려면 교인들 목에 무리가 갈 수도 있기 때문에, 교회 건축을 할 때 회중석을 경사지게 만드는 것도 좋을 것이다. 이렇게 강대상이 너무 권위적인 느낌을 주어서도 안 되지만 그렇다고 과소평가 되어서도 안 된다.

또한, 강대상의 의자도 꼭 필요한 것이 아니다.[35] 집례자도 예배 참여자의 한 사람이라는 관점에서 집례자가 앉을 강단의자도 신중하게 고려하여야 한다. 단지 예배를 집례하는 인도자로서의 역할을 편안하게 수행할 수 있도록 배치한다.

성구 구입이나 제작을 위해 지출된 비용이 하나님 앞에서의 참된 예배자의 자세를 평가하는 기준이 되는 것은 아니지만, 이전에 두레마을 활빈교회에 놓여 있는 4-5만 원 정도의 비용을 들여 직접 제작한 설교단의 모습을 TV를 통해 본 적이 있다. 하나님께서 기뻐하셨을 것 같다.

Part 5

...

구약의 제사와 기독교 예배

Old Testament Sacrifice

and Christain Worship

> 번제는 번제물,
> 속죄제는 속죄제물로 읽어야 한다.

구약 제사를 언급할 때, 간혹 "번제를 드린다. 화목제를 드린다"고 말한다. 그런데 그렇게 말하면 일반 제사를 드리는 것으로 오해할 수 있다. 예를 들어, 세속 제사들인 기우제, 풍년제, 풍어제, 용왕제, 산신제 등의 제사를 드리는 것처럼 형식을 갖춘 제사를 드리는 것으로 생각할 수 있다는 말이다. 실제 한글성경에 보면 그런 오해를 불러일으킬 수 있도록 번역을 하였다.

> "그 내장과 정강이를 물로 씻을 것이요 제사장은 그 전부를 제단 위에서 불살라 번제를 드릴지니 이는 화제라 여호와께 향기로운 냄새니라"(레 1:9).

"번제를 드릴지니"라는 문장에서 제사를 드리는 것으로 오해할 수 있다. 하지만 원문에 보면 번제의 히브리어 '올라'는 짐승을 태우는 제사 행위를 말하는 것이 아니라, 태우는 제물을 말한다. 영어성경도 burnt offering(번제물)으로 번역하였다. 기본적으로 히브리어 원문에는 모든 짐승제물을 헌물이라는 뜻의 '코르반'을 사용하고 있으며, 영어성경도 Offering(헌물)으로 번역하였고, 한글성경에도 '예물' 혹은 '제물'로 번역하였다.

> "이스라엘 자손에게 말하여 이르라 너희 중에 누구든지 여
> 호와께 예물을 드리려거든 가축 중에서 소나 양으로 예물
> 을 드릴지니라 그 예물이 소의 번제이면 흠 없는 수컷으로
> 회막 문에서 여호와 앞에 기쁘게 받으시도록 드릴지니라"(레
> 1:2-3).

위 구절에서 2절, 3절의 '예물'은 히브리어 코르반이고, 3절의
번제는 히브리어 '올라(burnt offering)'를 사용하고 있다.

결론적으로 간혹 한글성경에서 '번제', '속죄제', '화목제' 등으
로 번역하였다고 할지라도 '번제물', '속죄제물', '화목제물'로 이
해하면 된다.

모든 짐승제물에는
곡식제물과 포도주제물을 함께 바쳐야 한다.

레위기에는 이스라엘 백성이 바칠 코르반(헌물)의 종류를 크게
다섯 가지로 말씀하고 있는데, 그것은 번제물, 화목제물, 속죄제
물, 속건제물, 소제물이다. 곡식제물인 소제물을 제외하고는 모

두 짐승제물이다. 단, 속죄제물의 경우 가난한 백성은 비둘기나 곡식으로 대신할 수 있다. 여기서 중요한 것은 모든 짐승제물에는 반드시 소제물(곡식제물)과 전제물(포도주/독주제물)을 함께 바쳐야 한다는 사실이다.

> "네가 제단 위에 드릴 것은 이러하니라 매일 일 년 된 어린 양 두 마리니 한 어린 양은 아침에 드리고 한 어린 양은 저녁 때에 드릴지며 한 어린 양에 고운 밀가루 십분의 일 에바와 찧은 기름 사분의 일 힌을 더하고 또 전제로 포도주 사분의 일 힌을 더할지며 한 어린 양은 저녁 때에 드리되 아침에 한 것처럼 **소제와 전제를 그것과 함께** 드려 향기로운 냄새가 되게 하여 여호와께 화제로 삼을지니"(출 29:38-41).
> "여호와께 화제나 번제나 서원을 갚는 제사나 낙헌제나 정한 절기제에 소나 양을 여호와께 향기롭게 드릴 때에, **소제**로 고운 가루 십분의 삼 에바에 기름 반 힌을 섞어 그 **수송아지와 함께 드리고 전제로** 포도주 반 힌을 드려 여호와 앞에 향기로운 화제를 삼을지니라"(민 15:3, 9-10).

전제물을 바치는 것으로 제사가 완성되며, 봉헌자가 그의 모든 삶을 온전히 드리는 것을 상징하였다.

> "만일 너희 믿음의 제물과 섬김 위에 내가 나를 전제로 드

릴지라도 나는 기뻐하고 너희 무리와 함께 기뻐하리니"(빌 2:17).

마지막 피 한 방울까지 하나님 앞에 드려지기를 원했던 사도 바울의 마음을 읽을 수 있다.

소제(곡식제물)도 전제와 비슷한 의미를 가지고 있다. 곡식을 바칠 때 원래의 형체를 알아볼 수 없도록 완전히 빻아서 가루로 만드는 것처럼, 봉헌자가 자신을 온전히 드리는 의미를 담고 있다.

"너희가 여호와께 드리는 모든 소제물에는 누룩을 넣지 말지니 너희가 누룩이나 꿀을 여호와께 화제로 드려 사르지 못할지니라 처음 익은 것으로는 그것을 여호와께 드릴지나 향기로운 냄새를 위하여는 제단에 올리지 말지며 네 모든 소제물에 소금을 치라 네 하나님의 언약의 소금을 네 소제에 빼지 못할지니 네 모든 예물에 소금을 드릴지니라 너는 첫 이삭의 소제를 여호와께 드리거든 첫 이삭을 볶아 찧은 것으로 네 소제를 삼되 그 위에 기름을 붓고 그 위에 유향을 더할지니 이는 소제니라 제사장은 찧은 곡식과 기름을 모든 유향과 함께 기념물로 불사를지니 이는 여호와께 드리는 화제니라"(레 2:11-16).

처음 익은 곡식제물을 볶아서 곱게 빻아서 가루로 만들고 올리

브기름을 섞어 불에 태워 과자나 무교전병을 만들어 바친다. 그 냥 가루를 바칠 때는 그 위에 기름을 붓는다. 가루로 바치든 떡이나 과자로 바치든 기름을 첨가하고 그 위에 소금을 치고 유향을 뿌려서 바친다. 절대로 누룩과 꿀을 섞어서는 안 된다. 가루를 부풀게 하거나 단맛을 내어서는 안 된다는 말이다. 자신의 모습을 부풀리거나 포장하지 말고 소금으로 정결하게 해서 깨끗한 모습으로 온전히 자신을 바친다는 뜻이 담겨 있다.

요제와 거제는
제물을 들고 행하는 제사의 행위이다.

출애굽기 29장에 보면, 하나님의 명령으로 모세가 집례하는 제사장 위임식에서 처음으로 요제와 거제를 언급하고 있다. 그런데 한글성경의 번역이 충분하지 못하다.

> "너는 그 흔든 요제물 곧 아론과 그의 아들들의 위임식 숫양의 가슴과 넓적다리를 거룩하게 하라"(출 29:27).

요제물만 언급하고 있는 것처럼 번역하였지만 원문에는 거제물까지 포함되어 있다. 새번역성경과 영어성경 번역은 이를 정확하게 번역하였다.

> "너는 아론과 그의 아들들의 제사장 위임식에 쓴 숫양 고기
> 가운데서 흔들어 바친 것과 들어올려 바친 것 곧 **흔들어 바**
> **친 가슴과 들어올려 바친 넓적다리**를 거룩하게 구별하여 놓아
> 라"(출 29:27, 새번역).

> "And thou shalt sanctify **the breast of the wave offering**, and the
> shoulder of the heave offering, which is waved, and which is heaved
> up, of the ram of the consecration, even of that which is for Aaron,
> and of that which is for his sons"(Ex 29:27, KJV).

요제(Wave Offering)에 사용된 '흔들어진'을 뜻하는 '후나프'는
앞뒤로 흔드는 동작을 말하고, 거제(Contribution)에 사용된 '들
어올린'이라는 의미를 담고 있는 히브리어 '후람'이라는 단어는
위로 올렸다가 내리는 동작을 말한다. 요제와 거제를 드리는 결
정적인 이유는 제사장에게 그 몫을 돌리고자 하는 하나님의 뜻
이 있다.

> "내가 이스라엘 자손의 화목제물 중에서 그 흔든 가슴과
> 든 뒷다리를 가져다가 제사장 아론과 그의 자손에게 주었나
> 니 이는 이스라엘 자손에게서 받을 영원한 소득이니라"(레
> 7:34).

예수는 테너일까, 베이스일까

요제로 흔든 가슴은 안심부위를 말하고, 거제로 들어올린 뒷다리는 허벅지살을 말한다. 안심과 뒷다리는 가장 맛있고 비싼 부위이다. 이렇게 하나님께서는 제사장들에게 엄격한 율법을 준수하도록 명령하시지만 다른 한편으로는 고기 중에서 맛있는 부위, 허벅지살과 안심 부위를 주시는 것을 보면 은근한 사랑이 넘치시는 분임을 알 수 있다.

구약의 제사는 회당예배로 이어졌다.

기원전 586년에 바벨론에 의해 예루살렘 성전이 파괴되어 더 이상 제사를 드릴 수가 없었다. 바벨론 포로로 잡혀간 유대 백성은 그곳에서 회당을 만들고 하나님의 말씀을 읽고 시편 노래를 불렀다. 칠십 년 뒤, 바벨론 포로에서 귀환한 사람들이 총독 스룹바벨을 중심으로 무너진 솔로몬 성전을 재건하였다(B.C. 536-516). 하지만 스룹바벨 성전도 기원전 63년경에 폼페이 장군이 이끄는 로마군대에게 또다시 파괴되었다. 예수님 당시에는 헤롯이 건축한 성전이 있었지만, 이 또한 A.D. 70년에 로마 티투스 장군에 의해 처참하게 파괴되었다. 이로써 성전은 존재하지 않게 되었다.

어쨌든 성전이 부서지지 않고 존재하는 동안에는 제사와 회당예배가 동시에 드려졌지만, 성전이 없는 시대에는 지금처럼 회당예배만 드릴 수밖에 없었다. 이제는 예수님 오실 때까지 성전 건축은 불가능하기 때문에 유대인들은 앞으로도 계속해서 회당예배만 드리게 될 것이다.

예수님 당시 예루살렘 근처에만 약 4백 개 이상의 회당이 있었던 것으로 전해지고 있는데, 유대교 회당예배는 성전예배에 그 기초를 두고 있었고, 기독교 예배는 회당예배의 영향을 받았다. 그럴 수밖에 없는 것이 유대인인 예수님의 제자들이 예수님께서 부활하신 주일에 함께 모여 그리스도의 부활을 축하하고 기념하는 예배를 드림으로 기독교 예배가 시작되었기 때문이다. 그러니 기독교 예배는 자연스럽게 유대교 회당예배의 틀을 갖출 수밖에 없었다. 이런 관점에서 초대교회 당시 유대교 회당예배의 특징을 알아보는 것이 기독교 예배를 이해하는 데 도움이 될 것이다.

기독교의 경전은 신구약성경이다. 기독교는 구약의 예언을 인정하고 구약을 신약의 토대로 삼았으며, 예수님을 하나님의 아들이시고 구세주로 믿으며 이를 예배한다. 하지만 유대교는 구약만을 성경으로 인정하고 예수 그리스도나 신약성경을 인정하지 않고 아직까지도 메시아의 재림을 기다리고 있다.

회당예배의 특징 중 하나는 악기를 사용하지 않았다는 점이다.

"우리가 바벨론의 여러 강변 거기에 앉아서 시온을 기억하며 울었도다 그 중의 버드나무에 우리가 우리의 수금을 걸었나니 이는 우리를 사로잡은 자가 거기서 우리에게 노래를 청하며 우리를 황폐하게 한 자가 기쁨을 청하고 자기들을 위하여 시온의 노래 중 하나를 노래하라 함이로다 우리가 이방 땅에서 어찌 여호와의 노래를 부를까 예루살렘아 내가 너를 잊을진대 내 오른손이 그의 재주를 잊을지로다"(시 137:1-5).

시편 137편은 이스라엘 백성이 바벨론 포로로 잡혀 있을 때 바벨론 군인들이 포로로 잡혀온 유대인들에게 노래 한 곡을 부르고 악기 연주를 하라고 요청하였을 때의 아픔을 노래하고 있다. 하나님을 찬양하던 악기를 대적들을 위해 연주할 바에야 악기를 연주하는 오른손의 재주를 잊어버리는 것이 더 좋겠다고 한탄하고 있다. 바로 이런 상황에서 유대인들은 회당예배에서는 악기를 사용하지 않은 것으로 전해진다. 최근까지도 일부 보수적인 유대교 집단(예멘, 이라크, 이란, 남서부 독일 등)은 전통적인 예배형식을 구전으로 지켜오고 있다. 하지만 독일의 일부 회당에서는 18세기부터 악기 사용을 허락하였고, 19세기부터는 칸토르가 없어지고 대신 오르간이 사용되었으며, 유대교 찬송이 독일 코랄음악에 맞춰 독일어를 사용한 경우도 있다.

두 번째 회당예배의 특징으로는 회당은 제사장이 아닌 평민으로 이루어졌으며 회당장이 관리하였고, 예배는 전문음악가인 칸토르(Cantor)가 인도하고 말씀과 축도는 랍비가 담당하였다. 칸토르는 칸토르 양성 전문음악학교에서 교육받은 사람이어야 하는데, 이들은 성경을 읽거나 기도할 때에도 칸틸레이션(Cantillation, 낭송) 기법을 사용하였다. 칸틸레이션은 조선 가사(歌詞)처럼 읊조리듯이 읽는 기법을 말한다.

> **초대교회 당시 초신자들은**
> **결신자 예배로 인해 상처를 받았다.**

기독교 예배의 시작은 성만찬이 중심이었다.

> "그 주간의 첫날에 우리가 떡을 떼려 하여 모였더니 바울이
> 이튿날 떠나고자 하여 그들에게 강론할새 말을 밤중까지 계
> 속하매"(행 20:7).

'주간의 첫날'은 주일을 말한다. 주일에 떡을 떼었다는 것은 성만찬을 나누었다는 말이다. 기독교 예배는 예수 그리스도를 기억하고 기념하는 성만찬을 중심으로 시작하였음을 알 수 있다.

순교자 유스티누스(Justinus Martyr)의 'First Apology, 제1 변증론'(c.155)에 따르면, 2세기경의 기독교 예배는 크게 '말씀의 예전'

과 '성만찬 예전'으로 나뉘었다.[36] 좀 더 구체적으로 말하면 '말씀의 예전'인 시낙시스(Synaxis, 모임)와 '성만찬 예전'인 유카리스트(Eucharist, 감사, 성만찬)로 구분된다. 시낙시스는 예수님 당시의 유대교 회당예배의 전통에서 비롯되었고, 유카리스트(성만찬)는 기독교 고유의 전통이다.[37]

이렇게 기독교 예배의 시작은 성만찬을 위한 모임이었지만, 먼저 모여서 성경말씀을 나눈 뒤에 성만찬을 가졌다. 성만찬에서 떡과 잔을 나누는 것은 주님의 살과 피를 먹고 마시는 것이라는 사실을 믿는 사람, 즉 예수님을 구세주로 고백한 사람만이 성만찬에 참여할 수 있었다. 예수님을 구세주로 고백하지 않고 세례 받지 않은 초신자(Catechumens, 카테쿠만)는 말씀의 예전에만 참여하고 성만찬이 시작되기 전에는 집으로 돌아갔다. 이런 관점에서 말씀의 예전은 초신자를 위한 예배이고, 성만찬 예전은 입교인(구도자 혹은 결신자, the faithful)을 위한 예배로 구분될 수 있다.

결론적으로 말씀의 예전, 곧 초신자 예배에는 모두가 함께 참여하지만, 성만찬 예전, 곧 결신자 예배에는 세례를 받지 않은 초신자는 참여하지 못하고 집으로 돌아가야 했다. 초신자들은 결신자들이 모여서 무엇을 하는지 궁금하였다. 나중에 알고 보니, 결신자들끼리 빵과 포도주를 나누어 먹는다는 사실을 알고는 마음에 상처를 받았다. 초신자들은 성찬의 의미를 정확하게 이해하지 못하고, 결신자들끼리만 음식을 나누어 먹는 것으로 오해했다. 먹고살기 어려운 시절이었기 때문에 가능한 오해였다고 볼 수 있다.

결국 나중에는 이런 오해를 풀기 위해서 초신자들도 성만찬 예전에 참석할 수 있도록 배려하였으며(당연히 빵과 포도주를 받지는 못한다), 이를 통하여 세례교육을 열심히 받아서 세례를 빚기 위한 목적도 있었다.

> **카톨릭 미사의 뜻은**
> **"해산! 돌아가세요"이다.**

로마황제 콘스탄티누스(Constantinus) 황제가 313년 밀라노 칙령을 통해 로마제국 안에서 기독교를 공인함에 따라 기독교 예배도 시대와 지역에 따라 다양하게 변화하였다.

오늘날 기독교 예배의 근간을 이루는 예배는 1570년 피우스(Pius) 교황 때 제정된 미사라고 할 수 있다. 이 미사를 이해하면 기독교 예배의 기본적인 순서와 신학을 이해할 수 있다.

초대교회는 70인역과 헬라어 신약성경으로 예배를 드렸다. 중세교회는 405년 제롬(Jerome)이 라틴어성경(Vulgata, 역본)을 번역하여 예배에 사용하였다. 이후 미사뿐만 아니라 모든 교회의 언어를 라틴어로 사용하여 오다가 제2차 바티칸공의회(1962-65)

예수는 테너일까, 베이스일까

이후에야 1500년 이상 드려오던 라틴어 미사를 자국어 미사로 드릴 수 있게 되었고, 자국어로 번역된 성경을 소유하고 읽을 수 있게 되었다.

여기에 소개하는 미사는 교황 피우스 5세(1570) 때 제정된 미사인데, 5세기 이후의 미사와 비교해도 크게 차이가 없다. 예를 들면, 자비송(Kyrie Eleison, 키리에 엘레이손), 영광송(Gloria, 글로리아), 거룩송(Sanctus, 쌍뚜스) 등은 천여 년 전 그레고리우스 교황(590-604) 때 이미 사용하였던 노래이다.

〈미사 순서〉

1. 입당송(Introit, 인트로이트)

2. 자비송(Kyrie, 키리에)

3. 대영광송(Gloria, 글로리아)

4. 기도(Collects, 콜렉츠)

5. 구약낭독

6. 층계송(Gradual, 그라듀알)

7. 사도서신(Epistles)

8. 알렐루야(Tract, 트락트)

9. 복음서낭독(Gospel) & 강론(Homily)

10. 신앙고백(Credo, 끄레도 니케아신경)

11. 봉헌송(Offertory)

12. 봉헌기도(Offertory Prayers)

13. 묵상기도(Secret)

14. 서문경(Preface)

15. 거룩송(Sanctus & Benetictus, 쌍뚜스 & 베네딕투스)

16. 성만찬감사기도(Eucharistic Prayer)

17. 주기도문(Lord's Prayer)

18. 하나님의 어린양(Agnus Dei, 아뉴스 데이)

19. 성만찬(Communion)

20. 성만찬 후 기도(Post-Communion)

21. 파송(Ite missa est 혹은 Benedicamus Domino)

노래		낭송	
고유문	통상문	고유문	통상문
1. 입당송	2. 자비송	4. 기도	
	3. 대영광송	5. 구약낭독	
6. 층계송		7. 사도서신	
8. 알렐루야		9. 복음서낭독 & 강론	
	10. 신앙고백		
11. 봉헌송		12. 봉헌기도	
		13. 묵상기도	
		14. 서문경	
	15. 거룩송		16. 성만찬감사기도
	18. 하나님의 어린양		17. 주기도문
19. 성만찬		20. 성만찬 후 기도	
	21. 파송		

예수는 테너일까, 베이스일까

예배 순서는 크게 통상문(the Ordinary)과 고유문(the Proper), 그리고 노래하는 순서와 낭송하는 순서로 나누어진다. 통상문은 주기도문, 사도신경처럼 내용이 바뀌지 않는 순서를 말하고, 고유문은 기도, 성경봉독, 찬송처럼 예배 때마다 바뀌는 순서를 말한다. 이 중에서 노래하는 통상문이 고전음악 장르의 하나인 '미사, Missa'가 되었다. 잘 알려진 미사에는 베토벤 장엄 미사, 바흐 b단조 미사, 모차르트 대관식 미사 등이 있다. 이들 미사는 예배 순서 그대로, 키리에(Kyrie), 글로리아(Gloria), 끄레도(Credo), 쌍뚜스(Sanctus), 아뉴스 데이(Agnus Dei), 모두 다섯 곡으로 구성되어 있다. 초기 중세시대에는 마지막 순서인 '이떼 미사 에스트, Ite, missa est'까지 포함하여 여섯 곡이었다. 14세기 프랑스 작곡가 기욤 드 마쇼의 '노틀담 미사'가 미사통상문 여섯 곡을 포함한 최초의 4성부 합창 미사곡이다.

예배 순서를 간단하게 설명하면 다음과 같다.

먼저 두 번째 순서, 자비송은 "Kyrie eleison, 키리에 엘레이손, 주여 불쌍히 여기소서"으로 노래가 시작된다. 1세기 동방교회에서 헬라어로 먼저 부르고 있었는데, 헬라 음운 그대로 서방교회 라틴 미사에 채택하였다. 가사는 마태복음 15장 22장에 나오는 "주여, 나를 불쌍히 여기소서, Eleison me kyrie, 엘레이손 메 키리에"에서 근거하였다.

"가나안 여자 하나가 그 지경에서 나와서 소리 질러 이르되

주 다윗의 자손이여 나를 불쌍히 여기소서 내 딸이 흉악하
게 귀신 들렸나이다 하되"(마 15:22).

세 번째 순서, 대영광송(Greater Doxology)은 소송영(Lesser
Doxology, Gloria patri)과 구별된다. Doxology는 헬라어 '독사,
doxa, 영광'에서 파생한 단어로, 하나님께 영광 돌리는 찬송을
말한다. 대영광송은 누가복음 2장 14절, '천사들의 합창'에서 근
거하는데, 2세기경부터 부분적으로 동방교회에서 사용되었고,
6세기경 라틴어로 번역되어 서방교회 미사에서 사용되었다. 누
가복음의 말씀이다.

> "지극히 높은 곳에서는 하나님께 영광이요 땅에서는 기뻐
> 하신 사람들 중에 평화로다"(눅 2:14).
> <라틴어 가사> "Gloria in excelsis Deo et in terra pax hominibus
> bonae voluntatis."

소송영은 고린도후서 13장 13절에서 근거한다.

> "주 예수 그리스도의 은혜와 하나님의 사랑과 성령의 교통
> 하심이 너희 무리와 함께 있을지어다"(고후 13:13).

이렇게 대영광송보다 다소 간단하게 성부, 성자, 성령 삼위일체

하나님을 찬양하는 노래를 Gloria Patri(글로리아 파트리, 성삼위송), 곧 소송영이라고 부른다. 처음에는 시편의 마지막에 첨가하여 부르다가, 오늘날의 송영 형태로 된 것은 4세기경부터였다. 찬송가 1장에서 5장, 그리고 7장이 소송영에 해당한다.

여섯 번째 순서, 층계송(Gradual)은 강단에 올라가는 계단 위에 서서 찬송을 부른다 하여 붙여진 이름이다. 구약낭독에 대한 화답송으로 주로 시편을 노래하는데, 주로 부제(deacon)가 이를 담당한다.

여덟 번째 순서, 알렐루야(Alleluia)는 복음서낭독 전에 부른다. 가사 내용이 '알렐루야'밖에 없기 때문에 가사 마지막 '~야'에 긴 장식음이 붙게 되었다(이를 Jubilus, 유빌루스라고 부른다). 가사 없이 너무 길게 노래하니까 암송에 어려움이 있어서 음에 가사를 붙이게 되었는데, 이것만 따로 떼어 만든 노래를 시퀸스(Sequence, 부속가)라고 했다. 시퀸스를 너무 남발하여 트렌트 종교회의(1570)에서 네 개만 남기고 사용을 금지시켰다. 사순절기에는 알렐루야 대신 짧은 시편영송(Tractus, 트락투스)으로 대치하였다.

열 번째 신앙고백 순서에는 니케아공의회(325)에서 인정된 니케아신조(Nicene Creed)를 고백했으며 현재까지 서방교회에서 사용하고 있다. 개혁교회에서 사용하고 있는 사도신경(Apostles' Creed)은 404년에 확정되었다.

열다섯 번째 순서, '거룩송, Sanctus, 쌍뚜스'는 초대교회 이전 유대교 회당예배에서 이사야 6장 3절을 이미 사용하고 있었다. 기독교의 거룩송은 이사야 6장 3절과 신약의 마태복음 21장 9절이 합해진 것이다.

> "서로 불러 이르되 거룩하다 거룩하다 거룩하다 만군의 여호와여 그의 영광이 온 땅에 충만하도다"(사 6:3).
> <라틴어 가사> "Sanctus, Sanctus, Sanctus, Dominus Deus Sabaoth. Pleni sunt coeli et terra gloria tua."
> "호산나 다윗의 자손이여 찬송하리로다 주의 이름으로 오시는 이여 가장 높은 곳에서 호산나 하더라"(마 21:9b).
> <라틴어 가사> "Hosanna in excelsis. Benedictus qui venit in nomine Domini. Hosanna in excelsis."

'거룩'이 세 번 반복된다 하여 삼성송(三聖頌)이라고도 부른다. 요한계시록에도 삼성송이 기록되어 있으나, 미사 삼성송의 본문과는 다르다.

> "거룩하다 거룩하다 거룩하다 주 하나님 곧 전능하신 이여 전에도 계셨고 이제도 계시고 장차 오실 이시라"(계 4:8b).

열여덟 번째 순서, '하나님의 어린양, Agnus Dei'은 7세기에 미사 용으로 채택되었으며, 이때부터 미사통상문이 점차 표준화되었다. 요한복음 1장 29절을 근거로 하고 있다.

"보라 세상 죄를 지고 가는 하나님의 어린 양이로다"(요 1:29b).

<라틴어 가사> "Agnus Dei qui tollis peccata mundi."

미사의 마지막 파송 순서, "Ite, missa est, 이떼 미사 에스트, Now, dismissed"는 "미사가 끝났습니다"라는 뜻이다. 그러니까 미사(Missa, 예배)는 말 그대로 "해산!(Dismiss!)"이라는 뜻에서 기원하였다. 영광송(Gloria) 순서가 없는 절기(사순절기 등)에는 "Ite, missa est"를 "Benedicamus Domino, 베네디까무스 도미노, 주님의 축복이 함께하시길"로 대신한다. 교인들은 "Deo gratias, 데오 그라찌아스, 하나님께 감사드립니다"라고 응답한다.

이상에서 언급한 미사의 기본 형태는 비단 카톨릭교회뿐만 아니라, 영국성공회, 루터교회를 비롯해서 개혁교회 예배에서도 찾아볼 수 있다. 개혁교회 예배는 회중찬송과 설교에 더욱 집중하였지만, 예배 순서의 기본적인 틀은 크게 다르지 않다.

칼뱅의 스트라스부르크 예배(1537)[38]

〈말씀의 예전〉

죄의 고백

속죄의 말씀

용서의 선언

시편송 혹은 키리에(Kyrie)와 영광송(Gloria)

성령님의 임재를 위한 기도

시편송(Tract)

성경봉독(복음서)

설교

〈성만찬 예전〉

헌금

성물준비(**사도신경** 끄레도(credo) 노래)

성만찬감사기도

성만찬제정

분병분잔

성만찬 후 기도

아론의 강복선언(축도)

칼뱅의 제네바 예배(1542)[39]

〈말씀의 예전〉

예배의 부름

죄의 고백

속죄의 말씀

운율 시편송

성령님의 임재를 위한 기도

성경봉독(복음서)

설교

<성만찬 예전>

헌금

중보기도

성물준비(사도신경 노래)

성만찬제정

분병분잔

성만찬 후 기도

아론의 강복선언(축도)

한국 천주교 성당에서는 '콜라'를 '골라'로 발음해야 한다?

카톨릭 미사와 관련하여 카톨릭교회에게 하고 싶은 말이 있다. 천주교는 영어로 'Catholic Church'이다. 소리 나는 대로 쓰면, '카톨릭 처치(교회)'이다.

그런데 한국에서는 '카톨릭'이 아니라 '가톨릭'으로 발음하고 써야 한다. 한글 프로그램에서 '카톨릭'으로 타이핑하면 맞춤법이 틀린 것으로 자동 인식한다. 한국 천주교에서 Catholic 발음을 '카톨릭'이 아닌 '가톨릭'으로 정해놓았기 때문이다.

이유는 정부 통계를 비롯하여 모든 자료에서 '기독교'로 칭하는 개신교회보다 가나다 순서에서 앞에 세우기 위해서이다.[40] 참으로 속 좁은 결정이라고 생각한다. 기독교의 뿌리이자 그 전통을 자랑하는 가톨릭교회가 이런 결정을 내렸다는 것이 이해가 되지 않는다.

Catholic Church(카톨릭교회)는 초대교회 당시 주교가 앉는 의자인 Cathedra(커시드라, 주교좌)에서 파생되었는데, 그렇다면 한국의 가톨릭신학교에서는 Cathedra(커시드라)조차 '거시드라'로 발음하도록 가르치는 것은 아닌지 몹시 궁금하다.

어쨌든 지금은 천주교회를 지칭할 때, 우리는 적어도 한국에서는 '카톨릭'이 아니라, '가톨릭'이라고 발음해야 한다. 즉, 'ca', 'co'를 '카', '코'가 아니라 '가', '고'로 발음해야 한다는 것이다. 그래서 한국 천주교 성당 안에서는 'cola'를 '콜라'로 부르지 못하고 '골라'로 불러야 하고, 'candy'를 '캔디'로 부르지 못하고 '갠디'라고 발음해야 얻어먹을 수 있는 것은 아닌지 모르겠다는 말이다.

바라기는 부디 카톨릭교회가 기독교의 선배 교회답게 지금이라도 늦지 않았으니 대범하게 가나다 순서 따지지 말고 'Catholic'이 가진 원래의 뜻대로 '보편적인' 발음, '카톨릭'으로 돌아가기를 원한다.

> ## 예배는 물 흐르듯이
> ## 이어지는 스토리가 있어야 한다.

초대교회 예배, 카톨릭 미사, 개혁교회 예배 등을 살펴보았듯이, 기독교 예배에는 반드시 지켜야 할 순서와 내용이 들어 있음을 알 수 있다. 예배에 관한 많은 신학적 정의가 있지만, 그 중에서 학자들이 가장 많은 지지를 하는 정의가 있다. 예배학자 폴 훈(Paul W. Hoon)은 "예배는 하나님의 계시(Revelation)에 대한 인간의 응답(Response) 행위이다"라고 정의한다.

하나님의 계시는 예수 그리스도의 구속사건을 말한다. 하나님께서는 예수 그리스도를 통하여 인간에게 계시하시고, 인간은 하나님께 응답하는 행위가 예배이다. 주일예배 순서를 보면 하나님의 계시와 인간의 응답 행위로 이루어져 있음을 알 수 있다.

먼저 위에서 인간에게 내리시는 하나님의 계시는 말씀(성경봉독, 설교), 성만찬, 축도 등이고, 하나님을 향한 인간의 응답 행위는 찬양, 기도, 봉헌 등이다. 이렇게 모든 예배 순서는 하나님의 계시와 인간의 응답의 측면에서 조명해 보아야 한다.

무엇보다 예배는 물 흐르듯이 흐르는 스토리가 있어야 한다. 제일 먼저 하나님께서 예배의 자리로 불러주시는 예배의 부름이 있어야 하고, 다음으로 비록 하나님께서 불러주셨다 할지라도 반드시 자신의 죄를 돌아보며 죄를 고백하고 용서를 구해야 하며, 예수 그리스도의 보혈 공로로 죄 씻음 받는다는 사죄의 확신이 선포되어야 한다. 그렇게 용서함 받은 자들에게 하나님의 말씀이 선포되고 말씀을 듣고 난 뒤 신앙을 고백한다. 믿음은 말씀을 들음에서 시작한다.

> "그러므로 믿음은 들음에서 나며 들음은 그리스도의 말씀으로 말미암았느니라"(롬 10:17).

말씀을 듣지도 않고 신앙을 고백하는 것은 모순이다. 그러므로 사도신경의 고백은 설교 뒤에 위치해야 한다. 그리고 예수님을 그리스도로 믿는 신앙을 고백한 자들만이 성만찬에 참여할 수 있다. 앞에서도 언급하였듯이 초대교회 봉헌은 성만찬에 사용될 빵과 포도주를 드리는 것으로 시작하였다. 그래서 봉헌 순서는 성만찬 전에, 신앙고백 뒤에 두는 것이 논리적으로 맞다. 만약 세례가 있다면 세례 예식이 있은 뒤에 수세자들과 함께 성만찬 예식을 갖도록 한다.

이렇게 예배는 하나님께 올려드리고(찬양, 기도, 봉헌), 하나님으로부터 받는(성경, 설교, 성만찬, 축도) 상하 수직적으로 주고받는 스토리가 이어지는 작품이 되어야 한다. 그러므로 예배 순서 중에 교인들과 관련된 수평적인 교회소식이 들어가면 하나님과 백성 사이에 이루어지는 수직적인 스토리에 방해가 된다. 좋은 분위기에 찬물을 끼얹는 셈이다. 광고(교회소식)는 하나님이 인간에게 내리시는 계시도 아니고, 인간이 하나님께 올려드리는 응답 행위도 아니다. 광고는 인간이 인간에게 알려주는 정보이다. 그러므로 하나님의 계시와 응답으로 이루어진 주일예배 순서 중에 광고는 들어가면 안 된다.

그렇다면 교회소식은 언제 전해야 할까? 참고로 필자가 출석한 적이 있는 미국 루터교회에서는 예배 직전에 교회소식부터 전하고 서로 인사를 나눈 뒤에 예배를 드렸다. 그것이 어렵다면 축도가 끝나고 예배를 마친 후에 교회소식과 성도의 교제(교육 수료나 포상, 새신자 소개 등)를 나누도록 한다.

하나님께 올려드리는 경건하고 거룩한 예배 중에 교회의 일상적인 순서들을 삽입하여 예배 분위기를 산만하게 만드는 것은 하나님이 기뻐 받으시는 예배가 아니다. 하나님은 청색, 자색, 홍색실과 가늘게 꼰 베실을 성막의 재료로 사용하도록 명령하실 정도로 섬세하시고 꼼꼼하신 분이다. 흐트러짐이 없는 온전한 예배를 받기를 원하신다.

손주가 할아버지 수염을 잡고 흔드는 것은 손주니까 가능한 일이다. 인간 중심으로 예배 순서를 만드는 것은 손주 때나 할 수 있는 일이지, 성숙한 그리스도인이 하면 하나님한테 볼기짝 맞기 좋은 일이다. 교인끼리 웃고 떠들고 박수치고 노래하는 것은 주일예배 이외에 찬양예배, 수요기도회, 금요기도회든 언제 어디서나 얼마든지 할 수 있다. 하지만 주일예배만큼은 하나님 앞에 흠

이 없는 예배, 경건하고 거룩한 예배를 드리도록 해야 한다.

모든 문화적인 배경과 시대에 완전히 부합된 전례의 형식이란 없다. 그러나 전례의 전통 중에서도 세대를 초월하여 전승되어야 하는 형식이 있다. 즉, 초대교회 사도적 전승에 따른 예배는 기독교 예배의 핵심이다. 19세기 스위스 신학지 알렉상드르 비네는 "예배는 교회에 의하여 수정되어서는 안 되며, 설사 그렇게 한다 하더라도 오랜 시간에 걸쳐 매우 주의 깊게 살펴본 후에 손을 대야 한다"라고 말했다.[41] 그러니까 수세기에 걸쳐 이어온 예배전통을 무시하고 목회자 한 사람이 예배의식을 임의로 변경해서는 안 된다는 말이다. 왜냐하면 예배에 대한 우리의 대화 상대는 사도와 교부, 순교자들이 몸담고 있었던 수세기 동안의 고백적 신앙을 유산으로 지니고 있는 예배공동체이기 때문이다. 이렇게 예배의 전통이 무시되고 성만찬이 사라져가고 있는 한국 개신교회의 현실에서 우리는 칼뱅이 『기독교강요』에서 외친 말을 기억해야 한다.

"1년에 한 번 성만찬에 참여하도록 하는 관례는 분명히 악마의 농간이다. 주님의 만찬은 적어도 크리스천들이 매주 한 번은 참여할 수 있도록 거행되어야 한다.[42]"

한국교회는 이 외침을 가슴 깊이 새기면서 예배 현장에서 성찬 성례전이 자주 거행되어 신자들이 그리스도의 생애에 동참할 수 있도록 해야 할 것이다.

사도신경은 예배 순서 중 언제 고백해야 할까?

주일예배 순서에는 사도신경의 고백이 들어 있다. 사도신경을 고백한다는 것은 곧 성부, 성자, 성령 삼위 하나님을 믿고 예수님을 구세주로 믿는다는 뜻이다. 그렇다면 사도신경은 예배 순서 중 언제 고백해야 할까? 믿음의 고백은 말씀을 들음에서부터 시작한다고 성경에서 말씀한다.

> "사람이 마음으로 믿어 의에 이르고 입으로 시인하여 구원에 이르느니라, 그러므로 믿음은 들음에서 나며 들음은 그리스도의 말씀으로 말미암았느니라"(롬 10:10, 17).

이 말씀에 따르면, 사도신경은 말씀을 듣고 난 뒤에 고백해야 함을 알 수 있다. 실제로 기독교 교회의 예배전통은 말씀을 들은 뒤에 사도신경 고백을 하였다.

먼저 사도신경의 역사를 살펴보면, 사도신경의 원조인 니케아신조(Nicene Creed)는 니케아공의회(325)에서 채택되었다. 개혁교회에서 사용하는 사도신경(Apostles' Creed)은 404년에 확정되었다. 그 이후 5세기부터 나라별, 교회별로 예배 순서에 사도신경을 포함하기 시작하였다. 트렌트공의회(the Council of Trent, 1570)에서 확정된 로마 미사에는 '복음서-강론-니케아신조-성만찬'[43] 순에서 보듯이 신앙고백이 말씀 뒤에 위치하였다.

종교개혁 이후 종교개혁자 중심의 예배에서도 이 원칙은 지켜졌다. 루터의 독일 미사(German Missa, 1526)에는 '복음서봉독-사도신경-설교'[44] 순으로, 칼뱅의 스트라스부르크 예배(1537)에는 '성경봉독-설교-(2부 성만찬)-헌금-성물(사도신경 노래)-성만찬기도(주기도문)'[45] 순으로, 칼뱅의 제네바 예배(1542)에는 '성경봉독-설교-(2부 성만찬)-헌금-성물준비(사도신경 노래)-성만찬기도(주기도문)'[46]으로, 스코틀랜드 존 낙스(John Knox)의 장로교 개혁교회 예배(1556)에는 '설교-(성만찬)-헌금-중보기도-성물봉헌(사도신경)-성만찬제정'[47] 순으로, 영국국교회 공동기도서(Book of Common Prayer, 1662)와 국교회 전통을 이은 영국성공회 예배(1928)에는 '복음서-니케아신경-설교-성만찬'[48] 순으로 되어 있다.

이렇게 기독교 교회의 예배 역사를 살펴볼 때, 사도신경은 하나님의 말씀인 성경이나 강론(설교)을 들은 후에 고백하였음을 알 수 있다. 그리고 신앙의 고백이 있은 뒤에 주님의 만찬을 나누었다. 신앙의 고백을 한 사람만이 주님의 만찬에 참여할 수 있다. 참고로 주기도문은 성만찬기도에 포함되어 있다.

예배 순서 하나하나에는 고유한 의미(meaning)와 기능(function)을 가지고 있다. 예배를 집례하는 목회자는 예배 순서의 의미와 기능을 인지해야 한다. 개인 취향에 따라 새로운 순서를 삽입한다든지, 기존 순서를 삭제한다든지, 순서를 임의로 바꿔서도 안 된다. 예배 순서의 삽입, 삭제, 변경은 깊은 연구와 토의를 거치고 공론화시켜 교단 최고회의에서 결정해야 할 정도로 중요한 일이다. 이런 관점에서 초대교회로부터 개혁교회 신학을 이어받은 한국 개신교회는 이제부터라도 신학적으로 정확한 순서에 따라 사도신경을 고백하기를 바란다.

"사도신경은 성경봉독 혹은 설교 뒤에! 그리고 성만찬!"

필자의 의견으로는 성경봉독 뒤에는 말씀 주심에 감사해서 (찬양대) 찬양을 올려드리고, 사도신경은 설교를 듣고 난 뒤 확신하는 마음으로 신앙을 고백하기를 권면한다. 성경봉독 혹은 설교 뒤에 사도신경의 고백이 이어지는 것처럼, 봉헌 또한 사도신경과 연관된다. 초대교회부터 봉헌은 성만찬에 필요한 빵과 포도주를 바치는 것이었다. 앞에서도 언급하였듯이 성만찬은 사도신경 고백 뒤에 가진다. 그래서 봉헌 순서도 성민찬을 나누기 전, 설교 뒤에 가진다.

> **"있을지어다"와 "축원하옵나이다" 중 어느 것이 맞을까?**

축도(Benediction)는 예배 마지막에 목사가 하나님의 복이 성도들에게 임하기를 선포하는 순서이다. 그런데 지금 한국 개신교회가 사용하는 축도의 내용이 크게 두 종류로 나누어진다. 하나는 "있을지어다"로 끝맺고, 다른 하나는 "축원하옵나이다"로 끝난다.

사실 이 두 개의 축도 문구는 축도가 기원인지, 강복 선언인지를 결정하는 문구이다. "있을지어다"는 하나님의 복을 목사를 통해 선포하는 강복선언 문구이고, "축원하옵나이다"는 목사가 하나님의 복을 기원하는 문구이다. 강복선언의 주어는 하나님이지만 축원의 주어는 목사임을 알 수 있다. 그렇다면 어느 것이 맞는 축도일까?

이 질문에 대한 해답은 하나님의 복을 목사를 통해 일방적으로 선포하는 것이 나은지, 아니면 목사가 하나님께 복을 기원하는 것이 나은지를 생각해 보면 쉽게 나온다.

강복, 곧 복의 선포는 하나님으로부터 사람에게 전달된다. 마치 하나님의 말씀이 목사의 입을 통해 성도들에게 선포될 때, 말씀의 은혜는 목사가 주는 것이 아니라 말씀을 받는 성도들의 마음에 달려 있는 것과 같다. 똑같은 말씀을 받는 데도 은혜를 받는 사람이 있고, 그렇지 못한 사람이 있다. 하나님의 복을 목사의 입을 통해 선포하지만 받는 사람에 따라 복이 임하기도 하고, 비켜가기도 한다.

그런데 목사가 복을 기원하게 되면 순전히 목사의 능력이고 목사와 하나님과의 문제이다. 목사의 기도가 하나님께 상달되고 응

예수는 테너일까, 베이스일까

답받으면 그 축도가 성도에게 임하지만, 축복의 기도가 응답받지 못하면 아무 소용이 없다. 결론적으로 목사의 축복기도(축도)는 목사의 정결 여부에 달려 있고, 목사를 통한 강복선언은 받는 성도의 자격에 달려 있다.

그렇다면 성도의 입장에서 볼 때, 목사가 축원기도하는 것이 좋을까, 아니면 목사를 통해 하나님의 복을 선포하는 것이 좋을까? 원래 해방 후 대부분의 개신교회는 "있을지어다"로 끝맺는 축도를 하였다. 그런데 대한예수교장로회(통합) 제74회(1989) 총회에서 축도 문구를 "축원하옵나이다"로 끝맺는 것으로 결의함에 따라, 예장통합 교회들이 이 결정을 따랐다. 뿐만 아니라 마치 예장통합 총회에서 '성가대'를 '찬양대'로 바꾸는 결의를 하자, 깊은 고민도 해보지 않고 대부분의 교회들이 이를 따랐던 것과 마찬가지로, 축도 문제도 일부 교단들이 "축원하옵나이다"로 바꾸기 시작하였다. 사실 예장통합 제64회(1979) 총회에서는 축도 문구를 '있을지어다'로 결의했는데, 석연치 않은 이유로 제74회에서 '축원하옵나이다'로 다시금 수정 결의했다.

흥미로운 사실은 2007년에 개정된 예장(통합)『헌법』제4편 '예배와 예식' 제3장 '예배의 배열' 3항에 보면, 공중예배의 배열에 관해 이렇게 언급하고 있다.

"(예배의) 끝 부분은 찬송과 위탁의 말씀과 축도이다. (중략) **하나님이 내리시는 복을 목사가 선언한다. 이때의 축도는 성경**

대로 한다"(민 6:24-26; 고후 13:13; 히 13:20-21; 살후 2:16-17).

성경대로라면, 예를 들어 민수기의 '아론의 축도', "여호와는 네게 복을 주시고 너를 지키시기를 원하며 여호와는 그의 얼굴을 네게 비추사 은혜 베푸시기를 원하며 여호와는 그 얼굴을 네게로 향하여 드사 평강 주시기를 원하노라"(민 6:24-26), 혹은 '바울의 축도', "주 예수 그리스도의 은혜와 하나님의 사랑과 성령의 교통하심이 너희 무리와 함께 있을지어다"(고후 13:13)를 인용하면 된다. 논쟁할 것 없이 '성경대로' 하면 된다는 말이다.

결론적으로 축도는 강복선언이 되어야 한다. 축도는 기원이 아니다. 기도와 강복은 다르다. 기도는 올려드리는 것이고, 강복은 내려주시는 복이다. 방향이 다르다. 그래서 '축원하옵나이다'가 아니라, 성경대로 "있을지어다"라고 해야 한다.

> 하나님께서는 모든 제사장과 레위인에게
> 반드시 예복을 입도록 명령하셨다.

성경을 보면, 하나님께서 대제사장 아론을 비롯해서 모든 제사장은 반드시 거룩한 예복을 입어야 한다고 모세에게 분명하게 명령하셨다.

예수는 테너일까, 베이스일까

"너는 이스라엘 자손 중 네 형 아론과 그의 아들들 곧 아론과 아론의 아들들 나답과 아비후와 엘르아살과 이다말을 그와 함께 네게로 나아오게 하여 나를 섬기는 제사장 직분을 행하게 하되 네 형 아론을 위하여 거룩한 옷을 지어 영화롭고 아름답게 할지니 너는 무릇 마음에 지혜 있는 모든 자 곧 내가 지혜로운 영으로 채운 자들에게 말하여 아론의 옷을 지어 그를 거룩하게 하여 내게 제사장 직분을 행하게 하라 그들이 지을 옷은 이러하니 곧 흉패와 에봇과 겉옷과 반포 속옷과 관과 띠라 그들이 네 형 아론과 그 아들들을 위하여 거룩한 옷을 지어 아론이 내게 제사장 직분을 행하게 하라"(출 28:1-4).

"제사장은 세마포 긴 옷을 입고 세마포 속바지로 하체를 가리고 제단 위에서 불태운 번제의 재를 가져다가 제단 곁에 두고"(레 6:10).

"거룩한 세마포 속옷을 입으며 세마포 속바지를 몸에 입고 세마포 띠를 띠며 세마포 관을 쓸지니 이것들은 거룩한 옷이라 물로 그의 몸을 씻고 입을 것이며"(레 16:4).

제사장이 입는 예복은 흉패, 에봇, 겉옷, 속옷, 관과 띠이다. 제사장의 양어깨에는 우림(Urim: Lights)과 둠밈(Thummim: Perfections)이라는 보석종류를 달고 있었으며, 정확한 용도는 잘 알려져 있지 않으나, 주로 여호와 하나님의 뜻을 받을 때 사용되었다고 한다. 가슴에는 열두 지파를 상징하는 열두 개의 보석이 박힌 흉패를 착용하였고, 각각 여섯 지파의 이름이 적혀 있는 두 개의 호마노 보석이 붙어 있는 소매 없는 겉옷인 에봇을 입었고, 그 위에 겉옷을 걸쳤으며, 허리에는 띠를 매었다. 머리에는 '여호와께 성결'이라는 글이 쓰인 금패로 둘러진 관을 쓰고 있었다. 특히 제사장이 하체를 노출하면 죽게 되므로 속바지와 길게 늘여진 옷을 입었는데, 그 옷 가장자리에는 소리 나는 방울을 달았다. 그래서 제사장이 성막 안에서 움직일 때 방울소리를 들을 수 있었고, 만약 방울소리가 나지 않으면 죽은 것으로 간주하고 허리띠에 연결된 줄을 당겨 시신을 바깥으로 끌어내었다.

이와 같은 구약의 말씀과 하나님의 성품에 맞추어 예배를 집례하는 집례자는 반드시 예복을 입고 동시에 교회력에 맞는 후드를 착용하여야 한다. 사랑하는 사람이 원한다면 그 사람의 성품에 맞추기를 위해 노력하는 것이 인지상정이다. 마찬가지로 우리를 구원해 주신 하나님을 사랑한다면, 하나님이 원하시고 명령하신 대로 예복을 입는 것은 지극히 당연한 일이라고 생각한다. 예복으로 세속적인 옷을 덮고 예배를 집례해야 하는 것이 하나님이 원하시는 모습인데, 성경적인 근거도 없이 개인적인 취향으로 양복만을 고집한다면 진정으로 하나님을 사랑하는지를 심각하게 고민해 볼 일이다.

"여호와께 그의 이름에 합당한 영광을 돌리며 거룩한 옷을 입고 여호와께 예배할지어다"(시 29:2).

하나님께서는 제사장뿐만 아니라 성막과 성전에서 일하는 레위인과 찬양을 맡은 음악가들도 그들의 직무를 행할 때마다 예복을 착용하도록 명령하셨다.

"다윗과 및 궤를 멘 레위 사람과 노래하는 자와 그의 우두머리 그나냐와 모든 노래하는 자도 다 세마포(부쯔) 겉옷(메일)을 입었으며 다윗은 또 베(바드-linen) 에봇을 입었고"(대상 15:27).

"노래하는 레위 사람 아삽과 헤만과 여두둔과 그의 아들들과 형제들이 다 세마포를 입고 제단 동쪽에 서서 제금과 비파와 수금을 잡고 또 나팔 부는 제사장 백이십 명이 함께 서 있다가"(대하 5:12).

"백성과 더불어 의논하고 노래하는 자들을 택하여 거룩한 예복을 입히고 군대 앞에서 행진하며 여호와를 찬송하여 이르기를 여호와께 감사하세 그의 인자하심이 영원하도다

하게 하였더니"(대하 20:21).

"노래하는 자들" 곧 오늘날의 찬양대원은 반드시 예복을 입어야 했다. 찬양대 가운을 입어야 한다는 말이다. 간혹 지휘자나 앙상블 대원들이 마치 공연장에서 연주하듯이 가운을 입지 않고 찬양에 참가하는 경우가 있는데, 하나님이 기뻐하시는 모습이 아니다. 시편 기자는 이 사실에 대해서 분명하게 선언하고 있다.

"여호와께 그의 이름에 합당한 영광을 돌리며 거룩한 옷을 입고 여호와께 예배할지어다"(시 29:2).

그런데 가운만 입으면 끝나는 것인가? 그렇지 않다. 찬양대원이 가운을 착용하는 의미는 우리의 세속적인 옷을 성결된 가운으로 덮고 하나님의 거룩한 예배의 자리로 나아가는 데에 그 목적이 있다. 그러므로 자신의 옷이 지나치게 가운 바깥으로 노출되지 않도록 주의해야 한다. 남성은 넥타이와 정장을 착용하는 것을 원칙으로 하나, 여의치 않을 경우라도 잠바나 청바지는 피하도록 하고 되도록 단정한 복장을 착용하도록 한다. 여성은 찬양대 가운의 목 부분 위로 머플러를 걸치거나 긴 칼라가 가운 위를 덮지 않도록 주의하고 가능한 한 목이 긴 계통의 옷은 삼가야 한다.

특히, 긴 머리카락을 가운 앞으로 늘어뜨리지 않도록 유의하여야 한다. 시립, 국립 등 전문합창단이 연주를 할 때는 남성단원이 정장을 하는 것은 물론이고, 특히 여성단원은 모두 머리를 뒤로 묶고 일체의 장신구를 착용하지 않는다. 세상 합창단의 복장이 이러할진대 하나님을 찬양하는 찬양대원의 복장이 세상과 구별 되고 거룩해야 하는 것은 당연하다.

또 한 가지 주의할 사항이 있다. 그것은 바로 가운을 입은 채 개인 용무를 보기 위해서 교회 바깥을 다닌다든지, 화장실에 들 어가지 않도록 하는 것이다. 그 이유는 구약의 제사장들은 바깥 뜰에 나갈 때 평상복으로 갈아입고 나가도록 하나님께서 직접 명령하셨기 때문이다. 다음 말씀을 보면 분명하게 그 단서를 찾 을 수 있다.

"제사장은 세마포 긴 옷을 입고 세마포 속바지로 하체를 가 리고 제단 위에서 불태운 번제의 재를 가져다가 제단 곁에 두고 그 **옷을 벗고 다른 옷을 입고** 그 재를 진영 바깥 정결한 곳으로 가져갈 것이요"(레 6:10-11).

"제사장의 의복은 거룩하므로 제사장이 성소에 들어갔다가 나올 때에 바로 바깥뜰로 가지 못하고 수종드는 **그 의복을 그 방에 두고 다른 옷을 입고** 백성의 뜰로 나갈 것이니라 하더 라"(겔 42:14).

"그들이 바깥뜰 백성에게로 나갈 때에는 **수종드는 옷을 벗어 거룩한 방에 두고 다른 옷을 입을지니** 이는 그 옷으로 백성을 거룩하게 할까 함이라"(겔 44:19).

이렇게 하나님의 말씀인 성경에서 집례자는 반드시 거룩한 예
복으로서 세마포 옷을 입을 것을 말씀하는데, 한국교회 목회자
들 중에는 예복이 아니라 양복/양장/한복을 입고 집례하는 목회
자가 적지 않다. 예복은 거룩한 예배를 집례하는 자의 표식이기
도 하지만, 세상의 옷을 가리는 역할도 한다. 따라서 명품양복이
든 허름한 양장이든, 전통한복이든 집례하는 자는 세상 옷을 거
룩한 예복으로 가려야 한다.

그런데 더 심각한 문제는 정말 예복으로 생각하고 입는 것인지
모르겠지만, 학위가운을 입고 예배를 집례하는 목회자들이 있
다. 양쪽 팔에 군대 상병 계급장과 비슷한 박사학위를 상징하는
세 겹줄을 붙인 가운(gown)을 입고 예배를 집례한다. 이러한 모
습은 세속적인 자랑거리나 권위를 나타내기 위한 모습이 아니라
고 할 수 없다. 분명한 것은 예복은 세상적인 것들을 가리고 세
상과 구별하기 위해 입는 것인데, 박사학위를 드러내기 위해서
학위가운을 예복으로 입는 목회자를 볼 때, 하나님께서 기뻐하
실까? 이 점에 대해서 목회자들은 정말 진지하게 고민해 보아야
한다.

구약에는 제사장, 레위인, 노래하는 자, 나팔 부는 자들이 입는 예복으로 밝고 빛나는 흰 세마포 옷을 입도록 하였고, 신약에는 구원받은 표식으로 깨끗하고 빛나는 흰 세마포를 입도록 하였다.

"그에게 빛나고 깨끗한 세마포 옷을 입도록 허락하셨으니 이 세마포 옷은 성도들의 옳은 행실이로다 하더라"(계 19:8).

특별히 예수님께서는 변화산에서 희고 밝은 빛나는 옷을 입은 모습으로 변화하셨다.

"그 옷이 광채가 나며 세상에서 빨래하는 자가 그렇게 희게 할 수 없을 만큼 매우 희어졌더라"(막 9:3).

또한 부활하신 예수님과 승천하신 예수님 곁에 흰 옷 입은 천사들이 함께하였다.

"흰 옷 입은 두 천사가 예수의 시체 뉘었던 곳에 하나는 머리 편에, 하나는 발 편에 앉았더라"(요 20:12).

"올라가실 때에 제자들이 자세히 하늘을 쳐다보고 있는데 흰 옷 입은 두 사람이 그들 곁에 서서"(행 1:10).

천군천사들도 흰 옷을 입었다.

"일곱 재앙을 가진 일곱 천사가 성전으로부터 나와 맑고 빛난 세마포 옷을 입고 가슴에 금 띠를 띠고"(계 15:6).

"하늘에 있는 군대들이 희고 깨끗한 세마포 옷을 입고 백마를 타고 그를 따르더라"(계 19:14).

이렇게 성경은 예복으로, 그리고 구원의 상징으로 희고 밝은 옷을 입을 것을 말씀하고 있다. 성경말씀에 따라 기독교 교회의 전통 또한 흰색 예복을 입었다. 그런데 한국교회에는 예복으로 검은색 가운을 입는 목회자가 있다. 특히 목사 안수를 받을 때, 담임목사가 후배목사에게 검은색 가운을 입혀준다. 하지만 앞에서도 언급하였듯이 성경에서 끊임없이 이야기하는 옷은 흰 세마포이다. 세마포(아마포, linen)는 밝은 계통의 천이다. 우리나라로 치면 삼베나 모시에 해당하는 천이다. 결코 어두운 색이 아니다. 그런데 검은색 가운을 입는 목회자가 적지 않다.

그렇다면 한국교회에서는 어떤 경로로 검은색 가운을 입게 되었을까? 기독교 교회의 전통적인 예복은 성경에 근거하여 흰색의 긴 장백의(alb)를 입었다. 흰색이나 아이보리 색깔 혹은 회색을 입기도 하였다. 기독교 역사에서 검은색 예복을 입는 경우는 찾아볼 수 없다.

사실 검은색이 전혀 없는 것은 아니다. 가장 비근한 예를 찾아보자면, 베네딕토 수도원의 수사들의 옷이 검은색이다. 하지만 베네딕토 수도원 수사들은 자기 수도원의 특색을 나타내기 위해서 검은색을 착용한 것뿐이다. 참고로 프란체스코 수도회의 수사복은 갈색이고, 도미니크 수도회의 기본색깔은 흰색이다. 이렇게 수사복은 예배 집례와는 상관이 없고, 생활복으로 수도원의 특색을 나타낼 뿐이다. 그렇기 때문에 한국 개신교회에서 카톨릭 베네딕토 수사복 색깔을 따라 검은색 가운을 입지는 않았을 것이다.

그렇다면 교회력 색깔을 따랐을까? 교회력 색깔 중에 검은색을 사용하는 절기가 있다. 교회력에서 언급하였듯이 예수님께서 죽으시고 음부의 고통을 당하신 성금요일과 성토요일의 색깔이 검정이다. 만약 성금요일과 성토요일에 예수님의 죽음을 기념하는 예배와 기도회를 인도한다면 검은색 가운을 입어도 괜찮다. 하지만 예수님께서 죽으시고 음부에서 고통당하시는 성금요일과 성토요일에는 전통적으로 교회의 예배와 집회가 없었다는 점에서 예복을 입을 필요가 없다. 결국 일 년 중 어떤 날에도 검은색 가운을 입을 수 있는 예배는 없다는 뜻이다. 그래서 교회력의 색깔이 검은색 가운을 입는 것에 영향을 미치지 않았다.

그런데 한국교회에서 검은색 가운을 입게 된 결정적인 이유가 있다. 그것은 바로 종교개혁자 칼뱅의 영향 때문이다. 대부분의 한국 개신교회는 칼뱅의 개혁신학을 바탕으로 개혁교회 전통을 따르고 있다. 그래서 칼뱅이 입었던 검정색 제네바 가운(Geneva gown)의 영향을 많이 받았다. 종교개혁 당시 장 칼뱅은 카톨릭 사제가 아니었기 때문에 사제복이 없었다. 그래서 대학에서 검정색의 학위복을 입고 강연하였다. 만약 칼뱅이 루터처럼 사제였다면 희고 긴 장백의를 입었을 것이다. 결론적으로 검정색 제네바 가운은 예배를 인도하는 목회자의 예복이 아니다. 학위복이고 외출복이다.

이렇게 칼뱅의 제네바 가운이 한국 개신교회에 쉽게 자리잡을 수 있게 된 이유도 있다. 먼저는 검은색 복장이 정장을 의미하기 때문이다. 검은색 양복은 조직을 상징하고 규율을 상징한다. 그래서 정부 관공서 기업체 모임에 가면 어두운 계통의 정장을 많이 입는다. 한국의 자동차 색깔이 검은색 계통이 많은 것과도 무관하지 않다고 생각한다.

또 다른 이유로는 한국교회에서는 성례전을 비롯해서 심지어 부활절까지 예수님의 십자가 죽음과 연결시키기를 좋아한다. 집례위원들이 흰색 장갑을 끼는 이유가 바로 성례전을 예수님의 죽음과 연결시키기 때문이다. 또한 몇 십 년 전까지만 해도 부활절이 예수님께서 죽음에서 부활하신 날임에도 불구하고 하얀 소복을 입고 예배에 참석하는 여신도들이 많았다. 아이러니하게도 부활절의 교회력 색깔인 흰색과 일치하는 것이 재미있다. 하지만 교회력의 흰색은 축제의 색깔이지만 하얀 소복은 죽음을 상징하는 장례식 복장이다.

어쨌든 이런 이유들 때문에 한국교회 목회자들이 검은색 가운을 입는 것에 쉽게 적응할 수 있었다고 본다. 그런데 검은색을 통해 예수님의 죽음을 기억하고 기념하고자 하는 의도는 좋지만, 기독교는 사망 권세를 이기고 부활 생명을 믿는 종교이다. 이제는 부활과 영생의 소망으로 살아가야 한다. 부활은 빛이고 죽음은 어둠이다. 어둠은 검은색이다. 성경에서 검은색은 어둠, 죽음, 스올(지옥)을 상징할 뿐이다. 희고 밝은 예복은 하나님의 명령이고 주님이 입으신 옷이다. 이제 구원받은 하나님의 백성으로서 칼뱅의 제네바 가운을 따라서 검은색 가운을 입을 것인지, 아니면 주님의 광채 나는 흰 옷을 본받아 흰 예복을 입을 것인지 결정을 내려야 한다.

'성가대'인가, '찬양대'인가?

대한예수교장로회(통합) 제85회(2000년) 총회에서 기독교 바른 용어 사용하기 운동의 일환으로 성가대를 찬양대라고 결의함에 따라, 예장 통합 교회를 중심으로 대부분의 한국교회들이 성가대를 찬양대로 그 명칭을 변경하기 시작하였다. 지금은 성가대라는 명칭을 사용하는 교회를 찾기 어려울 정도가 되었다.

그렇다면 성가대를 찬양대로 바꾼 이유는 무엇일까? 총회 결의대로 성가대가 바른 용어가 아닌 이유는 무엇일까? 첫째는 성가대라는 용어가 일제강점기의 잔재라는 것이고, 둘째는 성경에서 '성가'라는 용어가 나오지 않는다는 이유이다.

과연 제시된 이유가 논리적이고 타당성 있는 이유일까? 먼저 '성가대'라는 용어가 일제강점기의 잔재로서 바른 용어가 아니라고 주장한다. 그런데 현재 우리가 사용하고 있는 용어 중에서 일제강점기의 잔재라는 이유만으로 바꾸어야 한다면 과연 얼마나 많은 용어들이 이에 해당할지 알 수가 없다.

비단 '성가'뿐이겠는가? 조선시대에서 근대사회로 바뀌는 과정에서 생겨난 신조어는 대부분 일제강점기 때 생겼다고 해도 과언이 아니다. 일제강점기 때 만들어진 근대화된 모든 용어들을 전부 없애버리거나 바꾼다면 얼마나 큰 혼란이 일어날지는 쉽게 미루어 짐작할 수 있다. 비근한 예로, '국민학교'를 '초등학교'로 바꿀 당시에도 큰 혼란이 일어났고, 상당한 비용이 지출되었던 것으로 기억한다. '국민학교'의 '국민'이라는 용어가 일본천황의 황국신민의 줄임말에서 시작되었다는 이유가 결정적이었는데, 약간의 혼란은 있었지만 나름대로 이해는 된다. 무엇보다 '국민학교'와 함께 일제강점기 때 만들어진 용어이지만 '중학교', '고등학교'는 바꾸지 않고 지금도 그대로 사용하고 있다는 사실을 보면 나름대로 합리적인 이유가 있었던 것이다. 일본에서는 지금도 중학교, 고등학교를 그대로 사용하고 있다.

즉, 중학교, 고등학교는 일제강점기 때 만든 용어이고 지금 일본에서도 그대로 사용하고 있음에도 불구하고 바꾸지 않았는데, '성가'는 '국민학교'처럼 일본천황과 직접적으로 연관되는 단어도 아닌데 단순히 일제강점기 때 만들어진 용어라는 이유 하나만으로 사용하지 않아야 한다는 것은 너무나 비논리적이고 공정하지 않은 주장이라고 생각한다.

사실 '성가'라는 용어는 일제강점기와는 상관없이 19세기 말에 우리나라에 서양음악이 들어왔을 때부터 사용되었다. 기독교의 전형적인 단선율 음악(plain chant)을 '그레고리성가, Gregorian Chant'라고 부르는 것으로 시작해서, 19세기 말 조선의 천주교 제8대 조선교구장을 지낸 뮈텔 주교가 1892년에 기록한 일기에 보면, "성가(聖歌) '피에 예수(Pie Jesu)'를 세 번 노래하다. … 성가(聖歌) 리베라(Libera)를 노래했다"라는 기록이 있다. 또 1912년의 「경향잡지」에는 "예수 성탄 침례 때 교우들 성가(聖歌) 읊다"라고 기록되어 있다. 1924년에는 카톨릭교회의 공인찬송가인 '죠션어 성가' 집을 발행하였다.[49] 이런 사실들을 종합해 볼 때, '성가'라는 용어는 일제강점기가 시작되기 전 훨씬 오래전부터 이미 사용되고 있었다. 일제강점기의 잔재가 아니라는 말이다.

두 번째, 교회의 모든 용어가 성경에 있어야만 사용할 수 있기 때문에 '성가'는 바른 용어가 아니라고 주장한다. 그렇다면 '삼위일체 하나님'도 사용하면 안 되는 것인가? 기독교의 신앙은 유일신 하나님을 믿으며, 동시에 성부, 성자, 성령 삼위일체 하나님을 믿는다. 그런데 '삼위일체'라는 단어는 성경에 나오지 않는다. 만약 '삼위일체'라는 단어가 성경에 없기 때문에 교회에서 사용하면 안 된다고 주장했다가는 이단으로 몰리게 될 것이고, 교회 안에 큰 혼란이 일어날 것이다. 그러므로 '성가'가 성경에 없는 단어이기 때문에 교회에서 사용해서 안 된다는 이유는 너무나 단편적이고 비논리적인 주장이다.

그런데 '성가대'가 바른 용어가 아니라고 결의했던 예장 통합 제85회 총회의 결의가 모순인 이유가 하나 더 있다. 정확한 해는 기억나지 않지만 이전 총회에서 교회의 직책으로 교사는 '교육사'로, 지휘자는 '성가사(聖歌師)'로 부르도록 한 적이 있었다. 실제로 당시 찬양대 지휘자였던 필자를 교회에서 한동안 '성가사님'으로 불렀던 적이 있었던 것을 기억한다. '성가'라는 용어를 총회에서 공식적으로 인정했다는 증거이다. 그런데 왜 85회 총회에서는 '성가'라는 용어를 바른 용어가 아니라고 결의했는지 정말 의문이다.

사실 '찬양'과 '성가'는 그 용도가 다르다. '성가'는 명사형으로 사용하지만, '찬양'은 명사형보다는 동사형으로 사용할 때가 훨씬 많다. 동사로 사용하는 '찬양'에는 "하나님을 찬양합니다. 주님을 찬양합니다"처럼 목적어가 따른다. 그런데 문제는 "김일성 원수를 찬양한다"라고 말할 수도 있다는 것이다. 그렇게 말했다가는 대한민국 국가보안법에 '찬양 고무죄'에 의거 구속될 수도 있다. 그러니까 '찬양'이라는 용어가 하나님께만 국한되지 않는다는 말이다. 오히려 성경(聖經)이 하나님의 거룩한 말씀이라면, 성가(聖歌)는 하나님을 찬양하는 거룩한 노래라는 점에서 독재자나 사탄을 찬양할 수도 있는 '찬양'보다는 '성가'가 하나님을 찬양하는 용어로서 훨씬 더 적합하고, '찬양대'보다는 '성가대'가 하나님을 찬양하는 공동체의 이름으로 더 적합한 용어라고 생각한다. 지금은 대부분의 교회가 '성가대'를 '찬양대'로 바꾸어 사용하고 있기 때문에 어쩔 수 없지만, 가능하다면 '찬양'은 '찬양팀, Praise (& Worship) Team'에 사용하고, '성가'는 '성가대, Church Choir'로 사용하는 것이 좋을 것 같다는 저자의 바람이다.

찬양대원들이 강단 앞에 나와 노래하는 것은 누구를 위한 것인가?

한국교회가 경배와 찬양 형식의 예배가 유행하면서 찬양대석까지 없애는 교회들이 많아졌다. 찬양대석이 없으니 찬양대원들은 자연스럽게 제일 앞자리에 앉을 수밖에 없다. 그리고 찬양 순서가 되면 강대상 앞으로 나가서 십자가를 등지고 회중을 향해

서서 노래한다.

이런 모습을 바라보시는 하나님의 마음은 어떠실까? 십자가를 등지고 회중을 향해 노래하는 찬양대 찬양은 하나님께 올려드리는 찬양인가, 아니면 회중에게 보이기 위한 연주인가? 하나님께 올려드리는 찬양이라면 말씀이 선포되는 강단과 십자가를 향해 찬양해야 한다. 그렇게 하기 위해서는 찬양대원들은 앉은 자리에서 일어나야 한다. 하지만 찬양대석이 없어서 앞쪽에 앉은 찬양대가 찬양할 때, 앉은 자리에서 그대로 일어나 회중을 등지고 찬양하는 찬양대는 없는 것으로 안다. 만약 그런 모습으로 찬양한다면 많은 교인들이 반대할 것이다. 찬양대원의 찬양이 듣고 싶고, 찬양하는 대원들의 모습도 보고 싶기 때문이다. 찬양대석이 필요한 이유다.

대부분의 찬양대석은 회중석 오른쪽, 곧 강대상 왼쪽에 위치한다. 이유는 말씀이 강단 오른쪽에서(Gospel Side) 선포되기 때문이다. 하나님의 말씀이 오른쪽에서 선포되고, 말씀에 화답하여 찬양은 왼쪽에서 올려드린다. 그런데 엄밀하게 말하면 찬양대석은 강대상 맞은편, 동쪽에 위치해야 하는 것이 성경적이다. 다음의 말씀을 참고해 보자.

"노래하는 레위 사람 아삽과 헤만과 여두둔과 그의 아들들과 형제들이 다 세마포를 입고 **제단 동쪽에 서서** 제금과 비파와 수금을 잡고 또 나팔 부는 제사장 백이십 명이 함께서 있다가"(대하 5:12).

구약 제사를 드릴 때 노래하는 자들과 나팔 부는 제사장, 그 외 악기를 연주하는 자들이 제단 동편에 서서 찬양하였다. 루터교회, 카톨릭 성당의 발코니에서 찬양하는 이유가 여기에 있다. 예배당 현관 이층의 발코니가 강대상에서 바라보는 동쪽이기 때문이다.

한국교회가 아무런 신학적인 배경과 성경적인 고려 없이 찬양대 석을 쉽게 없애버렸지만, 이제부터라도 찬양대석이 회복되기를 원한다. 교회의 모든 모습과 행위와 예배는 먼저 하나님의 뜻을 헤아려야 하고, 성경을 바탕으로 신학적인 근거를 가져야 한다. 목회자 개인의 생각이나 시대의 흐름이나 유행을 따라 쉽게 결정해서는 안 된다.

Part 6

...

찬송가와 시편 표제

*Hymns and
Psalms Title*

A. 찬송가

우리나라 최초의 찬송가는 "천주가사"이다.

   우리나라가 기독교를 처음으로 접하게 된 계기는 1631년 중국에서 가지고 들어온 마태오리치의 『천주실의』(De Deo Verax Disputatio)라는 기독교교리 서적을 통해서이다. 이 서적이 학자들 중심으로 관심을 끌다가 백여 년 뒤에 권철신, 이벽, 정약전 등의 실학자들이 『천주실의』를 읽고서는 큰 충격을 받았다. 이들은 이전에 들어본 적도 없고 생각지도 못했던 영혼, 구원, 천국, 지옥 등에 관한 내용을 읽고는 새로운 복음을 받아들이기 시작했다. 수시로 모여 교리공부를 하였고, 심지어 신부가 없이 미사를 드리기도 했다고 전해진다. 성경도 없고, 목회자도 없고, 교회도 없었지만 이들은 이미 구원의 확신을 가졌다. 이들의 믿음이 천주가사에서 여실히 드러난다.

〈이벽, '천주공경가', 1779〉

어와세상 벗님네야 이내말씀 들어보소
집안에는 어른있고 나라에는 임금있네

네몸에는 영혼있고 하늘에는 천주있네

부모에게 효도하고 임금에겐 충성하네

삼강오륜 지켜가자 천주공경 으뜸일세

이내몸은 죽어져도 영혼남아 무궁하리

인륜도덕 천주공경 영혼불멸 모르면은

살아서는 목석이요 죽어서는 지옥이라

천주있다 알고서도 불사공경 하지마소

알고서도 아니하면 죄만점점 쌓인다네

죄짓고서 두려운자 천주없다 시비마소

아비없는 자식봤나 양지없는 음지있나

임금용안 못뵈었다 나라백성 아니런가

천당지옥 가보았나 세상사람 시비마소

있는천당 모른선비 천당없다 어이아노

시비마소 천주공경 믿어보고 깨달으면

영원무궁 영광일세[50]

"몸에는 영혼이 있고, 하늘에는 하나님 계신다. 임금 얼굴 못 보았다고 나라백성이 아니라고 할 수 없듯이, 천당 지옥 가본 적 없다고 천당 없다고 시비마라. 하나님을 믿고 말씀을 깨달으면 영원무궁토록 영광일세."

성경도 없고 성경을 가르치는 목회자도 없는 상황에서 기독교 서적을 읽고 이와 같은 위대한 신앙고백을 할 수 있었다는 자체가 믿기지 않을 정도로 놀라운 일이 아닐 수 없다. 비록 '천주공경가'가 이벽의 작품이라는 것에 문제가 제기되고 있긴 하지만, 누구의 작품이건 간에 중요한 것은 당시에 이런 정도의 수준높은 신앙을 고백했다는 것이 참으로 놀라운 일이 아닐 수 없다. 하나님께서 우리나라를 향한 놀라운 계획과 일하셨음을 느낄 수 있는 부분이다.

이 찬송시는 조선 후기의 민중가사 형태인 4.4조를 사용하였으며, 일반 민중이 읽을 수 있는 순수 한글을 사용하였다. 원래 조선가사의 내용은 신이 배제되고 주로 자연과 인간을 노래한 것이 특징인데, 천주가사가 조선가사 형태임에도 불구하고 신의 존재를 인식하고 신과 문학의 만남이 이루어진 시가였다는 점이 특이하다. 이 찬송시가 나중에 카톨릭 공인찬송가인 "죠선어성가"(1924)로 이어졌기 때문에 그 이름을 "천주가사"로 명명하게 된 것으로 보인다.

최초의 천주가사로는 1779년에 작시된 정약전의 '십계명가', 이벽의 '천주공경가', 최향업 신부의 '사향가' 등이 있다. 1880년대에 개신교 선교가 이루어지기 백여 년 전에 "천주가사"라는 찬송시의 형태가 존재했다는 것을 알 수 있다. 천주가사는 1894년 갑오경장을 기점으로 점차 쇠퇴하기 시작하여 1924년 천주교 공인찬송가 "죠선어성가"가 편찬됨으로써 완전히 사라지게 된다. 천주가사 자체의 생명력이 상실되었다기보다는 '가사'라는 조선문학 형태가 쇠퇴함으로써 사라지게 되었다고 보는 것이 정확하다.

1892년에 발행한 "찬미가"는 감리교 선교사 조지 존스(George Jones) 목사와 루이스 로스와일러(Louise Rothweiler) 양이 편집한 한국 개신교회 최초의 공인찬송가로서 모두 27곡의 찬송이 수록되어 있었음을 1895년 "찬미가" 서문에서 밝히고 있다.[51] 이 찬송가는 아쉽게도 사본조차도 남아있지 않아 스물일곱 찬송이 구체적으로 무슨 찬송이었는지 알 길이 없다.

그런데 "찬미가"를 감리교 선교사인 조지 존스 목사와 루이스 로스와일러 양이 편집하였다고 할지라도 이 찬송가를 감리교 찬송가로 불러서는 안 된다. 왜냐하면 당시에는 장로교 선교사 언더우드 목사와 감리교 선교사 아펜젤러 목사는 교단의 구분 없이 하나의 교회처럼 긴밀하게 협동하면서 선교했기 때문이다. 실제로 지금의 "찬송가"(2006)를 교단 상관없이 초교파적으로 사용하고 있듯이, 당시에도 감리교, 장로교 상관없이 "찬송가"를 같이 사용하였다.

> **우리나라 최초로**
> **서양식 악보가 인쇄된 음악책이 찬송가였다.**

　최초의 공인찬송가인 "찬미가"(1892)를 뒤이어 1894년에 발행된 "찬양가"는 미국 북장로회 파송선교사 언더우드 목사가 단독으로 편찬한 찬송가로서 최초의 서양식 악보 찬송가이다. 모두 117곡(영국 75, 미국 27, 한국 13, 시편 1, 주기도문 1)이 수록되었다. 아이작 왓츠와 웨슬리를 비롯하여 미국의 필립 블리스 찬송 등 18, 19세기 영, 미 복음찬송이 주를 이루고 있으며, 루터의 코랄(회중찬송)과 칼뱅의 시편가는 전혀 채택되지 않았다. 특히 "찬양가"는 서양식 악보가 처음으로 인쇄된 음악책이라는 점에서 한국 서양음악사의 귀중한 자료라 할 수 있다. 그리고 한국창작 찬송가사 여덟 곡이 처음으로 삽입되었다는 점에서 한국 찬송가의 토착화가 시작되었다는 사실도 의미가 크다 할 수 있다.

　"찬양가"는 원래 장·감 합동으로 편찬하기로 되어 있었는데, 오랫동안 미국에 체류하고 있었던 존스 목사 일행이 돌아오기를 기다리지 않고, 언더우드 목사 단독으로 발행함으로써 교단간의 불화를 일으켰다. 결국 감리교에서는 "찬양가"를 사용하지 않고 따로 "찬미가"를 증보 발행하였다. 더욱이 "찬양가"는 하나님에 대한 용어 사용을 잘못하여 장로교에서조차도 공인을 받지 못하였으며, 주로 서울지방과 남부 일부지방에서만 사용되었다.

카톨릭교회와 성공회에서는 '하나님'이라는 칭호가 한국 재래 종교의 것이라 해서 '여호와'로 부르기로 동의하였다. 반면, 장로교, 감리교 선교사들은 '하나님'으로 호칭하기를 주장하였고, 언더우드 목사도 동의하였다. 그럼에도 불구하고 언더우드 목사는 "찬양가"에서 하나님의 칭호를 '여호와'나 '아버지'로 표기하였으며, '하나님'이라는 칭호는 전혀 사용하지 않음으로써 감리교회는 물론이고 일부 장로교단의 외면을 받았다.

예를 들면, "찬양가" 10장 '하나님이 천지내고'를 '여호와이 천지내고'로 어색하게 바꾸었는데, 이는 언더우드 목사가 한글 주어 조사, '은, 는, 이, 가'에 대한 사전지식이 없어서 주어에 맞는 적당한 조사로 바꾸지 못했던 결과이다. 이런 것이 바로 '하나님' 호칭을 '여호와'로 급하게 바꾼 흔적이라고 할 수 있다.

원래 언더우드 목사는 "찬양가"를 발행하면서 장로교회, 감리교회가 함께 사용할 목적으로 발행했지만, 감리교 선교사들과 사전협의가 없었기 때문에 감리교회의 외면을 받았다. 장로교회도 하나님 호칭 문제로 일부 교회에서만 사용하게 됨으로, 결국 "찬양가"는 초교파 공인찬송가도 아니고, 그렇다고 장로교 공인찬송가도 아닌 장로교회 일부 교회에서만 사용한 국적불명의 찬송가가 되고 말았다.

감리교와 장로교와 침례교의 공인찬송가가 달랐다.

언더우드 목사가 사전 협의 없이 단독으로 "찬양가"를 발행한 것에 반발하여, 미국에서 돌아온 존스 목사와 로스와일러 양이 1895년에 곧바로 "찬미가"를 편찬하였다. 이 찬송가는 1892년 "찬미가"의 곡을 수정 보충하여 모두 81곡의 찬송을 수록하였는데, 악보는 없었다. 주로 미국의 "감리교 찬송가, Methodist Hymnal"와 "복음찬송, Gospel Hymns"에서 발췌하여 수록하였으며, 한국 찬송은 찬양가의 '어렵고 어려우나'(백홍준), '예수의 높은 이름이'(한국여성) 두 곡을 수록하였다. 이것은 감리교회 최초의 공인찬송가라고 할 수 있다.

반면 북장로교에서는 감리교의 "찬미가"는 물론 언더우드의 "찬양가"를 사용하지 않았기 때문에 평양신학교를 중심으로 장로교의 공인찬송가를 따로 발행하기로 하였다. 1895년에 그래함 리 목사와 기포드 부인이 "찬셩시"를 편찬하였는데 모두 54편이 수록되었다.

1905년판 "찬셩시"는 악보가 첨부되었다. 이 찬셩시에는 14편의 운율시편가가 수록되었다. 하지만 그 곡조는 칼뱅의 '제네바시편가'(1562)나 영어 시편가곡조가 아닌 일반 찬송곡조를 사용하였다.

한국 침례교의 전신인 '동아기독교회'의 캐나다 선교사 펜윅 목사가 1899년에 최초의 침례교 공인찬송가 "복음찬미"를 편찬, 발행하였다. 모두 14곡의 찬송이 수록되었는데, 주로 복음적 성격이 강한 찬송이 대부분이다. 침례교회에서는 해방이 될 때까지 찬송가 증보, 개정작업을 계속하다가, 해방을 맞아 "해방기념 복음찬미"(1948)를 간행하였다. 이후에는 초교파 공인찬송가를 함께 사용해 오고 있다.

> **애국가가**
> **처음으로 실린 책이 한국교회 찬송가이다.**

이전의 찬송가는 모두 선교사들이 편집하였지만, 1905년에 한국인 단독으로 윤치호 선생이 "찬미가"를 편찬하였다. 열두 곡의 번역찬송과 윤치호 작시의 '황제폐하송', '애국가' 등의 민족찬송까지 모두 열다섯 곡이 수록되어 있다.

14장에 비록 고어체이긴 하지만 오늘날 우리가 부르는 애국가 가사 그대로 'Auld Lang Syne' 곡조에 맞춰 부르도록 하였다.[5.2]

  1. 동해물과 백두산이 마르고 닳도록

하나님이 보호하사 우리 대한 만세

(후렴) 무궁화 삼천리 화려 강산

　　　대한사람 대한으로 길이 보전하세

2. 남산 위에 저 소나무 철갑을 두른 듯

　　바람이슬 불변함은 우리 기상일세

3. 가을하늘 공활한데 구름 없이 높고

　　밝은 달은 우리 가슴 일편단심일세

4. 이 기상과 이 맘으로 임금을 섬기며

　　괴로우나 즐거우나 나라 사랑하세

　고어를 현대어로 바꾸고, '임금을 섬기며'를 '충성을 다하여'로 수정한 것 이외에는 지금의 애국가 가사와 정확하게 일치한다. 결국 윤치호 편집의 "찬미가"는 지금의 애국가 가사가 윤치호의 작사임을 증명하는 귀중한 자료라고 할 수 있다. 동시에 우리나라 애국가가 처음으로 실린 책이 찬송가였다는 사실을 알 수 있는데 참으로 놀라운 일이 아닐 수 없다.

　당시에는 애국가를 'Auld Lang Syne' 곡조에 맞추어 불러오다가, 1936년 미국 샌프란시스코의 한인교회에서 오늘날의 안익태의 곡조로 바꾸어 부르게 되었다.

　'황제폐하송', '애국가' 등을 수록함으로써 진정한 민족찬송이자 찬송의 토착화를 시도했던 이 찬송가는 참으로 아쉽게도 기존 교회의 외면으로 공인찬송이 되지는 못하였다.

> 일제강점기에도
> 찬송가는 계속 발행되었다.

1) 찬송가(1908)

감리교는 "찬미가", 장로교는 "찬양가"와 "찬셩시"를 사용해 오다가 1908년에 장로교 감리교, 합동으로 "찬숑가"를 발행하였다. 악보 없이 가사만 262곡이 수록되었다. 편집위원은 베어드 부인, 밀러 목사, 배재고 음악선생 벙커였다. 10장에서 14장의 곡조(Tune Name)가 'Korean Music'인데, 실제 곡조는 10장에만 나타나고 그밖에는 다른 찬송곡조로 되어 있다.

"찬숑가"는 1931년 "신명찬송가(신정찬송가)"가 출간되기까지 널리 사용되었다. 이 찬송가의 178곡이 통일찬송가(1983)에 삽입되어 한국 찬송가의 큰 흐름의 원조를 이룬 찬송가라고 평가할 수 있다.

2) 복음가(1911)

1911년에 발행된 "복음가"는 최초의 성결교 찬송으로 160곡의 찬송을 수록하였는데, 19세기 후반 미국의 복음찬송이 주류를 이루었다.

성결교의 "복음가"가 발행됨으로 장로교와 감리교의 "찬숑가", 침례교의 "복음찬미"와 함께 4개 교단의 공인찬송가 시대가 열리게 되었다. 성결교에서는 "복음가"(1911)를 시작으로 1913년 "부흥성가", 1919년에는 210곡의 "신정복음가", 1930년에는 255곡의 "부흥성가"를 발행하였다.

3) 죠선어성가(1924)

1924년에 발행된 "죠선어성가"는 최초의 공인 카톨릭성가집으로 천주가사 시대로부터 근대적 공인찬송가 시대로의 전환을 이룩한 찬송집으로 평가된다. 모두 68곡의 성가가 악보와 함께 수록되었다. 이중 12곡은 "천주가사"로부터 가사를 발췌하여 음악에 맞게 개사하였는데, 토착 천주가사에 서양악곡이 붙여짐으로써 한국 찬송의 토착문화의 변화를 시도하였다는 점이 고무적이다. 곡조는 대부분 프랑스 미사곡에서 발췌하였다.

> '금주가'가
> 한국교회 공인찬송가에 실렸다.

1) 신명찬송가(1931)

"찬숑가"(1908)를 개정하기 위해 원판을 일본 인쇄소에 보냈는데, 하필 1923년에 일어난 관동대지진으로 인쇄소에 있던 "찬숑가" 원판이 파손되고 말았다. 1931년 다시금 새로운 찬송가를 편집하여 발행한 것이 "신명찬송가(신정찬송가)"이다.

"신정찬송가"는 "찬송가"(1908)에 이어서 장로교, 감리교가 합동으로 사용한 찬송가로서 모두 314곡의 찬송을 수록하였는데, 반 이상을 "찬송가"(1908)에서 채택하였다. "청년찬송가"(1922)에서는 70곡을 택하였고, 한국인 창작찬송 여섯 곡도 실려 있다. "찬송가"(1908)에 있었던 한국 곡조 다섯 곡을 제외시킨 것은 찬송의 토착화 측면에서 아쉬운 점으로 남는다.

하지만 전국에 공모하여 채택된 김활란 작사, '캄캄한 밤 쌀쌀흔 바람 불 때'가 실렸고, 참으로 흥미로운 것은 특이하게도 '금주가'라는 제목의 찬송이 실리기도 하였다는 점이다.

'금주가'(230장)

1. 금수강산 내 동포여 술을 입에 대지 마라
   건강지력 손상하니 천치될까 늘 두렵다
   (후렴) 아, 마시지 마라 그 술, 아, 보지도 마라 그 술
   조선사회 복 받기는 금주함에 있나니라
4. 천부주신 네 재능과 부모님께 받은 귀태
   술의 독기 받지 말고 국가 위해 일할지라

찬송으로 '금주가'가 나올 정도로 당시 남자들이 얼마나 술에 빠져 살았는지 짐작이 간다.

2) 신편찬송가(1935)

앞에서도 언급하였듯이 1931년 "신정찬송가"는 장로교와 감리교가 합동으로 사용하기 위해 발행하였는데, 장로교에서 여러 가지 이유를 들어 사용을 거부하고 1935년에 장로교 단독으로 "신편찬송가"를 발행하였다.

이전에도 장로교 선교사 언더우드 목사가 감리교와 사전 협의 없이 단독으로 "찬양가"(1894)를 발행함으로 감리교에 상처를 입혔는데, "신정찬송가"를 통해서 다시 한 번 장·감의 불화를 일으키게 되었다. 장로교는 찬송가 편찬에 있어서만큼은 감리교에 사랑의 빚을 지고 있다고 해도 과언이 아니다.

어쨌든 "신편찬송가"는 모두 400곡의 찬송을 수록하고 있다. "신정찬송가" 중에서 70장, 성결교의 "부흥성가"(1930)에서 100장을 채택했는데, 여전히 선교사 중심으로 편집을 하였다. 나중에 북한에서 찬송가를 발행할 때 "신편찬송가" 400장 그대로 편집해서 발행하였다.

> 선교사의 도움 없이
> 찬송가를 발행하였다.

1) 합동찬송가(1949)

해방 이전까지 한국교회는 교단별로 각기 다른 찬송가를 사용하고 있었다. 감리교 "신정찬송가", 장로교 "신편찬송가", 성결교 "부흥성가", 침례교에서는 "복음찬미"를 사용하다가, 해방을 맞이하여 1949년에 장·감·성 세 교단 합동으로 "합동찬송가"를 출간하였다. 최초의 삼대교파의 합동찬송가이자, 선교사의 도움 없이 한국교단 단독으로 발행되었다는 점에서 그 의의를 높이 평가해야 할 것이다.

모두 586곡의 찬송을 수록하였으며, 세 교파에서 사용하는 찬송가를 모두 편입하고 공통되는 찬송가의 가사는 적절히 선택하거나 개사하도록 하였다. 그러나 "신정찬송가"로부터 선정된 10곡의 한국 찬송 이외에는 새로운 곡조의 한국 찬송은 전혀 없었다는 점이 토착화 측면에서 아쉬움으로 남는다.

2) 새찬송가(1962)

해방 이후 장로교회를 중심으로 교단의 분열이 일어나기 시작하였다.

제일 먼저 1951년 신사참배를 반대하여 투옥되었다가 해방을 맞이하여 출옥한 성도 중심으로 '경남노회(법통)' 소속 교회들이 교단을 탈퇴하였고, 이들이 고려신학교(고신대학교)를 설립함으로 일명 고려파(고신)가 되었다.

두 번째는 신학적인 의견 차이로 장로교의 이름이 바뀌게 되는 사건이 일어난다. 1953년에 장로회총회는 조선신학교 중심의 교회를 축출하였고, 이들이 1954년에 대한기독교장로회를 설립함으로 대한예수교장로회(약칭, 예장)와 대한기독교장로회(약칭, 기장)로 분리되었다.

이후 대한예수교장로회는 1959년에 WCC(세계교회협의회)와 관련하여 보수(합동)와 진보(통합)로 분리되고 말았다. 보수 측이 '합동'이라는 이름을 사용한 이유는 고신측과 합동하기로 하였기 때문이다. 이름대로 1962년 장로교 고려파와 합동측이 함께 "새찬송가"를 발행하였다. '생명의 말씀사'에서 발행을 담당하였고, "신편찬송가"를 기초로 서양의 우수 찬송을 직접 번역하였다. 독일 찬송, 일본 찬송 등이 많이 삽입되었으나, 한국 찬송은 "합동찬송가"에 수록되어 있던 7곡만이 포함되었다. 모두 671장으로, 한국 공인찬송가 중에서 가장 많은 장수를 기록하고 있다.

합동과 고신이 함께 사용하기로 하고 "새찬송가"를 발행하였지만 합동측이 탈퇴함으로 "새찬송가"의 사용은 고신측 소수교회만으로 제한되었다.

3) 개편찬송가(1967)

"합동찬송가"(1949)에 대한 개편 요구가 계속되어 왔고, '한국찬송가위원회'가 조직됨에 따라 1967년 "개편찬송가"를 발행하게 되었다. 모두 600곡의 찬송이 수록되었고, 기존의 한국인 찬송 3곡과 한국인 창작찬송 27곡을 포함, 모두 30곡의 한국 찬송이 포함되었다. 후에 성결교의 복음찬송 20곡이 부록으로 첨가되었다.

"개편찬송가"의 특징 중의 하나는 종래의 한국 찬송가가 선교사들이 전도의 목적으로 부른 복음성가와 부흥성가들이 주축이 되었던 것과는 달리, 예배찬송과 교회예식에 관련된 찬송을 많이 보강하였다는 점이다.

문제는 새롭게 "개편찬송가"가 발행되었지만 기존의 "합동찬송가" 사용을 고집하는 교회도 많았다. 고신측은 "새찬송가"를 계속 사용하였기 때문에, 한국교회는 "합동찬송가", "새찬송가", "개편찬송가"를 동시에 사용하는 찬송가 트로이카시대가 되고 말았다. 그러다보니 타 교단 교인들이나 여행 중인 손님 교인들을 위해서 찬송가를 부를 때는 항상 합동, 개편, 새찬송가의 장수를 각각 표기해야만 했다. 당시 주보를 보면 찬송 순서에는 항상 '합 ○○○장, 새 ○○○장, 개 ○○○장'이라는 표식을 했기 때문에 이때를 일명 '합·새·개 시대'라고 부르기도 했다. 비록 장수 표시를 해 주어도 찬송가마다 가사의 차이가 조금씩 있었기 때문에 불편함을 피할 수는 없었고, 새로운 통일찬송가의 필요성이 절실하게 요구되었다.

4) 통일찬송가(1983)

드디어 '합·새·개 시대'를 마감하는 일명 "통일찬송가"가 1983년에 발행되었다. 하지만 당시만 하더라도 경제적인 여유가 없었던 시절이라 교인들이 새로운 찬송가를 곧바로 구입해서 사용하기가 쉽지 않았다. 그래서 특히 시골이나 지방교회를 중심으로 여러 해 동안 '합·새·개·통' 찬송가를 동시에 사용할 수밖에 없었다.

"통일찬송가"는 모두 558곡의 찬송을 수록하였는데, 기존의 "개편찬송가"보다 크게 나은 것이 없었으며, 무엇보다 한국인과 관련한 찬송이 23곡인 것만 보면 한국 찬송의 토착화 측면에서 오히려 퇴보현상을 보였다.

5) 21세기 찬송가(2006)

한국 찬송가의 토착화 염원에서부터 일명 "21세기 찬송가"가 출판되었다. "통일찬송가"에서 480곡, 새로이 외국 찬송가 53곡, 108곡의 한국인 관련 찬송을 수록하여 모두 645장으로 구성되었다. 특징은 현대어법(성신→성령, 예수여→예수님, 왕→주님, 축복→복, 하옵시고→하시옵고 등)을 사용하였고, 청년 찬송을 새로이 추가하였고, 영미 찬송가뿐만 아니라 아시아, 아프리카 등지의 제3세계 찬송들이 포함되었다. 음악적, 문학적, 신학(예배학)적인 문제점이 없지는 않으나, 더 큰 문제는 21세기 찬송가위원회 당사자들의 찬송을 비롯해서 교단의 주요 인사들의 곡이 여과 없이 수록되었다는 점이 아쉬움으로 남는다.

그럼에도 불구하고 아름다운 찬송들이 많이 수록되었다. 새로운 찬송 중에서 필자가 추천하고 싶은 찬송을 다음과 같이 소개하고자 한다.

63 주가 세상을 다스리니 / 97 정혼한 처녀에게 / 98 예수님 오소서 / 99 주님 앞에 떨며 서서 / 106 아기 예수 나셨네 / 113 저 아기 잠들었네 / 124 양 지키는 목자여 / 127 그 고요하고 쓸쓸한 / 129 마리아는 아기를 / 133 하나님의 말씀으로 / 153 가시 면류관 / 155 십자가 지고 / 178 주 예수 믿는 자여 / 194 저 하늘 거룩하신 주여 / 231 우리 다 같이 무릎 꿇고서 / 238 해 지는 저편 / 244 구원받은 천국의 성도들 / 307 소리 없이 보슬보슬 / 308 내 평생 살아온 길 / 316 주여 나의 생명 / 334 위대하신 주를 / 335 크고 놀라운 평화가 / 367 인내하게 하소서 주여 우리를 / 389 내게로 오라 하신 주님의 / 392 주여 어린 사슴이 / 409 나의 기쁨은 사랑의 주님께 / 466 죽기까지 사랑하신 주 / 533 우리 주 십자가 / 560 주의 발자취를 따름이 / 561 예수님의 사랑은 / 562 예루살렘 아이들(종려주일) / 599 우리의 기도 들어주시옵소서 / 614 얼마나 아프셨나 / 616 주를 경배하리 / 617 주님을 찬양합니다 / 637 주님 우리의 마음을 여시어(말씀 화답송)

찬송은 우리를 구원의 은혜를 베풀어 주신 하나님을 향하여 우리의 신앙을 바르게 고백하게 할 뿐만 아니라 하나님을 바르게 예배하고 경배하는 데 견인차 역할을 한다. 그러므로 구원 받은 성도의 입술에서 찬양이 끊이지 않아야 한다. 이것이 바로 우리의 마땅히 할 바임에 분명하다.

한국 개신교회 공인찬송가

장로교			감리교	성결교	침례교
찬미가(1892)				복음가 (1911)	복음찬미 (1899)
찬양가 (1894)	찬셩시 (1895)		찬미가 (1895)		
찬송가(1908)					
시편찬송가 (1935)			신정찬송가 (1931)	부흥성가 (1930)	복음찬미 (1948)
합동찬송가(1949)/새찬송가(1962)-고신/합동					
개편찬송가(1967)					
통일찬송가(1983), 21세기 찬송가(2006)					

북한 찬송가는
1935년에 발행된 "신편찬송가"의 복사본이다.

1990년 4월 20일에 '조선기독교도련맹 중앙위원회'에 의해 북한 찬송가가 발행되었고 평양종합인쇄공장에서 인쇄하였다. 찬송가 서문에 보면, "이 찬송가책은 1939년 조선 예수교 장로회 총회 종교교육부에서 발행한 '신편찬송가'를 조선 문화어의 표기법에 기초하여 다시 편집한 것이다"라고 쓰여 있다. "신편찬송가"와 똑같이 400장으로 구성되어 있고, 부록으로 주기도문, 사도신경, 십계명도 포함하였다. 단, 주기도문, 사도신경, 십계명을 비롯하여 찬송가사 모두 두 가지 원칙에 따라 가사를 수정하였다.

첫째는 '하나님'은 전부 '하느님'으로 바꾸었다.

둘째는 북한식 표기법에 따라 수정하였다.

예를 들면, '신이 임하사'는 '신이 림하사'로, '영혼'은 '령혼'으로, '낙원'은 '락원'으로, '임하옵시며'는 '림하옵시며'로, '일용할 양식'은 '일용할 량식'으로, '율법'은 '률법'으로 수정하였다.

성경통독 세미나는 많은데, 찬송통창 세미나는 왜 없을까?

목회자(목사, 강도사, 전도자)들이 회중찬송을 인도할 때, 찬송에 대해서 무지하면 회중을 힘들게 할 수 있다. 목회자들도 기초적인 음악지식은 알고 있어야 하는데, 그렇지 못하면 2분음표 찬송을 본래 찬송의 느낌과는 많이 다른 4분음표로 불러서 회중을 힘들게 할 수 있다.

예를 들면, 69장 '온 천하 만물 우러러'는 2박자 찬송이기 때문에 2분음표를 한 박자로 불러야 한다. 이전 찬송가에는 ♩=88은 빠르기 표기를 해두었다. 1분에 2분음표 88개를 부를 수 있다는 뜻이다. 그런데 21세기 찬송가에는 빠르기 표시를 없애버렸다. 개인 영성의 차이에 따라 빠르기를 다르게 부를 수 있도록 배려한 것이라는데, 함께 모여서 노래하는 공적인 모임과 예배에서는 정해진 빠르기를 제시해 주지 않으면 혼란이 일어날 수 있다.

실제로 필자가 다른 교회 예배에 참석한 적이 있었는데, 예배인도자가 69장 찬송을 4분음표를 한 박자로 불렀다. 69장이 6절까지 있어서 원래 빠르기로 부르면 3분 조금 넘는데, 4분음표를 한 박자로 부르니까 찬송 한 곡 부르는데 6분 이상 걸렸다. 축도전 마지막 찬송이었는데 예배에 받았던 은혜가 다 사라지는 느낌이 들 정도였다.

138장 '햇빛을 받는 곳마다'도 마찬가지다. 원래 빠르기는 69장과 마찬가지로 ♩=88로 제시하고 있는데, 목회자 중에는 4분음표를 한 박자로 부르기 때문에 원래 빠르기보다 많이 느리게 불러서 지루하게 느껴질 수도 있다.

3박자 계통 찬송도 예외는 아니다. 예를 들면, 74장은 6/4박자이고 원래 빠르기는 ♩=66으로 표기되어 있는데, 이는 1분에 점2분음표 66개를 부를 수 있다는 뜻으로 1절 부르는데 약 30초 정도 소요된다. 그런데 목회자 중에는 4분음표를 한 박자로 보아 훨씬 더 느리게 부르는 경우가 많다.

빠르기뿐만 아니다. 박자도 틀리고 음정도 틀리게 부르는 찬송도 적지 않다. 예를 들면, 184장 '불길 같은 주 성령' 찬송에서 후렴 "기다리는 우리게 불로, 불로" 부분은 거의 대부분 박자를 틀리게 부르고 있다. 그리고 257장 '마음에 가득한 의심을 깨치고' 찬송은 후렴 거의 전체를 틀린 음정으로 부르고 있다. 찬송가의 음정을 정확하게 부를 필요가 있다.

예배인도자인 목회자가 정확하고 자신 있게 부르면 괜찮은데, 대부분 틀리게 부르기 때문에 교인들을 음치로 만들어버리는 잘못을 범하고 있다. 물론 찬송은 은혜로 불러야 하지만, 가능한 한 쓰인 곡대로 불러야 하나님이 기뻐하신다. 1장 'A. 구약의 음악'에서도 언급하였듯이, 성경에서는 정교하게 기술적으로 찬양할 것을 명령하고 있다.

> "새 노래로 그를 노래하며 즐거운 소리로 아름답게 연주할지어다"(시 33:3).
>
> "Sing unto him a new song; play skilfully with a loud noise"(Psalm 33:3, KJV).

'아름답게 연주하라'는 것을 영어성경에서 'play skilfully'로 표현하고 있다. 즉, 기교를 다해서 찬양할 것을 명령하고 있다. 찬양하는 자들이 영으로도 찬양해야 하지만 음악적으로도 정확하게 부르는 것이 하나님이 기뻐하시는 뜻이라는 사실이다. 이런 이유로 목회자를 양성하는 신학교에서는 찬송가에 대한 기초지식과 함께 찬송을 바르게 부르는 법을 가르쳐야 한다.

참으로 궁금한 것은 하나님의 말씀인 성경통독 세미나는 많은데, 하나님을 찬양하는 찬송통창 세미나는 왜 없을까?

B. 시편 표제

유대인들은
시편을 읽을 때 반드시 시편 제목부터 읽는다.

일반적으로 시편을 설교 본문으로 삼을 때 표제는 읽지도 않는다. 왜냐하면 본문이 1절부터 시작하기 때문이다. 표제는 본문에서 제외되어 있다는 말이다.

그런데 히브리 원문성경에서는 표제부터 1절을 시작하고 있다. 즉, 표제도 시편의 일부분임을 분명하게 드러내고 있다. 그리고 시의 분위기를 알 수 있다. 그래서 유대인들은 시편을 읽을 때 반드시 표제부터 읽는다. 150편의 시편 중에서 모두 116개의 시편에 표제가 붙어 있는데, 표제가 붙어 있지 않은 시편 중에서 10편과 43편은 바로 앞의 9편과 42편의 연결시편으로 하나의 시편으로 보고 있다. 유대인 탈무드에서는 표제가 없는 시편을 '고아시편'으로 부른다.

> ## 시편은
> ## 시집이 아니라 찬송집이다.

시집에는 똑같은 시를 중복해서 싣지 않는다. 하지만 찬송집이라면 다르다. 같은 가사로 다른 곡을 붙이면 전혀 다른 노래가 되기 때문이다. 실제로 이전의 "통일찬송가" 459장과 460장은 '지금까지 지내온 것'으로 가사가 똑같고, 현재 사용하는 찬송가 108장과 114장 '그 어린 주 예수'도 가사가 똑같다. 같은 가사인데 실린 이유는 곡조가 다르기 때문이다.

마찬가지로 시편 14편과 53편은 같은 시편이다. 단지 14편은 하나님, 53편은 하나님 대신 여호와로 표기했을 뿐이지 그 내용이 똑같다. 시집이라면 절대로 같이 수록될 수 없다. 하지만 노래라면 가능하다. 시편 14편의 제목은 "다윗의 시, 인도자를 따라 부르는 노래"이고, 53편의 제목은 '다윗의 마스길, 인도자를 따라 마할랏에 맞춘 노래'이다. 내용은 같지만 노래 부르는 방법이 다르다. 악보는 없지만 부르는 방법을 표제에서 다르게 지시하고 있다. 그래서 시편은 시집이 아니라 찬송집이라고 할 수 있다. 그리고 시편 40편 13-17절과 70편의 내용이 같고, 57편 7-11절과 60편 5-12절을 합친 것과 108편의 내용이 같다.

참고로 시편 150편은 모두 다섯 권으로 나뉘는데, 각 권의 마지막은 송영으로 끝맺는다. 제1권의 송영은 41편 13절, 제2권은 72편 18-19절, 제3권은 89편 52절, 제4권은 106편 48절, 제5권의 마지막 150편은 전체 시편에 대한 송영으로 간주할 수 있다. 주의할 것은 4권까지의 송영을 본문에 포함해서는 안 된다. 그래서 설교할 때는 송영을 빼야 한다.

시편 4편은 발라드음악이고, 시편 5편은 재즈음악이다?

시편은 다윗을 비롯한 구약의 인물들의 개인적인 찬양, 간구, 감사의 노래이자 이스라엘 민족의 노래이며, 여호와 하나님을 찬양하는 성전의 예배음악이었다.[53] 유대교 회당예배에서도 성경봉독 후에 말씀에 대한 응답으로 시편가를 불렀다. 이러한 전통이 초대교회 기독교 예배에 그대로 전수되어 성경봉독 후에 항상 시편으로 응답하였고, 지금도 설교 전에 부르는 찬양대 찬양을 비롯한 찬송들은 모두가 성경봉독 후 말씀에 대한 응답으로 불렀던 시편송 전통에서 비롯되었다.

이런 이유로 유대교 랍비는 물론이고 기독교 신학자들은 어느 성경보다 더 많이 시편 본문을 묵상하고 연구해 왔다. 하지만 정작 시편본문의 저작 동기와 음악적인 안내를 해 주고 있는 시편의 표제에 대해서는 연구에서 소외되어 왔다. 기독교 음악이 주를 이루고 있는 고전음악에서도 시편을 주제로 한 음악들이 많이 있다. 그러나 이들 시편음악들 대부분이 시편 표제에 나타나 있는 음악적인 내용을 전혀 반영하고 있지 않다.

예를 들면, 시편 4편은 현악기 반주로 노래했고, 시편 5편은 관악기 반주로 노래했다는 사실을 시편 표제에서 말해주고 있다.[54] 그런데 작곡가들은 이런 사실을 알지 못하고 표제와는 전혀 다른 악기의 반주로 작곡하는 경우가 많다. 문제는 이것이 의도적인 결과가 아니라 무관심 내지 시편 표제에 대한 올바른 지식을 습득하지 못한 결과라는 점이 필자를 더욱 안타깝게 만든다.

이러한 현실의 원인은 첫째, 음악을 전공한 사람들이 시편 표제에 무관심하거나, 설령 관심을 가진다 할지라도 해석이 난해한 히브리 원어의 의미를 음악에 반영할 수 없기 때문이다. 둘째로, 시편 표제를 해석할 수 있는 성경학자나 신학자들은 표제보다는 본문에 더 많은 연구를 하는 관계로 시편 표제에 대한 중요성을 교회음악적인 측면에서 거의 고려하고 있지 않기 때문이다.

물론 원래의 시편이 현악기 반주곡이라 할지라도 얼마든지 관악기나 타악기 반주곡으로 작곡할 수 있다. 그러나 원래의 시편이 현악기 반주로 노래했다는 사실을 알고서 다른 악기로 반주하는 경우와, 그런 사실을 모르고 작곡하는 것과는 시작부터 커다란 차이가 있다.

실제로 4편의 내용을 보면 현악기처럼 부드럽고 평안함을 느끼게 된다. 발라드음악(?) 같다. 하지만 5편의 내용은 관악기의 힘을 느끼게 할 정도로 열정과 분노가 들어 있다. 재즈나 탱고음악(?) 같다. 이런 관점에서 시편 제목을 아는 것과 모르는 것은 음악적으로 큰 차이를 가져올 수 있다는 측면에서 시편 표제에 대한 음악적인 지식이 요구된다.

덧붙여서 시편 8편의 제목인 '다윗의 시, 인도자를 따라 깃딧에 맞춘 노래'를 살펴보기로 한다. 8편 제목은 시편 4편과 5편의 제목과 같은 패턴으로 기록되어 있는데, 4편은 현악기 네기놋, 5편은 관악기 네힐롯, 8편은 깃딧으로 표기되어 있다.

'깃딧에 맞춘 노래'는 81, 84편의 제목에도 등장하는데, 깃딧의 정확한 의미와 용도는 불확실하다. 학자들의 주장 중에서 가장 많이 수용되는 의견으로는 다음과 같다. 첫째, 어떤 지역의 이름을 딴, 기타(guitar)와 비슷한 갓 수금(Gittite lyre)과 같은 종류의 악기라는 주장이 있고,[55] 둘째는 한 지역의 이름을 딴 곡조 혹은 가락이라는 주장이다. 그리고 셋째는 일종의 축제나 의식으로서, 모빙켈이라는 학자는 여호와의 궤가 머물렀던 갓 사람 오벳에돔(삼하 6:10-11)과의 연관성을 주장하고 있다.

이러한 주장 중에 어떠한 주장이 타당한 주장일까? 필자가 연구한 바에 따르면, 이중에서 깃딧을 현악기로 본 첫 번째 주장이 가장 설득력이 있다고 생각한다. 결국 '깃딧'을 악기로 볼 때, '깃딧에 맞춘 노래'는 '(현)악기 깃딧의 반주에 맞추어 부르는 노래' 혹은 '(현)악기 깃딧 소리에 맞추어 부르는 노래'로 해석하면 전체적으로 시편을 이해하는 데 무리가 없을 것 같다.

> ## '다윗의 시'는
> 시(詩)가 아니라, 현악 반주가 있는 노래다.

1) 시(시 3편, '다윗이 그의 아들 압살롬을 피할 때에 지은 시')

시편 제목에서 제일 많이 등장하는 용어가 '시', 히브리어로 '미즈모르'이다. 모두 57편의 시편에 나타난다. 그중 다윗의 시가 제일 많다. 그런데 '다윗의 시'는 우리가 생각하는 시(詩, poem)가 아니라, 악기 반주가 있는 노래가사로서의 시(psalm)를 말한다. 이를 증명하는 것으로, 먼저 '시'의 히브리어 '미즈모르'의 동사 '즈모르'가 "현을 뜯다, 튕기다"라는 뜻을 가지고 있고, 시편의 영어 psalm은 '현악기 반주에 맞춘 노래'라는 뜻의 헬라어 'psalmos, 프살모스'에서 유래하였으므로 '미즈모르'라는 단어 자체가 현악기 반주를 동반한 시라는 뜻이다. 참고로, 구약시대의 현악기라면 주로 수금(킨노르)을 지칭한다.

2) 노래(시 30편, '다윗의 시, 곧 성전낙성가')

시편 표제에서 '시' 다음으로 두 번째로 많이 나오는 용어가 노래, 곧 '쉬르'인데, 무반주 노래를 뜻한다. '쉬르'는 종종 '미즈모

예수는 테너일까, 베이스 일까

르'와 함께 언급된 시편도 많이 있다. 한 가지만 예를 들면, 30편 제목이 '다윗의 시, 곧 성전낙성가'인데, '시'는 미즈모르이고 낙성가에서 '가(歌)'로 번역한 것이 쉬르(노래)이다. 이렇게 '미즈모르'와 '쉬르'가 같이 언급된 경우는 미즈모르의 특징대로 현악기 반주에 맞추어 노래를 불렀던 것 같다. 하지만 현악기 반주가 있는 미즈모르와 함께 쓰이지 않고 표제에 쉬르 단독으로 등장하는 시편 46편과 같은 경우는 무반주 합창으로 불렀을 것으로 추정할 수 있다.

이와 같은 쉬르(노래)의 특징을 가장 잘 나타내는 시편이 120편에서 134편까지의 '성전에 올라가는 노래'이다. 이 시편을 어떤 이들은 성전입당송, 입례송으로 생각하는 경우가 있는데, 예루살렘 성전을 향해 순례의 길을 걸어가면서 부르는 순례자의 노래라고 보아야 한다. 예를 들면, 우리가 잘 아는 121편을 보더라도 "산을 향하여 눈을 들리라", "낮의 해", "밤의 달" 등이 광야의 상황을 노래하고 있다는 점에서 '성전에 올라가는 노래'는 성전입당송이라기보다는 '(성지) 순례자의 노래'로 볼 수 있다. 힘든 순례의 길을 걸어가면서 악기 반주하기에는 어려움이 따르기 때문에 더더욱 무반주로 노래를 부를 수밖에 없었을 것이다.

그런데 122편, 124편, 131편, 133편 제목이 '다윗의 시, 곧 성전에 올라가는 노래'로 되어 있고, 127편은 '솔로몬의 시, 곧 성전에 올라가는 노래'라고 되어 있어서, '미즈모르' 곧 현악기 반주가 사용된 것으로 오인할 수 있다. 그러나 히브리 원문에는 '미즈모르'라는 단어가 나오지 않고, 120편에서 134편까지 전부 똑같이 '쉬르(노래)'로만 시작하고 있다. 이런 오해를 불러일으키지 않기 위해서 '다윗의 시, 곧 성전에 올라가는 노래'는 '성전에 올라가는 다윗의 노래'로 '솔로몬의 시, 곧 성전에 올라가는 노래'는 '성전에 올라가는 솔로몬의 노래'라고 번역해야 한다.

미즈모르와 쉬르를 쉽게 이해하려면, '다윗의 시(미즈모르)'처럼 '시(미즈모르)'가 들어 있는 시편은 현악기 반주의 노래이고, '성전에 올라가는 노래(쉬르)'는 반주 없는 아카펠라 합창으로 생각하면 된다.[56]

시편 표제에는 다양한 음악 장르가 있다.

1) 마스길(시 32편, '다윗의 마스길')

마스길은 원문에 따르면 '마스킬'로 읽어야 한다. 시편 32편을 비롯해서 42(43), 44, 45, 52-55, 74, 78, 88, 89, 142편 등 모두 13편의 제목에 마스킬이 표기되어 있다. 42편과 43편은 하나의 시편을 다른 곡조를 사용해서 두 개의 시편으로 나누었기 때문에, 43편에는 제목을 생략하고 42편에만 '마스킬'이 표기되어 있다. 히브리 사전에 마스킬을 '분명치 않은 시편의 음악용어' 혹

예수는 테너일까, 베이스 일까

은 '교훈시'로 정의하고 있는 걸로 보아 음악과 관련한 용어인 것은 분명하다. 주로 지혜와 교훈 혹은 명상적인 내용을 담고 있다.

2) 믹담(시 16편, '다윗의 믹담')

믹담은 16편과 56-60편 모두 여섯 시편의 제목에 등장하고 있다. 56-59편 4개의 시편 제목에는 '믹담 시'로 번역되어 있는데, 원문에는 '믹담'만 있고 '시'(미즈모르)는 없다. 지나친 번역이다. '시'는 빼고 '믹담'으로만 이해하면 된다. 믹담에 대한 정확한 뜻은 모르지만 지금까지 제기된 주장들 중에서 가장 신빙성 있는 해석으로는 70인역에서 '믹담'을 '스테로그라피아'로 번역했는데, '(비문에) 새겨진'이라는 뜻을 가지고 있다. 실제로 56-59편, 4개의 시편은 비문에 기록될 만큼 중요한 위기의 사건과 관련되어 있다.

믹담 시편인 56-60편의 제목에는 한결같이 당시의 유행곡조와 함께 지휘자의 지시에 맞춘 제목이 등장하는 것을 보면 믹담이 문학용어라기보다는 음악용어에 가까운 것으로 보인다.[57] 또한 마스킬의 경우도 대부분 제목에 지휘자가 등장하기 때문에 믹담과 마찬가지로 음악용어에 가깝다고 본 것이다. 그리고 시편이 이스라엘의 노래라고 한다면 시편의 제목에 등장하는 전문용어들은 음악과 관련이 있는 것으로 분류해도 무리가 없다고 생각한다.

3) 기도(시 17편, '다윗의 기도')

기도의 히브리어는 '테필라'이다. '테필라'는 개인이나 공동체의 불평이나 한탄을 가리키는 전문용어로 사용되고 있다. 이 용어는 17, 86, 142편이 '다윗의 기도', 90편이 '모세의 기도', 102편이 '곤고한 자의 기도'로 모두 다섯 편의 시편 표제에 나타나고 있다.

4) 찬송시(시 145편, '다윗의 찬송시')

'찬송시' 표제는 145편에만 나타나는데, 히브리어는 '테힐라'이고 찬양, 영광이라는 뜻이다. 테힐라의 복수 형태인 테힐림(תהלים)이 전체 시편의 히브리어 제목으로 사용되고 있다.

88편과 92편에도 '찬송 시'라는 제목이 등장하는데, '찬송'과 '시'를 띄어놓고 있기는 하지만, 언뜻 보기에는 하나의 단어인 '찬송시'로 오인할 수 있다. 그래서 145편의 '찬송시'가 88편, 92편과 같은 제목을 가진 것으로 오인할 수 있기 때문에, 145편은 다윗의 '찬양시'로 번역하는 것이 좋다. 그리고 88편, 92편 원문에는 쉬르(노래)와 미즈모르(시)가 함께 표기되어 있기 때문에, 쉬르는 '찬송' 대신에 '노래'라고 번역하는 것이 혼동을 일으키지 않는다. 그래서 92편의 경우, '안식일의 찬송 시'는 '안식일의 시, 곧 노래'라고 번역하는 것이 정확하다.

5) 식가욘(시 7편, '다윗의 식가욘')

시편 7편에 '다윗의 식가욘'이라는 표제로 유일하게 등장한다. 정확한 뜻은 알려져 있지 않지만, 성경에 등장하는 이와 유사한

용어들로부터 그 뜻을 유추해 볼 수는 있을 것 같다.

먼저, 하박국 3장 1절에 보면 식가욘의 복수인 '시기오놋'이 등장한다.

"시기오놋에 맞춘 선지자 하박국의 기도라"(합 3:1).

시기오놋은 식가욘의 복수형인데, 음악적인 리듬이나 음악기법의 일종인 것으로 추정할 수 있다. 이유는 하박국 3장 마지막 19절 하반절에 "이 노래는 지휘하는 사람을 위하여 내 수금에 맞춘 것이니라"는 구절이 나온다. 즉, 하박국 3장의 노래는 수금 반주에 맞추어 불렀던 노래라는 것을 말해 준다. 그래서 1절의 시기오놋은 악기라기보다는 리듬의 일종이나 음악적인 기법으로 보는 것이 좋다. 어쨌든 시기오놋은 음악적인 용어인 것만은 분명하다. 그래서 시기오놋의 단수형 식가욘 또한 음악용어로 보는 것이 무난하다.

식가욘이 음악용어라는 주장에 힘을 실어주는 것이 하나 더 있는데, 그것은 시편 9편 16절에 나오는 '힉가욘 셀라'이다. '힉가욘'은 사전에 '수금의 정숙한 소리'로 정의하고 있다. 힉가욘이 음악용어라면 발음이 비슷한 식가욘도 특정 악기와 관련한 음악용어 또는 음악장르인 것으로 추정할 수 있다. 그러므로 시편 7편의 표제인 '다윗의 식가욘'은 '다윗의 아리아', '다윗의 가곡' 등과 같은 음악용어와 관련한 표제로 이해하는 것이 원래의 뜻에 가장 가까울 것으로 본다.

> **합창 지휘자는**
> **기원전부터 존재하였다.**

시편의 편집 연대를 기원전 6세기경으로 본다면 적어도 그때부터 지휘자가 있었을 것이다. 시편에 다윗의 시가 제일 많이 포함되어 있다는 사실은 성전시대인 기원전 10세기까지 거슬러 올라갈 수도 있다.

시편에 등장하는 지휘자는 히브리어로 나짜흐(חצֵנ)이다. '나짜흐'는 시편에 모두 55회, 하박국 3장 19절에 기록되어 있다. 이를 각 성경에서 다양하게 번역하고 있는데, KJV(영국 킹제임스역)에서는 the chief singer(수석합창대원)로, NIV(미국)에는 the director of music(음악감독), 한글개역성경은 '영장(伶長)', 개역개정성경은 '인도자', 공동번역은 '성가대 지휘자', 새번역은 '지휘자' 등으로 각각 번역하고 있다.

성경마다 약간의 차이는 있지만 '나짜흐'는 대체적으로 음악과 관련한 직책임이 분명하다. 그런데 제일 어색한 번역은 개역성경의 '영장'이다. 음악과 관련해서 영장이라는 단어는 국어사전에 등재되어 있지 않다. 우리가 알듯이 군대소집 영장, 구속 영장,

만물의 영장 정도가 국어사전에 등재되어 있다.

그렇다고 다윗이 군대소집 영장을 받고 블레셋 전쟁에 나간 것도 아니고, 사울에게 쫓겨 다닐 때 사전 구속 영장을 받은 것도 아니고, 더구나 다윗이 거인 골리앗을 쓰러뜨렸다고 할지라도 만물의 영장을 대표하는 인물인 것도 아니다. 아마도 한글성경을 번역할 당시 나짜흐를 어떻게 번역할지 고민하다가 중국성경에 있는 대로 영장(伶長)을 음운으로 따랐던 것으로 보인다.

이렇게 시편 표제에 지휘자가 등장하고 있다는 사실은 시편이 노래였다는 사실을 또 한 번 반증해 주고 있다.

> **성경에 나오는 '셀라'는 성경을 낭독할 때 읽어서는 안 된다.**

시편에 보면 '셀라'가 많이 등장한다. 셀라의 정확한 뜻은 알려져 있지 않지만 분명한 사실 한 가지는 음악용어임에는 틀림없다.

칠십인역에서 셀라를 디아프살마($\delta\iota\alpha\phi\alpha\lambda\mu\alpha$, 시편 중간에)로 번역하고 있는 것으로 보아 이 용어는 간주 혹은 연주 중간에 특별히 지시하는 음악용어로 추정할 수 있다. 물론 이것만으로 셀라의 정확한 뜻은 알 수 없지만, 적어도 하나의 시에 등장하는 셀라의 위치만은 명확하게 제시하고 있다. 즉, 음악이 진행되는 과정에

앞부분과는 다른 음악적인 변화를 지시하고 있다는 것이다.

특히, 셀라가 표기된 대부분의 시편에는 표제가 붙어 있다. 그 중 약 4분의 3에 영장(인도자, 지휘자)이 등장하고 있는 점으로 미루어 볼 때, 셀라는 지휘자에 따른 음악지시어임에 틀림이 없다. 즉, 셀라로부터 시편 노래의 음악적인 분위기가 바뀌게 된다. 셀라의 의미를 가장 가깝게 이해할 수 있도록 도와주는 또 하나의 결정적인 자료로서 시편 9편 16절의 '힉가욘 셀라'를 들 수 있다. '식가욘'에서 언급하였듯이, 힉가욘은 '수금의 정숙한 소리'로 정의하고 있다. 그러니까 앞부분 연주와는 달리, '힉가욘 셀라'부터는 정숙하고 엄숙한, 즉 장엄한 연주 분위기를 연출하라는 뜻으로 받아들이는 것에 논리적으로 큰 무리가 없다고 생각한다.

또한 셀라와 마찬가지로 '힉가욘 셀라'도 음악적 지시어이기 때문에 시편 9편을 낭독할 때 '힉가욘 셀라'를 읽어서는 안 된다. 마치 악보를 보고 노래할 때 다이내믹 표시인 rit.(리타르단도)나 ff(포르티시모)를 읽으면서 노래하는 것이 아니듯이, 셀라도 음악적 표기이기 때문에 읽어서는 안 된다.

칠십인역을 근거로 셀라가 시편 노래 중간에 등장하는 음악지시어라고 했는데, 셀라가 마지막에 붙어 있는 시편도 있다(3, 9, 24, 46편). 이 경우는 원래의 시편에서 일부분만 인용할 때 편집하는 과정에서 셀라를 삭제해야 하는데, 편집자의 실수 혹은 의도적으로 원래의 시에 있는 그대로 남겨진 경우로 볼 수 있다.

성경에 셀라는 시편에 71회, 하박국 3장에서 3회, 모두 74회가 기록되어 있다. 그런데 개역한글성경과 공동번역성경에는 시편 68편 19절의 셀라가 빠져 있는데, 이는 편집자의 실수로 보인다. 이러한 이유로 개역한글성경과 공동번역성경을 참고하면서 기록한 서적에는 셀라의 등장횟수를 70회로 잘못 기록하고 있다.

참고로, 시편 제4권에는 셀라가 한 번도 나타나지 않으며, 5권에도 140편과 143편에만 네 번 등장한다. 종합하면, 음악과 관련한 셀라는 1, 2, 3권에 집중해서 나타나고 4, 5권에는 거의 나타나지 않는다는 것은 1, 2, 3권은 가사보다 음악에, 4, 5권은 음악보다 가사에 더욱 집중한 것으로 보인다.

> **기원전에도**
> **소프라노 파트, 베이스 파트가 있었다.**

1) 소프라노 파트, 알라못(시 46편)

〈개역개정〉 "고라 자손의 시, 인도자를 따라 알라못에 맞춘 노래"

〈개역한글〉 "고라 자손의 시, 영장으로 알라못에 맞춘 노래"

〈새번역〉 "지휘자를 따라 알라못에 맞추어 부르는 노래, 고라 자손의 시"

'알라못'의 어원인 '알레마'가 '처녀 혹은 젊은 여자'이고, 알라못(알라못)의 어미 '모트'가 악기소리와 관련되므로, 알라못은 '여성의 목소리', 즉 오늘날의 소프라노 음역에 해당하는 고음역의 악기 소리라고 할 수 있다. 그런 고음역에 맞추어서 노래하였다는 말이다. 역대기에 이 역할을 감당했던 성전음악가들이 있음을 기록하고 있다.

> "스가랴와 아시엘과 스미라못과 여히엘과 운니와 엘리압과 마아세야와 브나야는 비파를 타서 알라못에 맞추는 자요"(대상 15:20).

성전음악가의 이름을 열거한 후 이들이 악기 반주에 맞추어 알라못 형식으로 노래하는 자들임을 밝히고 있다. 성전음악가는 모두가 남성이었기 때문에, 이들은 요즘으로 치면 카운터테너 음역에 해당하는 사람들이었던 것 같다.

2) 베이스 파트, 스미닛(시 6, 12편)

⟨개역개정⟩ '다윗의 시, 인도자를 따라 현악 여덟째 줄에 맞춘 노래'

⟨개역한글⟩ '다윗의 시, 영장으로 현악 스미닛에 맞춘 노래'

⟨새번역⟩ '지휘자를 따라 팔현금에 맞추어 부르는 다윗의 노래'

개역한글성경에는 히브리어 그대로 '스미닛'으로 표기하였고,

개역개정에는 이를 풀어서 여덟째 줄로 표기하였다. 스미닛은 음악용어로서 문자적 의미는 '여덟 번째'이다. 공동번역과 새번역성경은 이를 '팔현금에 맞추어 부르는 노래'라고 번역함으로써 '스미닛'을 악기 종류의 하나로 생각하고 있는데 이는 잘못된 번역이다. 왜냐하면 스미닛 앞에 음악용어에 붙는 '알'(~따라, according to) 전치사가 사용되었기 때문이다. 그러므로 스미닛도 알라못과 마찬가지로 특정악기의 '여덟 번째 음', 즉 오늘날의 베이스 음역에 해당하는 악기의 소리와 관련한 음악용어로 보아야 한다. 그리고 6편의 제목에 '현악 여덟째 줄 / 현악 스미닛'이라고 표기하였기 때문에 해당 현악기의 여덟째 줄이라고 생각하기가 쉬운데, '현악(네기놋)'과 '스미닛'은 서로 연관되지 않는다. 왜냐하면 현악(네기놋) 앞에는 전치사 'with / by'가, 스미닛(여덟째 줄) 앞에서는 전치사 'upon / according to'가 붙어 있기 때문이다. 이를 참조하여 6편의 제목을 다시 풀어 번역하면 이해하기가 쉬울 것이다.

'다윗의 시, 인도자를 따라 현악 여덟째 줄에 맞춘 노래'
'지휘자(의 지시)에 따라, 네기놋(현악기)의 반주에 맞추어 스미닛(여덟 번째) 음역으로 부르는 다윗의 노래'

역대기에는 낮은 음역을 담당하는 성전음악가들이 있었음을 기록하고 있다.

"스가랴와 아시엘과 스미라못과 여히엘과 운니와 엘리압과 마아세야와 브나야는 알라못 방식으로 거문고를 타고, 맛디디야와 엘리블레후와 믹네야와 오벳에돔과 여이엘과 아사시야는 스미닛 방식으로 수금을 탔다"(대상 15:20-21, 새번역).

성전음악가 중에는 알라못 방식으로, 즉 소프라노 고음역을 담당하는 파트가 있었고, 스미닛 방식, 즉 베이스 저음역을 담당하는 파트가 있었음을 알 수 있다.

앞에서도 언급하였지만 시편가사로 작곡할 때, 시편 46편은 고음역 파트가 부르는 노래, 시편 6편과 12편은 저음역 파트가 부르는 노래였다는 사실을 참조한다면 좋을 것이다. 이런 사실을 알고 다양한 방법으로 작곡하는 것은 아무런 사전 지식이 없이 작곡하는 것과는 분명 차이가 있을 것이라 생각한다. 따라서 이러한 점을 참고하여 작곡할 수 있었으면 하는 것이 좋겠다.

교회음악 작곡가는
성전 음악감독인 여두둔을 알아야 한다.

다윗이 임명한 성전 음악감독[58], 아삽, 헤만, 여두둔 중에서 특히 여두둔은 독창적인 음악 기법을 만들 정도로 뛰어난 음악가

예수는 테너일까, 베이스 일까

였음을 시편 표제에서 확인할 수 있다. 시편 39편의 표제인 '다윗의 시, 인도자를 따라 여두둔 형식으로 부르는 노래', 62편의 표제인 '다윗의 시, 인도자를 따라 여두둔의 법칙에 따라 부르는 노래'와 77편의 표제인 '아삽의 시, 인도자를 따라 여두둔의 법칙에 따라 부르는 노래'에서 여두둔이 등장하고 있다.

시편 39편의 경우, '~에게 귀속되는' 혹은 '~을(를) 위한'이라는 뜻의 비분리전치사 라메드(ל, to, for)가 붙어 있어서 '여두둔에게 귀속되는, 여두둔이 만든 음악 형식'을 가리키는 것 같다.

62편과 77편의 표제에 등장하는 여두둔 이름에는 음악용어 앞에 붙는 분리전치사 알(עַל)이 사용되어 '여두둔의 법칙(연주법 혹은 창법)에 따라'라는 의미로 해석할 수 있다. 그러니까 '여두둔의 법칙'은 하나의 음악 법칙으로 정착된 용어로 볼 수 있다. 마치 수학의 '피타고라스 정리'처럼 사람 이름을 붙여 법칙의 이름을 만드는 것과 마찬가지로, '여두둔의 법칙'도 여두둔이 만든 고유한 음악 기법으로 볼 수 있다.

이를 종합하여 39편, 62편, 77편을 쉽게 번역하면 이렇게 되겠다.

〈시 39편〉 '지휘자의 지휘에 따라 여두둔의 형식으로 노래한 다윗의 시'

〈시 62편〉 '지휘자의 지휘에 따라 여두둔의 법칙으로 노래한 다윗의 시'

〈시 77편〉 '지휘자의 지휘에 따라 여두둔의 법칙으로 노래한

아삽의 시'

이상과 같이 성전 음악감독 여두둔은 독창적인 음악 기법을 만들 정도로 뛰어난 음악가였음을 알 수 있다. 그래서 오늘날의 교회음악가라면 여두둔 이름 정도는 알고 있어야 하지 않을까?

> **시편 가사에**
> **세속곡조를 사용하여 하나님을 찬양하였다.**

거룩하고 엄숙하고 엄격하리라 생각되는 구약시대에 하나님을 찬양하는 곡조로 일상에서 즐겨 부르는 유행곡조를 사용하였다. 요즘으로 치면 가곡, 대중가요 곡조 등을 인용했다는 말이다. 그런데 1장 '2. 신약의 음악'에서도 언급하였지만 사도 바울도 세속곡조를 이용한 '신령한 노래'[59]를 부르도록 권면하였기 때문에 세속곡조를 사용한 찬양이 전혀 어색하지 않고 자연스러웠던 것 같다.

시편 표제에 보면 당시 유행했던 민속곡조를 사용해서 시편 찬양을 했다는 사실을 알 수 있다. 이를 살펴보기 전에 한 가지 유의할 사항은 곡조의 이름을 굳이 시편 본문과 연관시킬 필요는 없다고 본다. 물론 곡조를 인용할 때 시편 본문과 어느 정도 연관

예수는 테너일까, 베이스 일까

이 있는 노래를 선택하려고 했겠지만, 실제 시편의 제목이나 곡조 제목을 본문 내용과 비교하면 전혀 일치하지 않는 경우가 많다. 그리고 곡조 이름 앞에는 음악용어와 관련된 분리전치사 알(עַל) 혹은 앨(אֶל, 80편)을 사용하고 있다는 점을 고려해야 한다.

1) 뭇랍벤(아들의 죽음)

〈시 9편〉 '다윗의 시, 인도자를 따라 뭇랍벤에 맞춘 노래'

히브리 원문에는 '알무트 랍벤, עַלְמוּת לַבֵּן'으로 표기되어 있는데, 알무트(עַלְמוּת)는 분리전치사 알(עַל)과 무트(מוּת, 죽음)를 서로 떼어 놓지 않고 편집과정에서 실수로 붙어 있는 채로 남겨둔 것으로 보인다. 이후에 살펴볼 다른 곡조 이름 앞에도 분리전치사 알이 붙어 있는 것을 보아도 알무트에서 분리전치사 알을 따로 떼어 해석하는 것이 자연스럽다. 분리전치사 알을 떼면 '뭇랍벤'이라는 단어가 남게 되는데, 뭇랍벤, '아들의 죽음'이라는 단어가 음악용어나 악기와 관련되기에는 무리가 따른다는 점에서 곡의 제목으로 보는 것이 가장 무난하다고 할 것이다.[60]

2) 아앨렛 샤할(아침의 사슴)

〈시 22편〉 '다윗의 시, 인도자를 따라 아앨렛 샤할에 맞춘 노래'

아앨렛은 사슴, 샤할은 아침인데, 사슴이 이른 아침에 활동하기 때문에 아옐렛 샤할은 '이른 아침의 사슴'으로 해석할 수 있다. 그래서 시편 22편의 제목은 "지휘자의 지휘에 따라 '이른 아침의 사슴' 곡조에 맞추어 노래한 다윗의 시"가 되겠다.

3) 슈샨(백합), 슈샨에돗(언약의 백합화), 소샨님(백합다발)

꽃으로 사랑을 노래하듯이 구약시대에는 슈샨(lily, 백합)과 관련한 사랑의 노래들이 많았던 것 같다.

먼저, 시편 60편 표제에 등장하는 '슈샨에돗'은 '언약의 백합화'라는 뜻이고, 45, 69편 표제에 등장하는 '소샨님'은 슈샨의 복수형으로 '백합다발'을 의미한다. 그리고 80편에서는 '언약의 백합다발'이라는 뜻의 '쇼샨님 에돗'이라는 곡조를 사용하고 있다. 언약의 백합 한 송이에서 백합 다발을 거쳐 언약의 백합다발까지 노래한다. '장미 한 송이'의 고백에서 '백만 송이 장미'로 진화하는 한국 가요와 비슷한 것 같다. 이렇게 사랑을 고백하는 곡조로 하나님을 찬양하는 시편 노래를 불렀다.

〈시 45편〉 '고라 자손의 마스길, 사랑의 노래, 인도자를 따라 소샨님에 맞춘 것'
'지휘자의 지휘에 따라 소샨님 곡조에 맞추어 부른 고라 자손의 마스길, 사랑의 노래'
〈시 69편〉 '다윗의 시, 인도자를 따라 소샨님에 맞춘 노래'
〈시 60편〉 '다윗이 교훈하기 위하여 지은 믹담, 인도자를 따

라 수산에둣에 맞춘 노래'

〈시 80편〉 '아삽의 시, 인도자를 따라 소산님에둣에 맞춘 노래'

4) 요낫 엘렘 르호킴(멀리 떨어져 잠잠히 있는 비둘기)

〈시 56편〉 '다윗의 믹담 시, 인도자를 따라 요낫 엘렘 르호김에 맞춘 노래'

'요낫 엘렘 르호김'의 문자적 의미는 '멀리 떨어져 잠잠히 있는 (말이 없는) 비둘기'라는 의미이다. 이 곡조는 바벨론 포로로 잡혀, 예루살렘 성전에서 멀리 떨어져 있지만 자신들이 지은 죄악의 결과임을 알고 말없이 눈물 흘리며 뉘우치는 가련한 이스라엘 백성의 신세를 한탄한 곡조라고 볼 수 있다. 그리고 앞의 '믹담' 항목에서 언급하였듯이 시편 56편에서 59편까지의 표제에는 전부 '다윗의 믹담 시'로 되어 있지만, 히브리 원문에는 '시(미즈모르)'가 없다. 이로볼 때, 이 시는 단지 '다윗의 믹담'으로 이해하면 된다.

5) 알 타슈헷(멸하지 마소서)

〈시 57, 58, 59편〉 '다윗의 믹담 시, 인도자를 따라 알다스헷에 맞춘 노래'

〈시 75편〉 '아삽의 시, 인도자를 따라 알다스헷에 맞춘 노래'

57, 58, 59편과 75편, 모두 네 개의 시편 제목에 '알다스헷'이

표기되어 있다. 알다스헷은 부정부사 알(אַל)과 '멸하다. 파괴하다'라는 뜻을 가진 타쉬헤트를 합친 단어로서 '멸하지 마소서'라는 뜻의 곡조이름이다.

참으로 아이러니하게도 성경 원문에 맞추어 번역을 잘한 것으로 평가받는 공동번역에는 '알다스헷'(멸하지 마소서)이 아니라 '다스헷'(멸하소서)에 맞춘 노래라고 번역하였다. 아마도 히브리 부정부사 알(אַל)을 '~에 따라서, ~에 맞춘'의 뜻을 가진 분리전치사 알(עַל)과 혼동한 것 같다. 상식적으로 생각해도 인간이 하나님에게 멸하지 말아달라고 간청해야지, '멸하소서'라는 노래를 부른다는 것이 말이 안 된다. 앞의 '뭇랍벤'의 경우도 공동번역에서는 랍벤(아들의)은 빼고 '알뭇'(죽음을 위하여)으로만 번역하는 실수를 범하였다. 한글성경 중에서 학문적 권위를 자랑하는 공동번역에서 시편 표제의 번역과 관련하여 여타 한글성경과 비교하여 제일 많은 오류가 발견되었다는 점은 참으로 이해가 잘 되지 않는다.

6) 마할랏 / 마할랏르안놋

〈시 53편〉 '다윗의 마스길, 인도자를 따라 마할랏에 맞춘 노래'
〈시 88편〉 '고라 자손의 찬송 시 곧 에스라인 헤만의 마스길, 인도자를 따라 마할랏르안놋에 맞춘 노래'

마할랏에 대해서는 대충의 뜻도 짐작할 수 없을 정도로 알려진 것이 없다. 단지 곡조 제목에 나오는 단어라는 것만 추정할 뿐이다.

'마할랏'은 레안노트(niɔ#7, 괴롭히다)와 함께 '마할랏르안놋'으로 88편에도 등장하는데, 이 또한 정확한 뜻과 용도는 알 수 없지만 알(ᴂ) 전치사와 함께 사용되는 것으로 미루어보아 음악용어임에는 틀림이 없지만 당시의 유행곡조의 이름으로 간주하는 것이 가장 적합한 해석으로 보인다.

시편 표제에 기록된 이름을
저자로 보아서는 안 된다.

시편 표제에는 다윗을 비롯해서 많은 사람들의 이름이 기록되어 있다. 그런데 시편 표제에 이름이 있다고 해서 무조건 그 사람이 시편의 직접적인 저자라고 보아서는 안 된다.

예를 들면, 14편의 제목은 '다윗의 시'이고 같은 내용의 53편의 제목은 '다윗의 마스길'인데, 본문 중에 포로에서 돌이키신다는 내용이 기록되어 있다. 이스라엘 백성이 바벨론 포로로 잡혀간 시기는 다윗 왕 이후 4백여 년이 지난 시점이기 때문에 다윗의 작품이라고 보기 어렵다.[61]

'다윗의 마스길'이 제목인 52편과 55편, '다윗의 시' 65편에는 다윗시대에 건축되지 않은 하나님의 집(바이트)과 성전(헤이칼)을 언급하고 있기 때문에 다윗이 직접 관련된 시편이라고 보기 어렵다.[62]

또한, 74편의 제목은 '아삽의 마스길', 79편의 제목은 '아삽의 시'인데, 아삽은 다윗시대의 음악감독으로서 기원전 1000년경 사람이다. 하지만 시편 본문 내용은 바벨론의 이스라엘 침공으로 인한 성전파괴(586 B.C.) 사건을 다루고 있기 때문에 아삽의 작품으로 보기 어렵다.[63]

이와 같이 시편 제목에 저자의 이름이나 저자와 관련한 사건 등이 언급되어 있다 할지라도 해당 시편을 제목에 기록된 저자의 작품으로 섣불리 결론짓기 전에 한 번쯤 시편 본문을 면밀히 살펴볼 필요가 있다. 예를 들어, 시편 표제에 '다윗의 시' 라고 표기되어 있다면, 실제로 다윗의 작품이거나 다윗의 저작으로 추정되거나 혹은 다윗이 직접 수집한 것으로 볼 수 있다. 하지만 본문 내용이 다윗시대와는 거리가 있다면, 그 시편은 다른 사람이 다윗 왕을 추앙하는 마음으로 지었거나 혹은 다윗의 작시 혹은 작곡 스타일로 지었음을 의미할 수도 있다.

결론적으로 표제에 나타난 저자의 이름이 그 시편을 직접 작사 혹은 작곡하였다고 보기는 어렵다는 전제를 가지고 시편을 노래하고 해석하자는 말이다. 이제 시편 표제에 나타난 사람의 이름을 한 명씩 살펴보기로 한다.

1) 다윗

3-41편, 51-65편, 68-70편 등 모두 73개의 시편이 '다윗의 시'로 표시되어 있다. 칠십인역에는 시편의 반 이상, 82개의 시편에

다윗을 저자로 표기하고 있다.

2) 고라 자손

43편을 제외한 42-49편, 84, 85, 87, 88편, 모두 11편의 시편 제목에 '고라 자손'이 등장하고 있다.

고라 자손의 고라는 레위의 세 아들 게르손, 고핫, 므라리 중에서 고핫의 자손으로서 역대상 6장 31절 이후의 기록을 보면 다윗, 솔로몬시대의 성전 음악감독 아삽, 헤만, 여두둔(에단) 중에서(역대상 25장 참조) 헤만의 조상임을 알 수 있다. 또 역대하 20장 19절에 "그핫(고핫) 자손과 고라 자손에게 속한 레위 사람들은 서서 심히 큰 소리로 이스라엘 하나님 여호와를 찬송하니라"는 기록이 있다. 고라는 하나님을 찬양하는 사람이었다는 사실을 밝견하게 된다.

이상을 종합하면, 시편 제목에 등장하는 '고라 자손'은 레위의 아들, 고핫과 그 자손 고라의 혈통으로부터 이어지는 다윗시대의 음악감독 헤만의 자손들, 즉 '노래하는 자'들을 통칭한다고 볼 수 있다. 이들의 이름이 나타나는 시편은 다른 시편들과 마찬가지로 특정한 사람이나 집단과의 연관성에 근거를 둔 것이 아니라, 그 시들의 공통적인 유형이나 주제에 근거를 둔 것으로 이해하여야 한다.[64]

3) 아삽

50편, 73-83편, 모두 12편의 시편이 아삽의 시로 분류되어 있다. 아삽은 역대상 25장에 나타나는 세 명의 음악감독 아삽, 헤만, 여두둔 중 한 명이다. 역대하 29장 30절에는 히스기야 왕이 번제를 드릴 때 아삽의 시로 찬양하였음을 언급하고 있다.

"히스기야 왕이 귀인들과 더불어 레위 사람을 명령하여 다윗과 선견자 아삽의 시로 여호와를 찬송하게 하매 그들이 즐거움으로 찬송하고 몸을 굽혀 예배하니라"(대하 29:30).

4) 여두둔 / 에단

여두둔과 에단을 함께 올린 이유는 두 이름이 동일인이기 때문이다. 여두둔은 아삽, 헤만과 함께 성전 음악감독 중의 한 명이다. 그런데 여두둔의 위치에 에단이라는 이름이 성경 몇 군데에 나타나고 있다.

에단이라는 이름이 나타나는 구절로는 열왕기상 4장 31절에서 '에스라 사람 에단'으로, 역대상 2장 6절에서 '세라의 아들 시므리, 에단, 헤만'으로, 역대상 6장 44절에서는 성전에서 '찬송의 직무를 담당하는 자로', 그리고 역대상 15장 17, 19절에서는 헤만과 아삽과 함께 놋제금을 크게 치는 자로 소개되고 있다.

"레위 사람이 요엘의 아들 헤만과 그의 형제 중 베레야의 아들 아삽과 그의 형제 므라리 자손 중에 구사야의 아들 에단을 세우고"(대상 15:17).

"노래하는 자 헤만과 아삽과 에단은 놋제금을 크게 치는 자
요"(대상 15:19).

그런데 역대상 25장에서 다윗이 임명한 성전 음악감독 아삽,
헤만, 여두둔 세 사람은 역대기 기록에 보면 그 이름이 함께 등
장하는 경우가 많다. 어떨 때는 여두둔 이름 대신 에단의 이름으
로 아삽, 헤만과 함께 등장하는 것으로 미루어 볼 때, 적어도 역
대기에 등장하는 에단은 직무상 여두둔과 동일인으로 보는 데
무리가 없다고 생각한다.

시편 89편 제목에는 에단을 에스라인 에단(Ethan the Ezrahite)
으로 소개하고 있는데, 이 또한 여두둔과 동일인물인지는 새로
운 증명이 필요하다고 생각한다.[65]

시편 88편의 제목에 보면 에스라인 헤만(Heman the Ezrahite)
이 등장하고 있다. 여기서 에즈라하이트(Ezrahite)는 세라(Zerah)
자손이라는 뜻으로 헤만과 에단 두 사람 모두 세라(Zerah)의 후
손이라는 의미인데, 이에 관한 근거가 역대상 2장 6절에 나타나
고 있다.[66] 그렇다면 시편 89편의 에스라인 에단 역시 세라의 자
손으로 헤만과 형제임이 분명해진다. 결국 88, 89편의 저자로 나
타나는 헤만과 에단은 성전음악가 아삽, 헤만, 에단과 동일인임
에 틀림이 없으며, 이는 결국 에단이 여두둔과 동일인임을 알 수
있다.

결론적으로 여두둔(에단)의 이름이 등장하는 시편은 39, 62, 77, 89편 모두 네 편이고, 그중 저자로서의 여두둔은 39편과 89편에 등장한다.

5) 헤만

〈시 88편〉 '고라 자손의 찬송 시 곧 에스라인 헤만의 마스길, 인도자를 따라 마할랏르안놋에 맞춘 노래'

헤만도 아삽, 여두둔과 함께 성전의 음악감독이다. 그리고 앞의 에스라인 에단에서 설명하였듯이, 88편의 에스라인 헤만 역시 성전 음악감독 헤만과 동일인물임을 알 수 있다.

6) 솔로몬

〈시 72편〉 '솔로몬의 시'

〈시 127편〉 '솔로몬의 시, 곧 성전에 올라가는 노래'

7) 모세

〈시 90편〉 '하나님의 사람, 모세의 기도'

전통적으로 본 시의 저자로 모세라고 알려져 있다. 그 이유는 출애굽한 이스라엘 백성들의 불신앙적 행동으로 인해 하나님의 진노가 있을 때 민족의 지도자로서 민족을 위한 중보기도의 내용을 담고 있기 때문이다. 그런데 많은 학자들이 모세가 이 시편을 직접 저작하였다고 보는 것에 부정적인 견해를 가지고 있다.

미주

1 '수금'은 히브리어로 כִּנּוֹר(킨노르)이고, 칠십인역에도 히브리 음역을 따라 킨노르(kinnor)로 번역되어 있다. 여기서 연주를 의미하는 '손으로 타다'는 NIV, KJV 공히 'play harp'이고, 히브리어로 נגן(나간)으로 되어 있으며, 칠십인역에는 ψαλλειν(프살렌)으로 번역하였다. 뒤의 열왕기하 3장 15절과 비교하라.

2 "또 여호와께서 모세와 아론에게 말씀하여 이르시되 레위 자손 중에서 고핫 자손을 그들의 종족과 조상의 가문에 따라 집계할지니 곧 삼십 세 이상으로 오십 세까지 회막의 일을 하기 위하여 그 역사에 참가할 만한 모든 자를 계수하라"(민 4:1-3).

3 시편 표제의 작가 이름 참조, 348.

4 '노래하는 자(찬송하는 자)'의 히브리 표기인 הַמְשֹׁרְרִים(하므쇼르림) 어근에 שׁיר(shir, 노래)가 들어 있다.

5 '노래하는 자'나 '찬송하는 자' 둘 다 히브리 원문에는 הַמְשֹׁרְרִים(하므쇼르림)으로, King James Version에는 'singers'로 표기되어 있다. 특이한 사실은 개역성경의 '찬송하는 자'가 New International Version에는 'musicians'로 번역되어 있으며, 이 경우에 해당하는 성전음악가는 노래 부르는 자가 아니라, 대부분 악기를 다루는 자와 연관되어 있다는 사실이다.

6 '나팔 부는 자'의 히브리 표기는 הַמְחַצְּצְרִים(마하쪼쯔림)이며, 나팔은 הַחֲצֹצְרָה(하쪼쩨라), 동사형 '(나팔을) 불다'는 הַצַּר(하짜르)이다. '노래하는 자'가 'singers'로 번역된 것처럼, '나팔 부는 자'의 영어 표기도 모두 복수 형태인 'trumpeters'로 되어 있다. 이는 혼자서 나팔을 부는 경우가 없다는 것을 보여준다.

7 여기서는 나팔, הַחֲצֹצְרָה(하쪼쩨라)를 어근으로 사용하고 있다.

8 Donald P. Hustad, *Jubilate II* (Carol Stream, IL: Hope Publishing Co., 1993), 146-48.

9 칸틸레이션(cantillation)이라고 하는 '낭송'은 유대교 회당예배에

서 구약성경을 낭독하거나 기도할 때에 사용되는 기법으로서, 우리가 천자문을 읽을 때처럼 일정한 법칙으로 기도문이나 성경을 낭독하였다. 회당예배에서는 말씀과 축복기도를 담당하는 랍비 이외에 칸토르(cantor)라고 불리는 낭송을 담당하는 전문낭송인(음악가)이 있다.

2장

10 김성대, "에토스이론에 따른 예전(예배)음악과 CCM", 『한국기독교신학논총』 v.35, 2004.

11 가사가 없이 주로 오르간을 위해 작곡된 기악음악인 경우, 작곡자가 특별히 교회의 필요, 혹은 자신의 의지에 따라 교회에서 연주될 목적으로 작곡된 곡이라면 교회음악이라 할 수 있다.

12 양동복, 『새로운 대중음악 CCM』 (서울: 참빛미디어, 1995), 19-22. 양동복은 그의 책에서 백인 위주의 팝, 락, 컨츄리, 포크, 발라드 등의 '가스펠음악'을 CCM으로, 남부 흑인음악 위주의 음악인 R&B, 소울 등을 가스펠로, 그리고 재즈와 '경배와 찬양'을 별도의 가스펠음악으로 분류하고 있다. CCM은 1960년대 이후에 생겨난 가스펠음악으로, 그 용어는 1970년대 말부터 사용되기 시작하였다.

13 문성모, 『민족음악과 예배』 (서울: 도서출판 한들, 1995), 48

14 Jean Jacques Rousseau, 『참회록』, 이정기 역 (서울: 양지당, 1980); 『세계대사상전집』 v.10, 박순만 역 (서울: 집문당, 1987).

15 두레마을 김진홍(金鎭鴻) 목사와 동명이인이다.

16 김진홍, 『베들레헴 물방아 도는 내력』 (안양: 대장간, 1996), 40-41.

17 본문에서 "한국 개신교회"라 함은 전통적인 예배를 드리고 있는 예전적인 교회(성공회, 루터교회)를 제외한 개혁교회, 즉 장로교, 감리교, 침례교, 성결교 등을 지칭한다.

18 Henry Bettenson, ed., *Documents of the Christian Church* (New York: Oxford University Press, 1952), 331.

19 Cheslyn Jones, ed., *The Study of Liturgy* (New York: Oxford

University Press, 1992), 456-57.

20 William D. Maxwell, 『예배의 발전과 그 형태』, 정장복 역 (서울: 교회 커뮤니케이션 연구원, 1994), 209-16.

21 Donald J. Grout and Claude V. Palisca, *A History of Western Music* (New York: Norton & Co., 1988) 4th ed., 7-9.

22 Grout and Palisca, 8: 재인용.

23 에모토 마사루, 『물은 답을 알고 있다』 (서울: 나무심는사람, 2002), 22-23.

24 릭 워렌, 『새들백교회 이야기』, 김현회·박경범 역 (서울: 도서출판 디모데, 1995), 162, 276.

25 William D. Maxwell, 28 & 33.

26 '운율시편가'는 시편 150편을 운율에 맞춘 가사로 의역하고 곡을 부친 시편가를 말한다. 처음이자 가장 대표적인 개신교 운율시편가는 종교개혁자 칼뱅의 지시로 편집한 『제네바 시편가』(1562)이다. 그런데 칼뱅의 개혁교회 전통을 이어받은 한국의 개신교회가 운율시편가를 갖고 있지 않다는 것도 특이하다.

3장

27 출애굽기 34:22, "칠칠절 곧 맥추의 초실절을 지키고 세말에는 수장절을 지키라." '맥추의 초실절'이 아니라 원문에 맞게 '밀의 초실절'로 번역해야 한다.

28 사람들에게 춘분, 추분, 하지, 동지 등의 24절기가 음력인지 양력인지를 물어보면 훨씬 많은 숫자가 음력이라고 대답한다. 틀린 답이다. 그렇다면 양력인가? 양력도 아니다. 정확하게는 태음태양력(太陰太陽曆)이다. 태음태양력은 달(태음 太陰)과 태양의 주기를 모두 고려하는 역법이다. 음력은 달의 운동에 근거하여 만들어지고, 계절의 변화는 태양의 운동에 의하여 결정된다. 그래서 음력 날짜와 계절의 변화는 잘 일치하지 않는다. 이런 문제점을 보완하기 위하여 고대 중국 주(周)나라(기원전 11세기경에 건국) 당시, 계절의 변화에 맞추기 위해서 태양의 운동을 반영하는 24절기를 도입하였다.

24절기가 계절의 특성을 말해 주기는 하지만 매해마다 계절의 변화와 기후에 정확하게 들어맞는 것은 아니다. 왜냐하면 24절기는 주(周)나라 당시 화북지방의 기상상태에 맞추었기 때문이다. 게다가 오늘날과 같이 생태계가 엄청나게 달라진 상황에서는 더욱이 들어맞기 어렵다. 통상 24절기는 양력으로 매월 4~8일 사이와 19~23일 사이에 떨어진다. 절기와 절기 사이는 대부분 15일이며, 경우에 따라 14일이나 16일이 되기도 한다. 이는 지구의 공전 궤도가 타원형이어서 하나의 절기 동안 태양을 15도 도는 데 걸리는 시간이 똑같지 않기 때문이다. 부활절 날짜를 결정짓는 춘분의 경우는 통상 3월 21일에 떨어지지만 경우에 따라서는 20일, 22일, 23일에도 올수 있기 때문에, 춘분의 정확한 날짜는 매년 달력을 보고 찾을 수밖에 없다.

29 요한계시록 1:10, "주의 날에 내가 성령에 감동되어 내 뒤에서 나는 나팔 소리 같은 큰 음성을 들으니."

30 누가복음 1:23, "그 직무의 날이 다 되매 집으로 돌아가니라."

31 누가복음 1:36, "보라 네 친족 엘리사벳도 늙어서 아들을 배었느니라 본래 임신하지 못한다고 알려진 이가 이미 여섯 달이 되었나니."

4장

32 미국 프린스턴대학교 교회의 찬양대 위치가 이러하다.

33 James F. White & Susan J. White, *Church Architecture* (Nashville, Tenn.: Abingdon Press, 1989), 15-37.

34 회중찬송은 교인들이 하나가 되어 하나님께 찬양을 드리는 것이므로 어느 특정한 한 사람이 마이크를 사용하여 회중찬송에 참여하는 것은 회중찬송의 의미를 희석시킬 수 있으므로 유의해야 한다. 이와 관련하여 목회자의 올바른 음성학적인 말씀 전달을 위해서 신학교에서도 음성학 강의가 개설되어야 한다.

35 강대상의자(Cathedra)는 초대교회 당시, 교구감독(지금의 총회장 혹은 노회장)이 지역교회를 순회할 때 특별히 제공되는 감독만을 위한 의자에서 유래하였다. 그러니까 감독이 없을 때에는 강대상의자가 놓여 있지 않았다. 참고로 성당(Cathedral)의 어원이 감독의

자(Cathedra)에서 기원하였다.

5장

36 Bard Thompson, *Liturgies of the Western Church* (New York: Fortress, 1980), 3-5.

37 Gregory Dix, *Shape of the Liturgy* (London: A. & C. Black, 1978), 36.

38 William D. Maxwell, 156-57.

39 위의 책.

40 기독교(Christianity)는 개신교회를 비롯해서 로마 카톨릭, 동방정교회 등 예수님을 기독(基督, 그리스도의 중국식 발음)으로 믿는 모든 교회를 통칭한다는 점에서 개신교회만을 기독교라고 부르는 것은 잘못이다.

41 Alexandre Vinet, *Pastoral Theology* (New York: Harper & Bros., 1853), trans. T. H. Skinner, 185.

42 William D. Maxwell, 156-57.

43 위의 책, 99.

44 위의 책, 111.

45 위의 책, 156.

46 위의 책, 156-57.

47 위의 책, 166.

48 위의 책, 196-97.

49 문성모, "문성모의 세상읽기", 「새누리 신문」, 2002년 5월 12일자.

6장

50 한영제, 『한국성서·찬송가 100년』 (서울: 기독교문사, 1987), 60.

51 "Chan-mi-ka was the first book of Christian hymns published for the Church in Korea. It consisted of a booklet containing translations of 27 hymns and was marred by defects in meter construction and idiom. It was issued in 1892 unde the auspices of the Methodist

Episcopal Mission, having been compiled and edited by the present editorial Committee, the funds for the publication being supplied by the Girl's Korean Mission Band of Asbury Church Rochester, N.Y. The present work is a revision and enlargement of this first imperfect effort and was ordered printed by the annual meeting of our Mission, held January, 1895." from the Preface written by George Heber Jones and Lousie Rothweiler in Chan-Mi-Ka of 1895..

52 지금 찬송가 280장 '천부여 의지 없어서'도 'Auld Lang Syne' 곡 조로 부르고 있다.

53 "히스기야 왕과 대신들이 레위 사람들을 시켜서, 다윗과 아삽 선견 자가 지은 시로 주님을 찬송하게 하니, 그들은 즐거운 마음으로 찬 송하고, 몸을 굽혀 경배하였다"(대하 29:30b, 새번역).

54 시편 4편 제목은 '다윗의 시, 인도자를 따라 현악에 맞춘 노래'이고, 시편 5편 제목은 '다윗의 시, 인도자를 따라 관악에 맞춘 노래'이다.

55 칠십인역에는 "포도 압착기를 위한($\upsilon\pi\varepsilon\rho$ $\tau\omega\nu$ $\lambda\eta\nu\omega\nu$)"으로 표현 되어 있다.

56 아카펠라는 무반주 (교회) 합창곡을 말한다. 참고로, 라틴어의 정확 한 발음으로는 아카펠라가 아니라 아까펠라이다. 라틴어 아까펠라 (A capella)를 직역하면 '교회 (안)에서'이다. 그렇다면 '교회 안에 서' 아까펠라가 왜 무반주 합창곡으로 불리게 되었는가 하면, 중세 시대 교회에서 부르는 노래는 항상 무반주 합창곡이었기 때문이다. 그래서 합창할 때 아카펠라 방식으로 부르자는 것은 곧 교회에서 하는 방식인 무반주로 부르자는 것을 의미하였기 때문에 자연스럽 게 아카펠라가 '무반주 합창곡'으로 불리게 되었다.

57 한 가지만 예를 들면, 시편 56편 제목인 '다윗의 믹담 시, 인도자를 따라 요낫 엘렘 르호김에 맞춘 노래, 다윗이 가드에서 블레셋인에 게 잡힌 때에'에서 '요낫 엘렘 르호김'은 당시 유행하던 민속곡조였 던 것으로 알려지고 있다. 이어지는 민속곡조 항목에서 조금 더 설 명하겠다.

58 "다윗이 군대 지휘관들과 더불어 아삽과 헤만과 여두둔의 자손 중에서 구별하여 섬기게 하되 수금과 비파와 제금을 잡아 신령한 노래를 하게 하였으니 그 직무대로 일하는 자의 수효는 이러하니라"(대상:25:1).

59 "시와 찬송과 신령한 노래들로 서로 화답하며 너희의 마음으로 주께 노래하며 찬송하며"(엡 5:19). '신령한 노래'는 세속곡조에 기독교 가사를 붙인 노래를 말한다.

60 공동번역 시편 9편 제목에는 히브리 전치사 עַל(알)과 무트(מות)를 붙여서 '알뭇'으로 번역하였다. '성가대 지휘자를 따라 알뭇에 맞추어 부르는 다윗의 노래'.

61 "이스라엘의 구원이 시온에서 나오기를 원하도다 여호와께서 그의 백성을 포로된 곳에서 돌이키실 때에 야곱이 즐거워하고 이스라엘이 기뻐하리로다"(시 14:7). "시온에서 이스라엘을 구원하여 줄 자 누구인가 하나님이 자기 백성의 포로된 것을 돌이키실 때에 야곱이 즐거워하며 이스라엘이 기뻐하리로다"(시 53:6)

62 "그러나 나는 하나님의 집에 있는 푸른 감람나무 같음이여 하나님의 인자하심을 영원히 의지하리로다"(시 52:8). "우리가 같이 재미 있게 의논하며 무리와 함께하여 하나님의 집 안에서 다녔도다"(시 55:14). "주께서 택하시고 가까이 오게 하사 주의 뜰에 살게 하신 사람은 복이 있나이다 우리가 주의 집 곧 주의 성전의 아름다움으로 만족하리이다"(시 65:4).

63 "이제 그들이 도끼와 철퇴로 성소의 모든 조각품을 쳐서 부수고 주의 성소를 불사르며 주의 이름이 계신 곳을 더럽혀 땅에 엎었나이다"(시 74:6-7).

64 Craigie, WBC, v.19, 24.

65 역대상 16:37-43, 25장; 역대하 5:12, 35:15을 참조하라.

66 "세라의 아들은 시므리와 에단과 헤만과 갈골과 다라니 모두 다섯 사람이요"(대상 2:6). Tate는 시편 88편 표제에 대한 주석에서 에즈라히(אזרחי)가 원래 '토착민'을 의미했으며, 이스라엘 이전의 가계 출신이라고 제안하였다. 결국 에스라 지파(the Ezrahite)가 '본토인'을 의미하므로 88편 표제의 에스라인 헤만은 '본토인 헤만'

으로, 마찬가지로 89편의 에스라인 에단 역시 '본토인 에단'이라고
주장하는 올브라이트의 의견을 소개하고 있다. Tate, WBC, v.20,
648.